Historical Research of
U.S. Federal Alternative
Dispute Resolution
(ADR) Mechanisms

任卓冉 著

美国联邦非诉讼纠纷解决机制（ADR）历史研究

南京大学出版社

图书在版编目(CIP)数据

美国联邦非诉讼纠纷解决机制(ADR)历史研究 / 任卓冉著. 一南京：南京大学出版社，2023.10
ISBN 978-7-305-27248-6

Ⅰ. ①美… Ⅱ. ①任… Ⅲ. ①民事纠纷－处理－研究－美国 Ⅳ. ①D971.251

中国国家版本馆 CIP 数据核字(2023)第 157223 号

出版发行　南京大学出版社
社　　址　南京市汉口路 22 号　　　邮　编　210093
出 版 人　王文军

书　　名　**美国联邦非诉讼纠纷解决机制(ADR)历史研究**
　　　　　MEIGUO LIANBANG FEI SUSONG JIUFEN JIEJUE JIZHI (ADR) LISHI YANJIU
著　　者　任卓冉
责任编辑　张　静

照　　排　南京南琳图文制作有限公司
印　　刷　南京鸿图印务有限公司
开　　本　787 mm×960 mm　1/16　印张 16.25　字数 280 千
版　　次　2023 年 10 月第 1 版　2023 年 10 月第 1 次印刷
ISBN 978-7-305-27248-6
定　　价　68.00 元

网址：http://www.njupco.com
官方微博：http://weibo.com/njupco
官方微信号：njupress
销售咨询热线：(025) 83594756

目　录

第 1 章　美国传统 ADR 研究(从北美殖民地时期至 19 世纪末)

第 2 章　美国新型 ADR 的初建（19 世纪末至 20 世纪 50 年代）

导　论

0.1　选题缘起及研究意义

0.1.1　选题缘起

纠纷解决是古往今来不同社会形态下普遍存在的一种社会现象,关系到社会的自治、稳定与和谐,也是法治社会存在与发展的基础。法治社会建立现代诉讼制度的首要任务就是解决纠纷,诉讼案件实际上就是纠纷本身。然而并非所有的纠纷都可以通过诉讼来解决。

纵观人类社会的纠纷解决方法与模式,大致表现为两种,一种是诉讼,一种是非诉讼。非诉讼纠纷解决机制,即 Alternative Dispute Resolution(以下简称 ADR),是指诉讼以外的其他各种纠纷解决的方式、程序或制度。纠纷一般可以被分为适合于诉讼的纠纷和不适合于诉讼的纠纷。后者可能在诉讼外就此消失,也可能通过其他各种可利用的手段在诉讼外解决。而前者在现实中也并非都是以诉讼的方式来解决,有大量的纠纷是通过当事人之间的谈判协商,或者调解、仲裁等方式来解决的,甚至通过诉讼外方式解决的纠纷比例远远高于真正以诉讼方式解决的比例。① 由此可见,很大范围内的纠纷,甚至包括部分本来适合于诉讼的纠纷,其解决过程并不在法院内进行。诉讼与 ADR,二者紧密联系、相互作用。ADR 在"法律的荫影下" (Bargaining in the Shadow of Law)运作着,与诉讼的现实机能密切联系,不能完全抛开诉讼而独立发挥作用。诉讼在实际上也受到 ADR 的影响,尤其是其对法院的审

---

① 棚濑孝雄. 纠纷的解决与审判制度[M]. 王亚新,译. 北京:中国政法大学出版社,1994:2.

判方式和律师的代理活动发挥着微妙的作用。

如今，在以国家强制力为基础的诉讼之外，当事人解决纠纷可选择的程序和方式越来越多，法律与民间社会规范、诉讼与非诉讼、国家规制与社会自治之间的协调与融合也更加开放和丰富。ADR 研究对保持社会的和谐与稳定，促进法治与社会的发展有着重要价值。

ADR 虽然是近几十年才被频频提及的新兴概念，但以非诉讼方式解决各种纠纷是一个古老而普遍的存在。正式性司法确立前，当个人或团体陷入纷争时，谈判协商、调解等纠纷解决方式已经在世界范围内大量存在。早在北美殖民地时期，美国本土就存在着传统的 ADR 形式。

到 20 世纪 60 年代，世界各国处于相对稳定与和平的发展环境中，社会矛盾纠纷的新型化与多样化，使得人们开始重新审视和反思法治与社会治理的规律。与对抗意味强烈的诉讼相比，ADR 更符合当代人的价值观和利益的多元化需求。美国国内开始大力扶持 ADR 的发展，ADR 运动从美国起步逐渐发展成为一种世界潮流和全球发展趋势。加拿大、澳大利亚以及一些欧洲国家开始竞相效仿和采纳，使得 ADR 成为世界范围内纠纷解决体系的重要组成部分。

作为最先大力发展 ADR 的国家，美国创造出了非常全面的 ADR 类型，包括调解、仲裁、调解—仲裁、小型审判、早期中立评价、简易陪审团程序等。ADR 在美国已经被运用于多种类型的案件，包括家事案件、商事案件、集团诉讼和劳资纠纷等，在应用中形成了一系列典型模式，并在丰富的类型中发展出系统的规则。美国 ADR 是世界范围内最具有典型意义的非诉讼纠纷解决机制，对世界范围内 ADR 的发展与法治社会的建设具有重要影响。

我国历史上很早就发展出了多种不同的纠纷解决形式，调解还被誉为"东方经验"。改革开放以来，我国在一个时期内积极建设法治社会，着力于培养全体公民的法律意识，将诉讼作为解决纠纷的基本渠道。[①] 如今，我国处于社会转型期，诉讼案件数量大量增加，申诉缠访现象频频出现，诉讼的局限性逐渐显露，对非诉讼纠纷解

---

① 蒋惠岭. 域外 ADR：制度·规则·技能[M]. 北京：中国法制出版社，2012：1.

决机制的建设迫在眉睫。《中共中央关于全面推进依法治国若干重大问题的决定》提出要"健全社会矛盾纠纷预防化解机制,完善调解、仲裁、行政裁决、行政复议、诉讼等有机衔接、相互协调的多元化纠纷解决机制"。2023 年我国中央政法工作会议进一步要求构建调解、信访、仲裁、行政裁决、行政复议、诉讼等多种方式有机衔接的工作体系,及时把矛盾纠纷化解在基层、化解在萌芽状态。建立健全诉讼与非诉讼相衔接的多元矛盾纠纷综合机制是我国司法改革的重要一环,各地法院及各级相关机构和组织有关 ADR 的实践正在轰轰烈烈地进行。为进一步推动中国特色非诉讼纠纷解决机制的发展,必须立足国情,汲取其他国家的经验与教训,吸收人类文明的共同成果。

美国作为世界上发展 ADR 最为典型的国家,其发展历程展示了应如何在广泛应用 ADR 的同时解决其内部构造性矛盾。现阶段国内有关 ADR 的研究多为对他国制度的介绍,更深层次的研究较少。由此,对美国联邦 ADR 进行深入的历史研究,对我国建立多元纠纷解决机制有重要意义。笔者希望通过研究美国联邦 ADR 发展的历史轨迹与特点,能弥补国内有关美国 ADR 历史专题研究的知识空白,深化对美国 ADR 发展特点和一般规律的认识,揭示其背后深刻的历史与社会推力,以资为我国建立多元纠纷解决机制提供借鉴。

0.1.2　研究意义

对美国联邦 ADR 进行系统的历史研究,笔者认为主要有以下几个方面的意义:

其一,弥补目前国内学界相关研究的一些知识空白与不足。

与 ADR 相关的研究,国内并不罕见,论文、专著及译著均蔚为可观。但目前的研究多从诉讼法、法理以及纠纷解决理论的角度来对 ADR 进行介绍和研究,较少涉及 ADR 在历史发展中的演进与因果互动。笔者选取美国联邦 ADR 这一当今世界上最具典型意义的非诉讼纠纷解决机制作为研究对象,结合美国的文化、政治、社会运动与思潮等各个方面深入分析美国联邦 ADR 的历史进程,系统研究美国联邦 ADR 形成的历史基础、确立和发展的过程、制度架构与价值取向等,在一定程度上具有弥补国内学界相关研究的不足和空白的学术价值和意义。

其二,深化对美国联邦 ADR 发展特点和一般规律的认识。

ADR 在近年来成为世界潮流,美国 ADR 在世界范围内具有典型性,国内对美国 ADR 的发展也极为关注,对其发展过程中的先进经验积极借鉴,同时对其所暴露出的问题注意避免。然而国内的分析与研究多是围绕 ADR 的制度建构与发展方向,较少对美国 ADR 一路走来的历史过程进行系统的总结与探索。对美国 ADR 的借鉴与移植,需要建立在深入认识其发展特点和规律的基础上,真正理解并汲取其经验与教训,重视自己的传统和现实需要,才能真正将 ADR 整合到我国的法律改革之中。毕竟美国联邦 ADR 是在本国的文化和社会影响下形成的,针对具体问题和现实需要而精心设计。只有正确、客观地认识美国联邦 ADR 的发展特点与一般规律,才能够提出对我国有益的建议。

其三,对理顺诉讼与非诉讼纠纷解决的关系,构建我国多元纠纷解决机制具有积极意义。

通过对美国联邦 ADR 的系统研究,我们能够加深对非诉讼纠纷解决的认识,更为深刻地理解诉讼与 ADR 现实机能的互动与价值追求的异同。对平衡诉讼与 ADR 的关系,明确诉讼与 ADR 的功能,完善两者之间的衔接机制,构建我国多元纠纷解决机制具有积极的意义。最终,实现合理公平、快速便捷的纠纷解决,有利于保持社会的自治、稳定与和谐,巩固法治社会存在与发展的基础。

0.2 研究综述

0.2.1 国外研究现状

有关美国 ADR 的材料可谓汗牛充栋,这一点在国内资料上表现得尚不明显,但在美国本土,相关的著作、论文和案例相当庞杂,然而其中从法学的角度对美国联邦 ADR 进行历史研究的资料又非常稀少。

首先,专门的 ADR 法学著作中,有关 ADR 历史的部分往往是一鳞半爪。例如,

《纠纷解决：谈判、调解和其他机制》①，该书被美国多家法学院采用为 ADR 课程的教材，是美国 ADR 领域中的经典作品，然而该书只是在开头用了不足 4 页的篇幅简单介绍了 ADR 运动的起源和目标。其他搜集到的 ADR 著作的情况与该书大体相同。

其次，对 ADR 历史的考察多是从政治与文化的角度，与工人罢工运动或民权运动等其他问题夹杂在一起。例如，由杰罗姆·巴雷特和约瑟夫·巴雷特所著的《ADR 历史：一个政治、文化和社会运动的故事》②，该书从政治学和社会学的角度考察了 ADR 的历史，将 ADR 与美国政治的变动以及工人罢工和民权运动等社会运动结合在一起进行了研究。

根据笔者对 LexisNexis、Westlaw、HeinOnline 等国际法律文献数据库的检索，英文论文中对 ADR 的研究角度包括对 ADR 不同类型和模式的研究、ADR 的法经济学分析、ADR 民间机构的研究、ADR 运行模式的分析、ADR 与纠纷解决等等，不一而足。但是与本选题直接相关的论述与研究比较少见，主要可分为三类。

第一类是对 ADR 不同角度进行的法学研究中稍微涉及 ADR 的历史。例如，弗兰克·桑德教授的论文《ADR 的未来》③涉及对美国 ADR 发展历史阶段的划分。

第二类是对某一历史时期中 ADR 发展的相关研究。例如丹尼斯·诺兰和罗杰·艾布拉姆斯的论文《美国劳动仲裁：早期》④和《美国劳动仲裁：成熟期》⑤，这两篇文章考察了 19 世纪末到二战之后美国劳动仲裁的发展轨迹。

第三类是对某种 ADR 类型的专题研究，涉及其产生与发展的历史。例如波斯

---

①　戈尔德堡, 桑德, 罗杰斯, 等. 纠纷解决：谈判、调解和其他机制[M]. 蔡彦敏, 曾宇, 刘晶晶, 译. 北京：中国政法大学出版社, 2004.

②　BARRETT J T, BARRETT J P. A history of alternative dispute resolution: the story of a political, cultural, and social movement[M]. San Francisco: Jossey-Bass, 2004.

③　SANDER F A. The future of ADR[J]. Journal of dispute resolution, 2000(1): 3 - 10.

④　NOLAN D R, ABRAMS R I. American labor arbitration: the early years[J]. University of Florida law review, 1983, 35(3): 373 - 421.

⑤　NOLAN D R, ABRAMS R I. American labor arbitration: the maturing years[J]. University of Florida law review, 1983, 35(4): 557 - 632.

纳的《对简易陪审团和其他非诉讼纠纷解决方式的一些谨慎的观察》[①]，这篇论文中涉及简易陪审团及其他一些 ADR 的发展过程，并给出了评价与预测。

由于这三类文献内容较分散，具有代表性的不多，故具体内容请参见本书参考文献。此外，英国、澳大利亚、日本等国家也有一些研究 ADR 的文献，其中有涉及美国 ADR 历史研究的内容，但其研究的基础和资料来源也基本出自上文中总结的几类英文文献。

0.2.2 国内研究现状

关于 ADR，国内已有不少研究著述。根据作者在国家图书馆检索的信息和对相关著作的研读，可将有关 ADR 的研究分为几类。

第一类是将 ADR 作为纠纷解决理论中的一个组成部分进行研究。较具代表性的有范愉所著的《纠纷解决的理论与实践》[②]，徐昕的《迈向社会和谐的纠纷解决》[③]，左卫民等的《变革时代的纠纷解决——法学与社会学的初步考察》[④]等，这一类著作以纠纷解决理论为研究主体，在理论研究中有部分内容与 ADR 相关。

第二类是多元纠纷解决的研究。包括范愉的《多元化纠纷解决机制》[⑤]，沈恒斌主编的《多元化纠纷解决机制原理与实务》[⑥]，这一类研究往往紧贴中国实际，对国外 ADR 有涉及但其非研究的主要对象，且多以介绍性内容为主。

第三类是对 ADR 的专门研究。包括范愉的《非诉讼程序（ADR）教程》[⑦]《非诉讼

---

① POSNER R A. The summary jury trial and other methods of alternative dispute resolution: some cautionary observations[J]. University of Chicago law review,1986,53(2)：366-393.

② 范愉.纠纷解决的理论与实践[M].北京：清华大学出版社,2007.

③ 徐昕.迈向社会和谐的纠纷解决[M].北京：中国检察出版社,2008.

④ 左卫民,等.变革时代的纠纷解决：法学与社会学的初步考察[M].北京：北京大学出版社,2007.

⑤ 范愉.多元化纠纷解决机制[M].厦门：厦门大学出版社,2005.

⑥ 沈恒斌.多元化纠纷解决机制原理与实务[M].厦门：厦门大学出版社,2005.

⑦ 范愉.非诉讼程序（ADR）教程[M].2版.北京：中国人民大学出版社,2012.

纠纷解决机制研究》①,及其主编的《ADR 原理与实务》②,此外还有赵旭东主编的《如何打破僵局?——替代性纠纷解决方式(ADR)的研习与实践》③,蒋惠岭主编的《域外 ADR:制度·规则·技能》④,这一类著作以 ADR 为研究对象,其内容多有对当代法治国家 ADR 发展模式的展现,包括对美国 ADR 的介绍,但内容往往较少,美国 ADR 的历史发展更是被作为一般知识或背景而一笔带过。

　　第四类是对 ADR 中某种类型或某种纠纷类型的研究。例如李莉的《ADR 视角下民间经济纠纷的解决》⑤,洪冬英的《当代中国调解制度变迁研究》⑥等,这一类著作的研究对象较为确定,涉及美国 ADR 的内容非常少。

　　综合以上四类,国内对美国 ADR 的研究还停留在介绍性的内容上,有关美国 ADR 历史的内容更为稀少,没有一部专题性和系统性研究美国 ADR 历史的著作。

　　根据作者在国内期刊文献数据库中的检索,我国关于美国 ADR 研究的论文并不算少,也可分为几类。第一类是对美国 ADR 的整体性介评,较具代表性的是郭玉军和甘勇的《美国选择性争议解决方式(ADR)介评》⑦;第二类是对美国 ADR 中某种类型的研究,例如杨严炎的《美国的司法 ADR》⑧;第三类是对美国 ADR 在某一个领域的运用的研究,例如张奂奂等的《从对抗走向对话:美国高校替代性纠纷解决机制研究》⑨;第四类是中美 ADR 的比较研究,例如何文燕、赵明的《美国 ADR 对中国仲裁资源利用的启示》⑩,这四类论文多是从程序、类型、应用领域、机构设置等某一角度对美国 ADR 做介绍性研究。

---

① 范愉.非诉讼纠纷解决机制研究[M].北京:中国人民大学出版社,2000.
② 范愉.ADR 原理与实务[M].厦门:厦门大学出版社,2002.
③ 赵旭东.如何打破僵局?:替代性纠纷解决方式(ADR)的研习与实践[M].西安:陕西人民出版社,2010.
④ 蒋惠岭.域外 ADR:制度·规则·技能[M].北京:中国法制出版社,2012.
⑤ 李莉.ADR 视角下民间经济纠纷的解决[M].北京:人民法院出版社,2009.
⑥ 洪冬英.当代中国调解制度变迁研究[M].上海:上海人民出版社,2011.
⑦ 郭玉军,甘勇.美国选择性争议解决方式(ADR)介评[J].中国法学,2000(5):127-135.
⑧ 杨严炎.美国的司法 ADR[J].政治与法律,2002(6):104-106.
⑨ 张奂奂,吴会会,张增田.从对抗走向对话:美国高校替代性纠纷解决机制研究[J].复旦教育论坛,2021,19(2):34-41.
⑩ 何文燕,赵明.美国 ADR 对中国仲裁资源利用的启示[J].法律适用,2000(12):28-30.

在研究美国 ADR 的论文中,涉及美国 ADR 历史研究的有三篇文章,一篇是骆永兴的《美国 ADR 的发展与影响》[①],该论文中有部分内容涉及美国 ADR 历史,但语焉不详;另一篇是沈梦姣的《ADR 制度之美国发展简史》[②],虽然是对美国 ADR 历史的专门研究,但篇幅很短,内容较少;较有价值的是熊浩的《知识社会学视野下的美国 ADR 运动——基于制度史与思想史的双重视角》[③],从制度史与思想史两方面论述了美国 ADR 的发展,但其对 ADR 作为一种"另类想象的提供者"的强调,在一定程度上无法展示出美国 ADR 历史发展的完整面貌。除此之外,我国目前关于美国 ADR 研究的硕士及博士专题论文不鲜见,研究角度基本上可以被前面对论文的分类涵盖,但专门研究美国 ADR 历史的专题论文还没有。由此可见,对美国 ADR 历史的系统性研究在我国还是一个尚待开发的领域。

0.3　论证方法

作为法史领域的专门研究,本书综合法学与史学的研究方法,以史料为基础,求实求真,并结合法学及纠纷解决理论,对美国 ADR 进行深入研究。

0.3.1　研究方法

历史的分析方法。本书在篇章体例上以历史发展进程为纬线,以同一进程内理论现象研究为经线,经纬纵横,共同构成本书的主体部分。在充分掌握美国 ADR 历史资料的基础上,根据其发展中自然形成的阶段特点,进行历史发展阶段的划分。为此,本书将美国 ADR 的发展大致划分为传统 ADR 时期,新型 ADR 的初建、发展、变革和完善。同时在每一历史阶段根据历史现实,重点分析不同社会背景下美国 ADR 所表现出的不同特点以及因与果之间的互动,在避免历史流水叙述的同时,加强对该

---

① 骆永兴.美国 ADR 的发展与影响[J].湖北社会科学,2013(2):154-158.
② 沈梦姣.ADR 制度之美国发展简史[J].科海故事博览,2011(3).
③ 熊浩.知识社会学视野下的美国 ADR 运动:基于制度史与思想史的双重视角[J].环球法律评论,2016(1):24-43.

时期典型性特征的分析与总结,以期达到最佳的论述效果。

规范的分析方法。规范的分析方法是法学研究中最主要的研究方法之一。美国联邦 ADR 历史发展进程中经历了制度化和标准化的阶段,在新型 ADR 建立之初已经有了早期的制度支持,对美国联邦 ADR 的研究涉及很多美国联邦制定法甚至州的制定法。对这些资料和文本进行分析,是研究美国联邦 ADR,了解其因果互动,发现历史发展规律必不可缺的部分。

实证的分析方法。实证分析方法可以分为两种:一种是逻辑实证研究方法,它强调运用逻辑方法对法律文本进行研究,关注的是法律条文的逻辑结构;一种是经验实证研究方法,这种方法主要关注法律在实践中运用和实施的状况,比较接近于法社会学研究。① 美国具有判例法传统,而判例法同时具有前述实证分析两方面的要素。判例法也是对美国联邦 ADR 产生重要影响的因素之一。本书在浩瀚的判例法海洋中选择了与美国联邦 ADR 联系最为直接、最具有典型性和代表意义的判例进行实证主义分析,并结合当时的法律与社会背景,共同服务于论述主旨。

0.3.2　研究思路

本书以历史发展进程为主线,在导论外共分 6 章,每一章根据所掌握的历史资料,研究现象背后的思想脉络、社会因素与影响,重点分析不同因果互动中的美国联邦 ADR 各个历史阶段的特点。

第一章"美国传统 ADR(从北美殖民地时期至 19 世纪末)",主要探讨作为美国 ADR 起源的传统 ADR 在北美殖民地时期一直到 19 世纪末的历史发展。美国 ADR 的起源并不是单一的,既有北美原住民印第安人在漫长的历史中自发形成的纠纷解决传统,也有欧洲殖民者带来的在各种商业交往中使用调解和仲裁的经验,还有清教徒信奉的宗教在北美殖民地对 ADR 的促进作用。美国独立后,ADR 有了两条不同的发展路径,其一是在商业纠纷中的发展,其二在劳资纠纷矛盾的不断激化中逐渐显现。随着美国国家法律体系的持续发展,传统 ADR 在经历了早期的制度化准备后,

---

①　陈瑞华.论法学研究方法:法学研究的第三条道路[M].北京:北京大学出版社,2009:76.

以 1888 年仲裁法案为标志，开始向新型 ADR 转变。

第二章"美国新型 ADR 的初建（19 世纪末至 20 世纪 50 年代末）"，主要探讨从 19 世纪末到 20 世纪 50 年代末，在商业发展和两次世界大战的影响下，商业纠纷领域和劳资纠纷领域率先建立起新型 ADR 机制的历史。在商业纠纷领域，1925 年联邦仲裁法的通过与美国仲裁协会的成立，显示出美国对使用 ADR 来解决商业纠纷的习惯与传统的认可。在劳资纠纷领域，两次世界大战的压力使联邦政府以 ADR 方式来解决劳资纠纷的权宜性措施，逐渐为劳资双方及联邦法院所认可，1947 年，《塔夫脱—哈特利法案》肯定了工人的集体谈判权，联邦最高法院的"钢铁三部曲"判例彻底改变了 ADR 所处的法制环境。

第三章"美国新型 ADR 的发展（20 世纪 60 年代至 70 年代中期）"，联邦政府改革与民权运动大大拓展了社会主体所拥有的权利，从妇女平等保护权到福利社会当事人权利，从个人隐私权到环境资源利益权，都成为受到法律保护的权利。这些权利的拓展为 ADR 创造了新的发展领域，同时也增强了社会主体的诉讼能力。随着纠纷数量的增加和纠纷覆盖范围的扩大，传统纠纷解决者的处理显得捉襟见肘，这给 ADR 提供了进一步发展的机会。ADR 在这一阶段的发展主要体现在三个方面：第一，ADR 在反歧视纠纷、环境纠纷、囚犯申诉等新领域的出现；第二，ADR 在劳资纠纷领域中的扩大；第三，ADR 典型机构在实践中的创新。

第四章"美国新型 ADR 的变革（20 世纪 70 年代中期至 80 年代）"，在"接近正义"运动的影响下，国家不断赋予社会主体新的实质性权利和司法保护请求权，社会主体诉讼能力提高的同时诉讼数量剧增。针对诉讼昂贵、诉讼迟延、诉讼门槛过高的抱怨接连不断，美国的审判制度受到尖锐批评，民事司法改革的呼声越来越高，ADR 机制的优越性备受关注。1976 年的庞德会议超越了过去有关司法审判改革与和解的价值的争论，鼓励法院进行 ADR 实验。这标志着美国新型 ADR 进入变革期，其表现主要有：第一，法律界大规模参与到 ADR 的实践中，律师将 ADR 纳入服务，司法系统推行法院附设 ADR 试点项目；第二，ADR 理念向合作性问题解决和双赢理念的转变引起 ADR 在实践中的改革；第三，庞德会议后，ADR 在实践和理论上的发展被研究者冷静客观地加以论述和分析，过去对 ADR 的关注仅仅聚焦于其优越性层面的现象发生改变,转向了对 ADR 多角度的分析与批判。

　　第五章"美国新型 ADR 的完善与发展趋势(20 世纪 90 年代至 21 世纪初)",由于 20 世纪 80 年代法律界对 ADR 的积极参与所取得的良好效果,一系列联邦层面的 ADR 立法在 90 年代被制定出来,ADR 的制度化和标准化成为这一时期最显著的特点,美国 ADR 进入了成熟发展期。ADR 在 21 世纪初把握住了未来发展最关键的几个要素,即法律、计算机和网络,还有青少年。预计 ADR 未来的发展将在四个方面实现突破:首先,在 ADR 的范围与形式上实现全球化和在线化纠纷解决;其次,在 ADR 的从业者与相关教育上实现专业化;再次,在 ADR 的类型和范式上实现市场化和制度化;最后,在 ADR 研究方法和理念上更加具有包容性,实现跨学科式的发展。

　　"总结与思考",是对美国联邦 ADR 历史发展过程中特点和规律的研究。通过对美国联邦 ADR 的理论分析,笔者认为美国法院与 ADR 长期以来竞争与合作关系的演变,揭示出美国联邦 ADR 经历了规范影响从"隐性化"到"显性化"的转变,美国联邦 ADR 的历史发展是对规则的逃离与回归的过程。在此过程中,美国联邦 ADR 面临着与规则和法律关联加深的制度化与当事人合意的纯化之间的构造性矛盾。解决这一矛盾的关键,即美国联邦 ADR 历史发展图景中所展示的,建立以利益均衡为核心,迅捷而符合实际的解决纠纷的多元化机制。通过分析美国 ADR 历史发展轨迹与特点能够在一定程度上看到矛盾产生的过程及其解决方向,进而为我国建立多元纠纷解决机制提供借鉴。

0.4　创新之处与不足

　　首先,研究视角的创新,从法律和历史的交叉点入手探索美国联邦 ADR 的发展轨迹与规律。目前我国虽然有不少关于美国 ADR 的论文及专著,但多从诉讼法或法理的角度来对美国 ADR 进行介绍和研究,较少涉及 ADR 在美国的历史演进及发展变化中的因果互动。本书在研究视角上,结合美国的文化、政治、社会问题与思潮等各个方面深入分析美国联邦 ADR 的发展,研究其变化发展的因果规律,分析 ADR 与法的深刻联系,既吸收了法社会学和纠纷解决学的重要理论与成果,又注重法制史领域的研究优势,在特定的历史时空下,还原美国联邦 ADR 在每个发展阶段中的真相,探寻其发展的特点和一般规律,揭示其背后深刻的历史与社会推力,具有一定的创新性。

其次,研究内容的创新,在一定程度上填补国内有关美国 ADR 历史专题研究的知识空白。ADR 在近年来成为世界潮流和发展趋势,美国 ADR 在世界范围内具有典型性。国内对美国 ADR 的发展也极为关注,积极借鉴其发展过程中的先进经验,同时避免其走过的弯路和暴露出的问题。然而国内对美国 ADR 的关注多在制度建构和发展方向上,较少对其一路走来的轨迹进行系统的研究,所谓不知其所生焉知其所往,本书在对其历史演进进行细致分析的基础上,系统研究美国联邦 ADR 形成的历史基础、确立和发展的过程、制度架构与价值取向等,对其现状和未来发展也做了深入的剖析,在研究内容上具有创新意义。

最后,研究资料的创新,大量引进新颖的第一手资料。本书主要是以第一手的原始资料展开研究,为此笔者查阅并翻译了大量相关法律条文、联邦最高法院的判例等,一些资料首次被国内采用,较为新颖。此外,书中引用的不少外文著作目前在国内尚未被介绍引进,更多由笔者查阅整理并吸收创新,在较大程度上保证了论证材料的新颖性与可靠性。

由于时间有限,以笔者的功力未能将所搜集的资料全部深入分析,部分著作更是需要一读再读方能理解透彻,故而在行文中难免有认识不够深入所致学术深度可再进一步挖掘的情况,对这些问题,笔者将在今后的研究工作中持续不断地探索与思考。史海浩淼,法史研究需要大量的史料作为论点的支撑,在对资料的搜寻与利用中,虽尽量谨慎细致,但难免挂一漏万,存在重要材料未被发掘采纳的可能。虽然书稿已写就,但笔者对资料的搜寻与思考并不会就此停歇。

0.5　研究对象的界定

0.5.1　ADR 的概念界定

非诉讼纠纷解决机制是对诉讼以外的其他纠纷解决方式集合的统称。目前世界各国一般使用 ADR（Alternative Dispute Resolution）来表述这一概念。"ADR 概念源于美国，原来是指 20 世纪逐步发展起来的诉讼外的纠纷解决方式，现在已引申为对世界各国普遍存在着的非诉讼纠纷解决程序或机制的总称。"①

尽管在世界范围内各国学者对 ADR 的概念表述并不统一，但通常可分为狭义和广义两种。狭义说包括三种类型，第一类以是否有第三人介入作为判断 ADR 的标准，ADR 必须有第三人介入，因此认为谈判协商不属于 ADR；②第二类认为仲裁（Arbitration）对程序性有一定要求并且其结果具有强制执行力，故而不属于 ADR；③第三类认为特指现代新型 ADR，不包括具有不同时代背景和理念的传统 ADR。④ 广义说认为 ADR"可以涵盖所有非诉讼解纷方式，既包括传统的民间调解和商事仲裁，也包括当代创造的新型 ADR（如美国的混合 ADR）；同时可以容纳更多今后可能出现的新的类型，包括行政性和准司法性解纷机制；在一定意义下甚至可以涵盖法院的非诉程序（如督促程序）和诉讼中调解（和解）等"⑤。从 ADR 的发展过程和方向来看，ADR 是一个具有开放性的概念。一方面，传统的 ADR 被注入新的元素，被很多国家和地区继续利用；另一方面，新型 ADR 仍然在不断出现。由此可见，广义的 ADR 概念更具有这种包容性和发展性。

美国 1998 年的《非诉讼纠纷解决法》（Alternative Dispute Resolution Act ）⑥对 ADR 的定义为："包括任何审判法官的判决以外的程序和方法，在这种程序中，通过诸如早期中立评估、调解、小型审判和仲裁等方式，中立第三方在争论中参与、协助解决纠纷。"⑦该定义属于广义说，但根据这一定义，谈判协商不属于 ADR 的范畴。谈判协商在实践中往往有第三方直接或间接的参与，并且美国的纠纷解决研究、ADR

---

① 范愉.非诉讼程序（ADR）教程［M］.2 版.北京：中国人民大学出版社，2012：15.

② 该观点为英国学者 Henry J. Brown 等所持。BROWN H J，MARRIOTT A L. ADR：principles and practice［M］. London：Sweet & Maxwell，1993：261.

③ MACKIE K J，MILES D，MARSH W. Commercial dispute resolution：an ADR practice guide［M］. 2nd ed. London：Butterworths，2000：8.

④ 范愉.纠纷解决的理论与实践［M］.北京：清华大学出版社，2007：139 - 140.

⑤ 范愉.非诉讼程序（ADR）教程［M］.2 版.北京：中国人民大学出版社，2012：17.

⑥ PL 105 - 315（HR 3528），Alternative Dispute Resolution Act.

⑦ 美国法典第 28 编第 651 条，第 654—658 条。

实务培训以及教学活动都将谈判协商纳入 ADR 范畴内，故而本书探讨的是包括谈判协商在内的广义上的 ADR。

　　ADR 这一概念名称是在 1976 年庞德会议上由弗兰克·桑德教授提出，但 ADR 本身并非在那一时刻才产生，在此之前 ADR 已经有了漫长的实践和历史发展过程。ADR 这一名称在某种程度上是针对诉讼提出的，是与诉讼相对应的概念，但在这一概念产生之前，甚至在诉讼的概念产生之前，现实中已经存在某些 ADR 形态。本书使用 ADR 这一概念来涵盖诉讼外的纠纷解决类型，并对其进行时间阶段和发展模式上的类型划分，既是为了便于研究，也是为了方便理解。传统 ADR 中的多种类型与诉讼同时甚至早于诉讼而存在，例如谈判协商、调解（Mediation）等，后来逐渐发展演变为新型 ADR 的基本组成部分。

　　此外，还涉及一个 ADR 的译法问题。如今在国内与 ADR 概念相对应的翻译有几种，如非诉讼纠纷解决机制、替代性纠纷解决机制等。替代性纠纷解决机制，在词义上与 ADR 最为接近，既然用"替代性"一词限定纠纷解决机制，就必须要了解是替代了什么，ADR 通常被认为是替代了法院和诉讼的部分功能。此处有两点需要注意：第一，诉讼本身在某种程度上也可以说是一种替代性纠纷解决机制，即自救、武力解决纠纷、暴力等无政府状态下纠纷解决方式的替代性机制；第二，谈判、调解等纠纷解决机制深深扎根在人类文明中，其出现比诉讼更早，历史更为久远，在诉讼发展成为最正式的纠纷解决机制的同时，其余的几种类型也一直在社会中发挥着定分止争的作用，即使是需要通过多种纠纷解决机制对诉讼压力进行舒缓的现今，ADR 的存在也并非为了替代诉讼。由此观之，用替代性纠纷解决机制这一名称较易产生误解。由此，本书采取非诉讼纠纷解决机制作为 ADR 的对应翻译。

　　本书研究的时间跨度是从 1607 年弗吉尼亚公司以詹姆士敦为据点建立第一块殖民地弗吉尼亚一直到 21 世纪初的现阶段。空间跨度是从美国独立前的殖民地到现在的美利坚合众国，包括各个时期美国领土的范围。由于美国是联邦与州双轨制政治体制，本书对美国 ADR 的研究限制在联邦这一层级，各州的情况根据论证所需略有提及，但非本书重点。故本书的研究对象是从殖民地时期开始的美国地域范围内联邦这一层级 ADR 的历史发展，涉及的 ADR 类型包括谈判、调解、仲裁以及各种混合型非诉讼纠纷解决方式,并不包括美国与其他国家之间的外交关系所涉及的谈判、调解和仲裁以及国际商务仲裁等。

0.5.2 ADR 与诉讼的关系辨析

诉讼是纠纷解决机制中最正式的部分。当事人向法院就纠纷提起诉讼,由法官和陪审团对案件进行审理,当事人可以对判决提起上诉。通过法院来解决纠纷由来已久,为人们广泛接受,并被认为是司法正义最直观的体现。公民的诉讼权利被写入很多国家的宪法,是公民基本权利的一部分。

诉讼制度的确立,与国家的发展紧密相关。随着国家的成立,政治权威开始凌驾于社会和公众之上,国家通过设立一系列专门机制,将对社会的控制权牢牢握在手中,体现在纠纷解决领域就是国家设立专门的纠纷解决机制,以诉讼和审判为中心,通过法律和司法制度来处理纠纷,维护司法的价值。

诉讼制度的价值体现在以下几个方面:第一,通过与社会生活高度分离的专门机构来做出独立的、技术化的决定。第二,通过拥有专门知识和能力的专业人士来适用和执行法律。第三,制定一套公正的公开适用的官方法律,并可以通过法律逻辑加以解释,社会各方都需遵从。第四,设置公正严明的程序,重视程序正义。第五,通过国家强制力保证法院各项决定的权威性。作为国家机关的法院在做出判决解决纠纷的同时,还在宣扬并刷新社会规范中的全部核心价值,维护整个法制秩序与国家政治的稳定。

与诉讼相比,ADR 的对抗性较低。在当事人合意的基础上,以平和的方式解决纠纷,能够最大限度地节约社会和当事人的纠纷解决成本,改善社会关系与社会治理方式。通过纠纷解决积累经验,ADR 还能够促进新的社会规范和法律规则的形成,并为司法改革提供方向,推动新的司法模式的产生。

具体而言,ADR 具有程序上的非正式性和实体上的非法律化的属性。首先,程序上的非正式性是指使用 ADR 时无须恪守严格的法院诉讼程序。在诉讼中,实体法与诉讼法从规范和程序两方面严格约束着法官、律师和当事人在诉讼中的行为。近代以来的规范体系和司法制度有着复杂精致的结构,包含精心设计的包括公正性与中立性的一般规范，以及规定着具体程序与判断准则的各种规则。为保证法官能够最大可能地做出正确判断，以达致纠纷的妥善解决，诉讼将法官的行为限制在非常狭窄的范围内。与此类似，当事人与律师也必须在严格的规范和程序内活动。诉讼的严格与复杂，注定其是一种非常奢侈的纠纷解决方式，最大限度地追求公正可能造成对效率的减损。追求所有纠纷都通过诉讼解决将给当事人与社会带来无法承受的巨大代价，同时其本身也不可能实现。ADR 可以向纠纷当事人提供更快捷、更具有针对性的成本较低的纠纷解决程序，在效益原则获得充分正当性的条件下，ADR 有助于纠纷的及时解决，并有利于将有限的司法资源运用到需要发挥诉讼的程序公正与推广社会价值的特有功能的纠纷中。

其次，实体上的非法律化是指使用 ADR 来解决纠纷时未必要遵循既定的实体法，ADR 的纠纷解决基准是只要不违反法律的强制性规定即可，针对具体的法律规定则有较大的灵活性和交易空间，并可以根据当事人和特定纠纷的实际需要，广泛依据包括习俗、公共道德和自治性规范等在内的各种社会规范来解决纠纷。在 ADR 中，制约当事人和利害关系人的行动并给与他们一定方向性的种种规范往往并不以明确的方式而存在。另外，程序上的自由、简易与灵活，都使得在 ADR 程序中的纠纷当事人和中立第三方具有比诉讼中的参与者更大的活动空间，他们的行为对纠纷解决的影响也更为显著。

诉讼制度的高度发展导致其他纠纷解决方式日益边缘化，然而这些诉讼外的纠纷解决方式及其承载的价值却并未从纠纷解决的图景中消失。从诉讼制度确立时起就始终存在着不同意见，在现实中也一直有其他的纠纷解决方式。可以说，ADR 与诉讼的关系经历了各自发展、诉讼主体地位的确立和 ADR 的隐身、ADR 对诉讼影响的显性化等一系列转变。

长时间以来，在普通法世界中解决公共纠纷的主要机制是法院系统。法官和律师是公共纠纷处理体系中的主要代理人。正如马克斯·韦伯所意识到的，普通法世界对法律界存在着过度依赖，倾向于"通过一劳永逸地雇用一位律师作为对付一切生活关系的法律上的忏悔神父"来处理法律问题。① 律师作为顾问和代表是诉讼中不可或缺的同伴,而法官是做出裁判的权威第三方。随着法院和律师在公共领域中地位的不断提高,法院成为国家的固定代表,而律师则成为提供专门服务的群体,其他纠纷解决机制的重要性逐渐减弱,如私力救济在社会中越来越少见,调解等也因遭到排挤而逐渐减少。诉讼对纠纷解决的垄断使法律职业的门槛越来越高,逐渐形成了明显的圈内人和圈外人的差别。然而事实上,审判在由权威第三方做出决定的帷幕之下,并没有与和解、协商等其他形式彻底决裂,在律师们的操纵下,审判很像是程序性的竞技场。②

在 20 世纪初,法院将自己仅仅定位为判决的传送者,实际上,从总体上看,20 世纪 70 年代以前法院的工作被认为是应该固定在主持审判和作出判决中,法院在审前的活动也局限在确保案件在审判之前不要出现过多异动的范围内,而其他的事宜都是由当事人自行处理,实际上往往是由律师代理。"尽管普通法国家的法官们如此狭隘地理解自己的角色,从而使纠纷解决的两种方式——通过协商达成一致和权威的第三方决定——之间有了明显的界限,我们依然可以发现在这一泾渭分明的界限之下,隐藏着已经存在了许久的秘密。律师,从概念上看来是应当尽量运用'诉讼'这一纠纷解决方式进行工作,但长期以来却只是将民事诉讼的框架作为其尝试'和解'的场所。"③在美国等普通法国家,只有很少一部分案件会进入审判阶段,到判决阶段的更少。"事实上,在起诉至美国法院的所有民事案子中,只有 1/10 进入了庭审,还有 1/5 通过审前裁判的方式得到处理。"④对社会而言,甚至是对法律界而言,纠纷解决的某些部分曾被遮蔽了,大家的关注点集中在法院的判决上,而在其他领域,例如在

---

① WEBER M. Economy and society[M]. ROTH G, WITTICH C ed. Berkley: University of California Press, 1978.

② 罗伯茨,彭文浩. 纠纷解决过程:ADR 与形成决定的主要形式[M]. 2 版. 刘哲玮,李佳佳,于春露,译. 北京:北京大学出版社,2011:2-3.

③ 罗伯茨,彭文浩. 纠纷解决过程:ADR 与形成决定的主要形式[M]. 2 版. 刘哲玮,李佳佳,于春露,译. 北京:北京大学出版社,2011:3.

④ 戈尔德堡,桑德,罗杰斯,等. 纠纷解决:谈判、调解和其他机制[M]. 蔡彦敏,曾宇,刘晶晶,译. 北京:中国政法大学出版社,2004:6-7.

法院之外的纠纷解决工作,明明是律师职业的重要部分,却被忽略了。

法院的角色是负责审判和做出判决,在诉讼中更加积极主动的律师实际上是把诉讼作为之后进行和解的策略武器,这种特色鲜明的公共纠纷处理文化逐渐得以确立。国家福利的提高和权利意识的增强促使人们更多地把目光投向诉讼和法院。但是逐渐地,尤其是在过去的几十年,这一曾经普遍确立的纠纷解决文化的确定性在普通法世界里发生了翻天覆地的变化,ADR 以一个重要但又未完全清晰界定的形象重新登场,法院和律师的既有身份开始遭到挑战。这场纠纷解决文化的转变伴随着ADR 的不断丰富而表现得愈加明显,给普通法世界带来了不小的冲击。

0.5.3　传统 ADR 与新型 ADR 的阶段划分

ADR 形式多样,根据不同的分类标准可以分为不同的类型。根据 ADR 的起源和运作形式,可以将其分为传统 ADR 和新型 ADR。

传统 ADR 是指法制化社会之前的非正式民间纠纷解决机制,以商业仲裁和民间调解为代表,脱胎各国特定的文化传统和社会资源。新型 ADR,是在国家法律体系基础上,根据国家与社会的纠纷解决实际需要而建构,受到法律规则影响并发展出诸多新类型的非诉讼纠纷解决机制。二者在原则、理念和程序设计上都有很大不同。

传统 ADR 是以利益为基础运作的机制,纠纷双方达成协议,或者第三方成功地调解一场纠纷,是基于当事人各自的利益和相互之间的博弈,在不受法律影响或影响非常微弱的情况下,根据各自的利益追求,达致一种可为各方所接受的利益均衡的状态。传统 ADR 纠纷中,双方在利益基础上的博弈所依靠的规范是传统社会中的内在秩序,这种秩序通常以乡规民约、习惯和公共道德的形式出现,对当事人的纠纷解决多产生潜移默化式的影响。

相较传统 ADR,新型 ADR 具有两个特点。

其一是建立在国家法律体系基础上,受到法律规则的影响。从传统社会向现代社会的发展过程中,传统社会结构的内在秩序逐渐失去力量,其社会规范功能下降,为国家法律体系的规范、程序和制裁力所取代,法律成为社会主要的调整方式。社会所经历的法制化过程,使得非诉讼纠纷解决受到法律规则的影响,成为处于法治主导下的机制。在这一过程中,法律秩序不断调和在社会中迫切要求认可的权益,各种各样的利益被确认为通过法律加以推行的权利。国家不断赋予社会主体各种新的实质性权利和实质的司法保护请求权,社会主体的诉讼能力不断提高。与此同时,现代审判制度的建立,使诉讼的实效性不断被强调与完善。诉讼对当事人可选择的现实性的增强,使通过诉讼的纠纷解决与诉讼外的纠纷解决在纠纷解决内容与结果上的差别进一步缩小。ADR 成为在"法律荫影下"的机制。虽然 ADR 的运行没有动用法律,但法律无时无刻不笼罩于其上。法律的存在本身成为 ADR 的一种参照,是一种存在距离但又可随时依靠的影响与威慑。在 ADR 中,法律力量作用的发挥恰好在于不必动用法律。

其二是根据国家与社会的纠纷解决实际需要而产生。作为一个普通法国家,法制极为发达的美国对法律和司法裁判的传统定位不仅仅在于解决纠纷,其基本的落脚点是保护法律所认可的权利,维护整个法制秩序。普通法国家对诉讼的重视体现在通过诉讼对保护权利的追求,乃至对宣扬法制秩序核心价值的追求,这也决定了为保证公平必须对诉讼的程序性严格要求。而这必然将引发另一个为当事人所关注的问题,即效率。迟来的正义是否还能够满足当事人的诉求? 经济上和时间上的无谓消耗是否能够为当事人所承受? 公平与效率均为诉讼不可回避的问题。大量当事人在主动寻求诉讼外纠纷解决方式的过程中追求的首要价值就是效率,也有个别追求公平的情况。国家在这一问题上的立场与私人主体不同,在追求效率之外,还必须追求公正,保护弱势一方当事人的权利。

国家在某些时候存在求助于法院之外的纠纷解决方式的需要,这些时候往往出现在法律和诉讼的发展与社会发展之间断裂与脱节所造成的权利缝隙中。在时代进步、公民的实际权利扩张,而普通法与制定法尚未有相应改变的时刻,公民的诉求无法在法院内获得公正解决,为了平息民怨,国家需要出面引导纠纷的解决,而此时 ADR 就往往是国家所必须选择的纠纷解决方式。除此之外,公民为了更便捷、更有效、更符合自身实际的解决纠纷方式,即主要出于对效率的追求也会主动寻求诉讼外的解决方法。这些都是 ADR 出现与发展的机会。

一种诉讼外的纠纷解决方式如果不能为国家所认可，那就意味着几乎丧失了全部存在与发展的可能性。ADR 出现与发展的目的并非取代传统的诉讼与审判模式，而是增加纠纷解决的途径。在 ADR 的发展过程中出现了 ADR 的制度化与国家主导的法院改革，这体现了追求合意的 ADR 与传统的对抗式诉讼的交叉与融合。诉讼外的纠纷解决方法为国家所接受，成为合法的纠纷解决方式并被制度化，而其优越之处为法院所吸收借鉴，成为诉讼新的发展与改革方向。

在新型 ADR 的发展过程中存在着规范对 ADR 的影响从"隐性化"向"显性化"的转变，法院对 ADR 从"竞争"到"合作"的态度变化，以及 ADR 对规则的"逃离"与"回归"的现象。在 ADR 和诉讼趋异的价值追求与趋同的社会现实之间存在着 ADR 自身发展的构造性矛盾。而解决这一矛盾的关键，从美国 ADR 发展所展示的图景中可以窥得一二，即以利益均衡为核心，注重迅捷而符合实际的多元化纠纷解决。

总体而言，ADR 的发展既有传统 ADR 向新型 ADR 的转型与演化，也有根据国家和社会需要不断被创造出来的 ADR 新方式，它们相互间不断融合、吸收、协调，共同构成了整个非诉讼纠纷解决机制。

新型 ADR 转化自传统 ADR，体现为受到传统文化与资源影响而自发形成，随着国家法律体系的成熟与完善，受法律规制的影响加深，逐渐有国家制定的相关立法规范，并有较为成熟的组织机构作为支撑。

美国在 1776 年建国之前，各殖民地施行的法律还很原始和简陋，甚至《圣经》也被作为判案的依据。独立战争之后，美国法迈上了独立发展的道路，1776 年至 1861 年是美国法的形成时期。南北战争后，美国的资产阶级政权得到进一步巩固，美国法逐步实现了向资产阶级法的彻底转变，主要表现为制定法的比重增加及法律出现统一化的趋势，1861 年至 19 世纪末是美国法的重建时期。19 世纪末 20 世纪初，美国进入垄断资本主义阶段，法律较之以前有了较大变化，成文法大量增加，法律的系统化明显加强，国家法律体系逐渐形成。[①] 20 世纪之前，ADR 在美国的表现主要是欧洲传统与教会影响下的商业仲裁和民间调解，以及印第安人自发形成的传统纠纷解

---

① 林榕年，叶秋华. 外国法制史[M]. 3 版. 北京：中国人民大学出版社，2007：190-193.

决方式,这些是传统 ADR 的典型代表。

19 世纪末 20 世纪初是美国历史上全面完成始于南北战争以来的巨大转变的时代,第二次工业革命全面完成,自由资本主义发展为以私人垄断为特征的垄断资本主义,工业化、城市化基本实现,经济高速发展,农业社会向现代城市社会迅速转化,国家法律体系更加成熟与完善。美国的社会与法律呈现出与前一个阶段不同的面貌。在这样的背景转换下,经过长期的积累与酝酿,1925 年《美国联邦仲裁法》被制定出来,以仲裁解决商业纠纷的方式为国家所正式接受。美国仲裁协会作为商业仲裁的支持机构也几乎同时成立。美国传统 ADR 在商业纠纷领域完成了向新型 ADR 的转变。

同一时期,美国社会的工业化与垄断化激化了私人垄断资产阶级与工人之间的矛盾,过去一直存在的工人罢工以更为激烈的形式爆发。由于自身立场的局限性,联邦法院以反垄断法与劳工禁令为武器,试图压制与平息工人的罢工等行动。然而法院的禁令并不能从根本上解决工人罢工背后深层次的社会问题,自然也不可能平息纠纷。联邦政府为解决工人罢工所引发的社会危机,以推动劳资谈判、总统调解、建立专门的劳资调解与仲裁机构的方式出面解决劳资纠纷。伴随着国家的进步主义改革,联邦政府的举措在经历了经济危机与两次世界大战带来的空前压力后,逐渐成为获得从劳资双方到整个社会的认可的习惯性做法。面对种种压力,联邦法院改变了以往的态度,ADR 在劳资纠纷中的使用获得了从普通法到制定法的支持,并从个别行业扩展到全部私营行业。全国性劳资纠纷立法与联邦最高法院的判例改变了劳资纠纷中 ADR 所处的法律环境。新型 ADR 在劳资纠纷领域逐渐建立起来。

在 20 世纪前半期,美国向福利国家发展,法院从过去强调财产权利开始向强调人身权利转变。到 20 世纪中期,庞德提出两个正在形成的原理并作为法律的根据:"第一,每个人都有权要求由社会承担个人在生活中所受到的意外损害;第二,每个人都有权要求确保个人的最低生活标准。"[①]这意味着法律在社会中作用的扩大。20 世纪 60—70 年代,在美国的个人权利领域产生了美国法律史上绝无仅有的权利爆炸。

---

① 施瓦茨.美国法律史[M].王军,洪德,杨静辉,译.2 版.北京:法律出版社,2011:188.

新的利益几乎前所未有地逼迫着法律转变，要求以法定权利的形式得到确认，而法律也越来越多地确认其存在，将数量空前的利益类型提高到受法律保护的地位。以著名的系列"民权法案"为代表，美国的反歧视法律体系被构建起来。从妇女平等保护权到福利社会当事人权利再到环境资源利益权都成为受法律保护的权利。由此，一些新的纠纷领域应时出现，一部分过去就已存在的纠纷领域纠纷数量剧增。实质性权利的增加需要实质性司法保护的同步发展。纠纷数量的迅猛增长与纠纷覆盖领域的扩大超出了传统纠纷解决者的能力，给 ADR 的发展提供了机会，法律职业对纠纷解决的垄断被打破。新型 ADR 突破原有的商业纠纷与私营劳资纠纷领域，拓展到民权领域、环境纠纷领域、公共劳资纠纷领域等更广阔的空间中，就此迎来了大发展阶段。

随着"接近正义"运动的发展，社会主体权利的增加与诉讼能力的提高使诉讼数量剧增。面对 ADR 在上一个阶段的迅速发展，处理纠纷的专家等新兴力量在纠纷解决领域的出现，以及社会中对诉讼昂贵、诉讼迟延、诉讼门槛过高的批评与抱怨，法律界开始反思诉讼制度并挖掘 ADR 的优越性，谋求变革。法院建立起 ADR 试点项目，律师将 ADR 纳入服务。律师和法院转而成为推动 ADR 发展的主要力量，标志着 ADR 的发展进入变革期。

到 20 世纪 90 年代，承接上一个时期法律界对 ADR 实践的参与和推动，在联邦政府的大力支持下，ADR 的制度化与国家主导的法院改革进一步深入。一系列联邦层面的立法被制定出来。追求合意的 ADR 与传统的对抗性诉讼的交叉与融合进入完善发展的新阶段。ADR 和诉讼趋异的价值追求与趋同的社会现实所造成的 ADR 内部的构造性矛盾在这一阶段也更为明显地暴露出来，而对 ADR 制度化与诉讼发展未来方向的思考也更加深入。

通过以上论述，可以看出美国 ADR 的发展可以分为传统 ADR 和新型 ADR 两个大的分期。根据社会现实的变化影响所造就的不同阶段的特点，新型 ADR 可以被划分为 20 世纪初至 20 世纪中叶的初建期、20 世纪 60 至 70 年代中期的发展期、20 世纪 70 年代中期至 80 年代末的变革期，以及 20 世纪 90 年代到 21 世纪初的完善期四个大的阶段。由于传统 ADR 在漫长的历史发展中演变较为缓慢，形式较为单一,而新型 ADR 在时间上虽然只有短短一个世纪,却发生了翻天覆地的变化,新的形式层出不穷,各种理念相互激荡,变化纷繁复杂,故而书中用一章的篇幅来研究美国传统 ADR,而将研究的重点放到新型 ADR 的变化之上,根据其自然的演进状态分四章来进行研究。最后,本书将根据笔者对美国联邦 ADR 的历史研究提出解决 ADR 内部构造性矛盾的观点与方法。

第 1 章　美国传统 ADR 研究（从北美殖民地时期至 19 世纪末）

如果说权利是诉讼的基础,诉讼的目的是在程序和实体上维护权利,那在权利产生之前,个人、团体甚至国家的利益陷入纷争时,当事各方已经会采取相应的行为来对利益进行维护,对纠纷进行解决。除却依靠暴力手段或者期望依仗神力来解决纠纷,用和平的或者相对和平的方式来对利益进行协调的解纷方式在世界范围内大量存在。无论是在非洲还是在太平洋上的夏威夷岛,也不管是在古雅典还是在古中国,都能找到大量的证据证明。作为世界范围内 ADR 发展的典型代表,在多种因素的影响下,美国在从北美殖民地时期到 19 世纪末的时间跨度中,已经存在着本土的传统 ADR 形式。

1.1　北美殖民地时期:传统 ADR 的起源

1.1.1　北美殖民地时期概况: 多样性和统一性

在北美殖民地时代,欧洲裔和非洲裔移民源源不断迁入北美大陆,并在此地定居,和原住民印第安人形成了交往和互动,在北美大陆上刮起一股改天换地的飓风。

自约翰·卡伯特于 1497 年发现纽芬兰以后,大批法国人前往北美冒险,1604 年法国人在现今的加拿大建立了第一个固定殖民地罗雅尔,1607 年在圣劳伦斯河河口建立了魁北克城,然后又沿着圣劳伦斯河向大湖区扩展,在北美的北部建立了新法兰西殖民地。1682 年,法国探险家拉萨尔抵达密西西比河流域,将这一领域命名为路易斯安那,之后法国占领了密西西比河两岸的广大地区。法属北美殖民地地域辽阔,除占多数的法裔外，还有来自德意志、荷兰和葡萄牙的移民及其后裔。16 世纪中期，武装的西班牙殖民者从墨西哥湾沿岸北上长驱直入，在如今的佛罗里达、佐治亚、阿拉巴马、德克萨斯、加利福尼亚等地区建立了许多殖民据点。西属北美殖民地的白人居民大多来自西班牙，除此之外还有大量的印第安人和混血人。1609 年，荷兰在哈德逊河建立新尼德兰殖民地，1626 年，荷兰人从印第安人手中买下了曼哈顿，大批荷兰移民前来，曼哈顿逐渐发展成为一个繁荣的经济中心，荷兰人在那里建立了新阿姆斯特丹城。1585 年，第一支英国探险队到达北美。1604 年，英国伦敦和普利茅斯的两家殖民公司取得了开发北美的特许权，1607 年，弗吉尼亚公司在切萨皮克湾以詹姆士敦为据点建立了第一块永久性殖民地弗吉尼亚。在从 1607 年到 1733 年的一百多年里，英国陆续在大西洋沿岸地区建成了 13 块殖民地。①

随着欧洲殖民者一起抵达北美大陆的还有他们的传统、文化和宗教。在西属北美殖民地，天主教具有很大的社会影响，宗教裁判所见于各地。法属殖民地信奉单一的天主教，教会对世俗社会有很大影响力。英属殖民地不同区域宗教信仰差别较大，例如新英格兰地区②以清教徒为主，大西洋沿岸中部的宗教信仰呈多样化的样态。据统计，截至 1775 年，北美殖民地的居民有公理会教徒 57.5 万人，英国国教教徒 50 万人，长老会教徒 41 万人，荷兰改革教派教徒 7.5 万人，德国教会教徒 20 万人，教友派信徒 4 万人，浸信会教徒 2.5 万人，罗马天主教徒 2.5 万人，卫理公会教徒 5 000 人，犹太教派教徒 2 000 人。③

这一时期北美大陆上的居民除了欧洲裔殖民者，还有大量的非洲裔移民和原住民印第安人，北美社会呈现出多种族、多族裔、多教派互动的景象。不同族裔之间的传统、制度、技术和文化各具特色，居民在各殖民地之间迁徙流动，频繁的日常和商业

---

① 刘绪贻，杨生茂. 美国通史：第 1 卷 美国的奠基时代 1585—1775[M]. 北京：人民出版社，2002：52 - 62.

② 长期以来，美国历史学家将英属 13 个殖民地划分为 4 个大的区域：新英格兰（马萨诸塞、康涅狄格、罗德岛、新罕布什尔）、大西洋沿岸中部（纽约、宾夕法尼亚、新泽西、特拉华）、切萨皮克地区（马里兰、弗吉尼亚）和下南部（北卡罗来纳、南卡罗来纳、佐治亚）。

③ 苏本，伍. 美国民事诉讼的真谛：从历史、文化、实务的视角[M]. 蔡彦敏，徐卉，译. 北京：法律出版社，2002：5.

交往促进了不同文化与传统的相互影响和交流。与此同时，殖民地之间的竞争和对抗加强了各殖民地内部的凝聚力，逐渐产生了深层的社会和文化认同。在这种融合与竞争中，北美殖民地在价值观念、生活方式和政治体制等方面表现出多样性和统一性相结合的特点，并为以后的美国社会和文化打下了深刻的烙印。正如法国政治思想家托克维尔在 19 世纪考察美国之后所说："每个民族都留有他们起源的痕迹。他们兴起时期所处的有助于他们发展的环境，影响着他们以后的一切。"①

这种多样性和统一性一直是美国重大而持久的主题之一，对其社会和文化产生了极其深远的影响，不管是美国的法律还是 ADR，都在这种持久的张力中成长和发展。

1.1.2　欧洲商业仲裁和民间调解传统在殖民地的发展

欧洲有着使用调解与仲裁解决纠纷的传统。在古希腊，雅典城邦曾经设立仲裁程序，亚里士多德赞美仲裁是"给予应得的公正，并使更大的公平成为可能"，西塞罗说审判是"准确、清晰、明确，然而仲裁是温和而适度的"。②

古罗马时期，由于商业的发展，地中海沿岸港口之间的商贸活动逐渐增多，商事、海事纠纷也不可避免地增加。为了尽快解决争议，恢复正常的经济秩序，商人们使用调解或仲裁的方法来解决贸易往来中的纠纷。如果单凭当事双方无法解决纠纷，则找一位既为大家所熟悉又有威望的人来居中调解。由于当事双方对仲裁人或调解人的信任，其做出的决定也较易为双方所遵守。③《十二表法》中也有对仲裁的规定，《十二表法》第七表第五条规定："疆界发生争执时，委任仲裁员 3 人。"④还有第十二表第三条规定："凡以不正当名义取得物件占有的，长官……如愿意……指定仲裁员 3 人处理之；通过他们的判决……双倍地赔偿损害并应返还所得的孳息。"⑤这两条规

①　托克维尔. 论美国的民主：上卷[M]. 董果良，译. 北京：商务印书馆，1988：30 - 31.

②　BARRETT J T, BARRETT J P. A history of alternative dispute resolution: the story of a political, cultural, and social movement[M]. San Francisco: Jossey-Bass, 2004: 8.

③　刘敏，陈爱武. 现代仲裁制度[M]. 北京：中国人民公安大学出版社，2002：21.

④　徐国栋，阿尔多·贝特鲁奇，记蔚民.《十二表法》新译本[J]. 河北法学，2005, 23(11): 3.

⑤　徐国栋，阿尔多·贝特鲁奇，记蔚民.《十二表法》新译本[J]. 河北法学，2005, 23(11): 4.

定显示古罗马在解决土地边界争议和非法占有纠纷时，对仲裁的使用非常普遍。《十二表法》意义深远，对整个欧洲产生了难以估量的影响。

　　在中世纪，商业仲裁作为商法和海商法中的重要组成部分被广泛应用于欧洲的许多城市。在当时的商业仲裁中，商人组织和商业公司发挥着重要作用。商人组织以各行业的行会为代表，以行会中具有丰富经验的商人为仲裁者。商业仲裁自愿展开，裁定被作出并被商人们执行，整个过程建立在对公平和互利互惠的认同的基础上。这些来自商人行列的仲裁者，运用多年的经验得来的规则和逐步形成的法律来解决纠纷，过程的自愿性和参与性使得其决定被绝大多数商人所接受，那些拒绝接受其决定的商人将面临其他商人的排斥。这些仲裁者所依靠的规则是由"商人们在长期的商事交易实践中发展起来的，它既不是现代意义上的国家立法机关制定的，也不是法学家们创造的。中世纪的商人习惯法在当时具有普遍性，商人们无论在欧洲的何处做生意，都适用相同的商事惯例"①。与欧洲大陆隔海峡相望的英国虽然在法律体系方面独树一帜，但也曾受到与欧洲大陆法系相同渊源的影响，例如罗马法和教会法。英国一直积极发展对外商业贸易，14 世纪时英国已经存在关于仲裁的记载，1889 年英国制定了第一部仲裁法。1698 年爱尔兰颁布了第一个仲裁法律，该法延续了 250 年而不变。

　　欧洲殖民者来到北美大陆，同时也带来了他们在商业贸易中使用仲裁的传统，使用仲裁来解决纠纷的做法开始在北美的各大城市与港口中扎根。商业仲裁在荷属北美殖民地以及英属殖民地被广泛应用。早期的商业仲裁多由私人展开，在商业领域时间就是金钱，纠纷的各方通常倾向于快速解决分歧然后回到商业中继续赚取利益，并且仲裁具有隐秘性，可以减少在审判中因无法避免的负面信息公开而引起社会关注所导致的损失。

　　与此同时，由于宗教、偏见以及情绪方面的因素，对律师不信任在早期殖民地成为一种文化，殖民地居民们小心翼翼地避开律师和法院，更倾向于使用自己的或者团

---

　　①　刘敏，陈爱武. 现代仲裁制度[M]. 北京：中国人民公安大学出版社，2002：22.

体内部的调解和仲裁来处理社会中的冲突。① 当一个纠纷出现时,两个或三个男性共同体成员将参与到争议双方的纠纷解决中,例如在马萨诸塞的戴德姆,从 1636 年开始,由争议各方或者共同体选择"三个有判断力的男人"或者"两个理智的男人"来调解解决纠纷,在南卡罗来纳、康涅狄格和新泽西也有用仲裁程序代替审判的尝试。② 荷兰殖民者也发展出了解决共同体内部纠纷的程序。当一个纠纷发生时,由 9 名男性共同体代表组成的会议将举行,以确定争议各方的对错,评估各方的损失,并作出决定,在争议各方之间促成和解。除此之外,瑞典的殖民者在特拉华也使用类似的程序,西班牙在北美殖民地也青睐使用调解来解决纠纷。

随着仲裁和调解的发展,仲裁在部分殖民地获得了官方的承认,例如马萨诸塞在 1632 年,还有宾夕法尼亚在 1705 年通过立法批准了仲裁。③ 殖民地在司法实践中采用调解和仲裁来解决纠纷的做法也越来越广泛,法院有时指定当事人将争议提交仲裁。例如,1680 年在特拉华的肯特郡,彼得·格罗恩狄克和威廉·温斯摩尔,经"琼亚特同意",将他们的争议提交法院解决,该案涉及"债务和贷款的账目"问题,法院"认为该案适宜指派"两名仲裁人审理,如果这两名仲裁人"意见不一致,便挑选第三人担任仲裁人以作出最终裁决"。④

此外,除了商业仲裁和民间调解,还需注意到在这一时期一些与 ADR 相关的发展。其一,在商业仲裁和民间调解在北美大陆上被频繁使用的同时,谈判作为 ADR 的基本形式之一,在书面和口头合同的纠纷以及其他的矛盾冲突中也被经常性地使用。其二,在革命前的这一代人中,法律职业加速兴起。⑤ 一些殖民律师(Colonial Lawyers)作为一个意想不到的群体而存在,他们在法院系统外的纠纷解决中有着重

---

① 弗里德曼.美国法律史[M].苏彦新,王娟,杨松才,等译.北京:中国社会科学出版社,2007:74-75.

② MANN B H. The formalization of informal law: arbitration before the American revolution [J]. New York University law review,1984, 59(3): 443.

③ BARRETT J T, BARRETT J P. A history of alternative dispute resolution: the story of a political, cultural, and social movement[M]. San Francisco: Jossey-Bass,2004:8.

④ 弗里德曼.美国法律史[M].苏彦新,王娟,杨松才,等译.北京:中国社会科学出版社,2007:40.

⑤ 施瓦茨.美国法律史[M].王军,洪德,杨静辉,译.2 版.北京:法律出版社,2011:6.

要地位,经常被视作交易撮合者和问题解决者,而非法院律师。他们通过典型的 ADR 形式,例如谈判、调解和仲裁,帮助农民、商人和公司解决纠纷。

1.1.3　教会对纠纷解决的影响

许多欧洲殖民者为了逃避旧世界的迫害,带着对新世界的憧憬来到北美。这片土地对于他们来说就像约翰·温斯洛普 1630 年的一次著名的布道"基督徒慈善的典范"①中所说的:"我们必须认识到我们将成为一座山上的城。所有人的眼睛都在看着我们。因此如果我们在我们所做的这件事上对我们的上帝虚妄……我们将成为全世界的传说和笑柄。我们将使敌人开口说毁谤上帝道路的话……我们将使上帝许多可敬的仆人脸面惭愧,使他们的祷告化成对我们的诅咒,直至我们离开正前往的美好土地。"

1620 年,36 名清教徒自莱顿出发,在英国普利茅斯和来自伦敦与南安普顿的移民会合,组成一支 104 人的移民队伍,乘坐"五月花号"前往北美。新英格兰各块殖民地通常被称作"清教殖民地",清教体现了这个地区社会文化的基本特征,新英格兰各殖民地的形成和发展都与清教徒有着密不可分的联系。

清教并不是一个统一的教派,清教徒在移居北美时并没有统一的教义、制度和组织,例如,在马萨诸塞以公理会为主流,普利茅斯的清教徒属于分离派。根据"天恩圣约"的观念,上帝在和个人订立契约的同时,也与群体订立了契约,每个加入者都必须服从上帝,如果一个人犯有过失,就会累及全体,只有对此人进行惩处,方可维持上帝对全体的眷顾,因此清教徒注重对教众的行为进行规范和控制。教会有权为全体社会成员制定行为准则,具体何为上帝的旨意,只有教会才有发言权,于是教会就获得了控制人们行为的权威。在清教徒看来,生活中事无巨细均与宗教相关,因而任何过失都可由教会过问,如行为不检、偷盗、纵火、斗殴、舞弊、谋杀和忤逆等行为,教会都有权处理。② 由于教会提供了一个万能的纠纷解决地,清教徒殖民者对任何可能挑

---

①　该布道的原名是"A Model of Christian Charity","山巅之城"是"City upon a Hill"。
②　刘绪贻,杨生茂. 美国通史:第 1 卷 美国的奠基时代 1585—1775 [M]. 北京:人民出版社,2002:126 - 132.

战其宗教价值和社会理念的外来干预都充满敌意，正式的纠纷解决机制很难发挥作用。①

　　教会的纠纷解决以圣经为基础。圣经中有很多内容提倡与他人和平共处，避免用法庭或者暴力来解决纠纷。例如，《哥多林前书》第六章提出教徒之间应以爱心互相宽容，大家若能互相饶恕，甘心吃亏，就能避免争斗之事。如果不能相互原谅，甚至把徒众带到外邦人面前受审，则不但伤害了教徒，而且不能荣耀神之名，况且教会有足够的权柄和智慧来裁断这些事，秉公行义。《马太福音》第十八章提出宽恕与和平的和解。罗切斯特第一教堂指导教徒遵循《马太福音》第十八章，直接与所谓的做坏事的人交流，然后是与目击者交流，这些步骤都失败了，再由牧师来解决纠纷。与法院不同的是，教会解决纠纷的目标不是简单的抽象形式的公正，而是希望当事人"搁置争议，原谅彼此，达成共识尊重彼此的差异"。② 教会以谴责、告解、忏悔、逐出教会的方式来处理纠纷，以和谐为最高目标，许多纠纷没有明确的赢家。在纽约瓦尔汉，教会彻底地调查了一个教徒的申诉，并决定"为和平目的"的最好的方式是"埋葬所有"。③

　　在宾夕法尼亚，有大量教友派（即贵格会）教徒聚居，教友派教徒对正式的法律和诉讼颇为反感，当地的法律（1682 年）要求在每一教区任命三个人作为"共同调解人"，这些调解人的"仲裁"被宣布为"同法院的判决一样有效"。④

　　随着商贸的发展，移民大量增加，社会整合度不断提高，法院在这些地区才逐渐开始扮演更加重要的角色，然而一些地区的教徒一直深受着宗教对他们的影响，以非诉讼，即 ADR 的方式解决纠纷的做法发挥着持续性作用，例如佐治亚亚特兰大市霍普韦尔镇的浸信会教徒在 20 世纪 80 年代中期依然保持着教会解决纠纷的传统。

---

　　① 罗伯茨，彭文浩. 纠纷解决过程：ADR 与形成决定的主要形式[M]. 刘哲玮，李佳佳，于春露，译. 2 版. 北京：北京大学出版社，2011：23 - 24.

　　② Nelson W E. Dispute and conflict resolution in Plymouth County，Massachusetts，1725 - 1825[M]. Chapel Hill：University of North Carolina Press，1981：39.

　　③ NELSON W E. Dispute and conflict resolution in Plymouth County，Massachusetts，1725 - 1825[M]. Chapel Hill：University of North Carolina Press，1981：42.

　　④ 弗里德曼. 美国法律史[M]. 苏彦新，王娟，杨松才，等译. 北京：中国社会科学出版社，2007：28.

1.1.4　印第安人的纠纷解决方式

在欧洲人到达美洲以前，印第安人已经在这片大陆上生活了很多年，并形成了独具特色的社会和文化系统。印第安人文化在它所处的环境中是完整而自足的，在社会组织方面相当单纯，部落是核心的社会和文化单位。印第安人曾经广泛分布在北美大陆的各个地区，他们分属不同的部落，社会组织和生存方式等各有不同，没有形成类似阿兹特克人或印卡人①那样强大而统一的主权实体。由于部落众多而分散，语言复杂多样，内部差异很大，北美印第安人文化是由众多亚文化构成的一个文化集合体，当欧洲移民者带来另一种文化体系后，印第安人文化的共性才鲜明起来。②

在印第安人中，一个部落通过长时间的部落会议来讨论和解决内部的纠纷，运用部落共同的价值观来做出决定。"Words Caucus"和"Pow Wow"是印第安人常用的纠纷解决方式，即通过讨论来解决纠纷，突出了北美印第安人的传统。③ 在第一批欧洲移民抵达北美时，印第安人的这种治理形式与纠纷解决方式已经发展了数百年。

欧洲殖民者和北美印第安人的接触提供了一些观察印第安人的统治模式和争端解决过程的机会。本杰明·富兰克林通过和易洛魁人联盟的联系发现这些部落联盟使用协商谈判的方法来维持和平。这些部落规则所确立的 ADR 形式，为奥纳达、莫霍克、卡尤加、奥内达加、塞内卡和塔斯拉罗拉部落带来了和平，被富兰克林称为"伟大的和平法则"。此外，富兰克林还参与了印第安人的集会和条约谈判，在 18 世纪 50 年代，作为宾夕法尼亚州的印第安专员，富兰克林声称印第安人教给了他很多有关劝说、妥协和建立共识的技巧，这些技巧后来在他担任法国大使和参加制宪会议时

---

① 阿兹特克人和印卡人生活于中美洲，曾经形成了两大古代印第安文明，在欧洲人到达美洲之前曾发展成为地域辽阔的"帝国"。

② 刘绪贻，杨生茂. 美国通史：第 1 卷 美国的奠基时代 1585—1775 [M]. 北京：人民出版社，2002：39-50.

③ BARRETT J T, BARRETT J P. A history of alternative dispute resolution：the story of a political，cultural，and social movement[M]. San Francisco：Jossey-Bass，2004：44.

得到了很大的应用。①

1.2 美国独立到南北战争时期：传统 ADR 的发展

这段时期是从 1776 年美国独立到 1861 年美国南北战争爆发。"蜜蜂的共和国"是康涅狄格州的杰西·鲁特在其 1798 年的鲁特报告中提出的。他的理想是把美国建成"蜜蜂的共和国"，在这样的共和国里，它的成员"以其生命抵制任何外来的影响"，它的蜜"虽然采自无数的花朵"，但绝对是自己的香味。鲁特的理想代表了这一时期年轻的合众国对自己的法律和法院的追求，同时，"蜜蜂的共和国"也形象地描述了这一时期美国的发展。

1.2.1 美国法形成时期的商业仲裁

随着独立战争的胜利，殖民地变成独立的美利坚合众国，作为美国法基础的普通法面临被废除的危险。在有些人看来，新成立的民主制国家及各州需要一套全新的法律制度。当时有两种取代英国普通法的办法，第一种是寻找一个其他的法律制度作为替代品，第二种是抛弃所有制度，支持自然公正原则。"一个肩负着在政治上和经济上征服一个大陆的任务的国家，需要一种能使它应付人口、商业和财富的增长等问题的法律秩序。统一性、平等性和确定性很难由一个建立在开路人的这样一种信念之上的制度去实现：任何人都有能力主持司法审判，那种妨害门外汉正义感的法律越少越好。"②这段话代表了独立后很多美国人的看法，法律对于初生的合众国是必需的，但这种法律并不一定是英国法。然而，现实是英国法仍然继续被这个国家的法院和法官所适用。大量英国权威法学著作涌入美国，普通法律师参与州和联邦宪法的起草并随着居民点的西移而深入美国腹地，法院日益为他们操纵。英国法一直是所有那些并非严格意义上的新法和美国法的基本渊源，其影响普遍存在，但是其应用

---

① FRANKLIN B. The autobiography of Benjamin Franklin [M]. New York: Dover Publications, 1996: 101-102.

② 施瓦茨.美国法律史[M].王军,洪德,杨静辉,译.2 版.北京:法律出版社,2011:13.

是有选择性的。普通法必须按照美国的现实情况加以改造，国家和各州对所有普通法的适用都有自身的选择，那些被移植到美国的英国法及原则都是美国所缺乏和必需的，且仅限于此。从 1776 年到 19 世纪中期，美国法律发生了全面而深刻的变化，一个真正的"蜜蜂的共和国"建立起来了，正式的法律制度越来越深入地渗透到社会中去，美国法日益流行起来。

在这场伟大而深刻的革命中，联邦和各州、律师和法院如此专注于法律本身，而尽可能地反对使用诉讼外的纠纷解决方式。马萨诸塞州在 1786 年通过了一项仲裁法案，但是因为反对的存在而极少被使用。尤其是在约翰·马歇尔出任联邦最高法院首席大法官后，联邦最高法院拥有了司法审查权，成为和立法、行政机构完全平行的机关，法院成为美国民众心中公平和正义的象征，诉讼成为纠纷解决最重要的方式。

当然对此也有不同的声音，对普通法及其法官又爱又恨的托马斯·杰斐逊认为仲裁提供了一种比法院更好的纠纷解决方式。作为反联邦党人，他认为联邦党人推动法院代替仲裁，阻碍了年轻国家发展商业和经济的能力。1804 年，杰斐逊在波士顿的一家报纸上发表社论："诉讼延期、上诉、抗辩、违约和因此而上诉，是所有律师的主要工作，即以利益为目的。这种方式使得诚实的债权人也被拖延了，被迫牺牲，或者完全被阻止寻求公平，法律仅仅成为一个借口。"①法院和仲裁之间的竞争将会持续很多年，因为这不仅仅涉及通过什么方式来解决一个特殊的纠纷，还包括法院强制的重要性，法院的执法权力等。例如纠纷双方协定纠纷发生时首先选择仲裁，当败诉一方拒绝执行裁定时，仲裁是否和法庭强制一样有效，如果法院拒绝使用其执法权力，那么仲裁的效力将被削弱。这场缠斗直到 1998 年密西西比州法院放弃对仲裁的抵抗时才算彻底结束。

虽然法院明确表示出对 ADR 的反对态度，但在商业纠纷中使用仲裁的传统随着美国独立后经济的恢复与发展而更为深入和普遍，尤其是在经济繁荣的城市和港

---

① JEFFERSON T. Letter to the legislature of Massachusetts：remarks on the judiciary［N］. Independent Chronicle，1804-01-30.

口。以纽约为例，根据纽约商会的记录，1779—1792 年商会为各种类型的纠纷提供了仲裁，重点是航运业，很多案件都与海事有关，例如海员讨薪、货船沉没所引发的纠纷。据纽约商会记载，1779 年 10 月 6 日，纽约市警察给商会带来了一个案件。纠纷的一方是彼得·坎贝尔，另一方是约翰·沃克和威廉·希斯。坎贝尔从另外两人那里购买"成功号"帆船三分之一的股份。所有者们一起往船上装满苹果和盐，前往哈利法克斯。在等待一个领航员来驾船出海时，希斯阻止坎贝尔上船。为了回船，坎贝尔扣留了领航员，因而被逮捕并拘留了三天。在他被拘留期间，船上的货物被卸下来了，"成功号"也被转售，而坎贝尔没有得到任何收益，这是相当大的一笔钱。沃克和希斯辩称，是因为坎贝尔没有足够的船员。仲裁委员会不同意这种说法，裁定沃克和希斯全额偿还坎贝尔并支付仲裁费，每个月须得偿还 22 镑。

　　仲裁在民间和商业中的广泛应用，对美国新政府的活动也产生了不小影响。例如《1790 年专利法》为互相冲突的专利申请提供仲裁。仲裁会议的组成人员之一由政府指定，其余由各方申请人指定，共同做出裁决。如果一个申请人拒绝使用仲裁，那另一方的专利申请将被接受。典型的案例有 1790 年约翰·菲奇和詹姆斯·拉姆齐的汽船发明的专利申请纠纷，由于拉姆齐拒绝使用仲裁，菲奇的申请就被接受了。此外，仲裁也影响着国民的生活方式。一方面是受到美国建立过程中不断的讨论、相互的妥协和建立共识的和平解决问题方式的影响，另一方面则是由于仲裁的广泛应用，美国第一任总统乔治·华盛顿最后的遗嘱里包含一个仲裁条款：所有的纠纷应该被三个公平而智慧的人决定，这些人因为他们的正直和优秀的理解力而知名。其中两个由纠纷的双方各自选出，一方选定一个，然后由选出的两个人共同选出第三个人。三个人选出之后，应依据法律宣布他们对纠纷的认定结果，这样做出的决定对当事方具有的约束力，与美国最高法院做出的判决一样。①

---

　　① George Washington：last will and testament，George Washington's Mount Vernon. ［EB/OL］. ［2023-3-19］ https：//www. mountvernon. org/education/primary-source-collections/primary-source-collections/article/george-washingtons-last-will-and-testament-july-9-1799/.

1.2.2　劳资纠纷中调解的初步发展

随着美国法的形成,法院并不支持诉讼外的纠纷解决,但传统 ADR 依然有着强大的生命力,民间调解也继续发挥着作用。从佛罗里达州到德克萨斯州再到加利福尼亚州的广大区域,其纠纷解决方式深受原西班牙殖民者的影响。西班牙殖民者青睐使用调解解决纠纷,在社区内选举镇长的做法在美国南部和西南部很流行。一个镇长或市长作为该社区的领袖,在立法和司法方面均有重要意义。镇长通常鼓励使用调解,并且可以在有案件提交的时候要求使用。镇长具有广泛的自由裁量权,可以鼓励在纠纷解决中具有灵活性和创造性的做法,他做出的决定通常并不以正式的法律为基础,而是以社区的共同价值追求为出发点。随着美国的独立,西班牙对这一地区的影响衰减,从 19 世纪中期开始,镇长被正式的司法安排所取代。虽然如此,调解在这些地区的纠纷解决中依然很流行。①

调解在前述社区中的应用表现了传统 ADR 强大的生命力,除此之外,调解还有一个重要的发展,正是这个新发展逐渐形成了美国新型 ADR 最初的两条发展路径之一。

殖民地时期,工人的工资、工时和工作条件都由雇主决定,所有的雇佣都受控于雇主而非法律,只有契约工人例外。他们与雇主签订一段时间的劳役合同,可以在劳役结束时获得奖金,这使他们成为唯一的法定可以站在法庭里的雇员。当时,工人已经有一些抵制和反对雇主霸主地位的行动。例如,1636 年一群缅因州的渔民因为工资被扣留而暴动,1677 年纽约城街道清洁工抵制工资削减,等等。然而这些殖民地的工人组织在达到他们的目标,或者更经常的是失败后,就陷入解散或休眠之中,从未能建立起一个持续存在的机构来维护他们的利益。

独立战争后,商业生态经历了急剧变化,商业资本大规模转化为工业资本,殖民时期迁居北美的移民和移民后裔以及独立战争后不断涌进北美的人群提供了大量劳

---

① SIMMONS M. Spanish government in New Mexico[M]. 2nd ed. Albuquerque: University of New Mexico Press, 1990: 121 - 125.

动力,两者共同推动了工业革命的发展。随着工业革命的深入,美国的工人人数不断增长,到 1840 年,渔业、矿山、建筑、制造业和交通,5 个行业的工人总数已经达到 94 万 8 000 人,约占全国劳动力总数的 16.75%。① 与此同时,工人的生存境况却进一步恶化。1795 年到 1821 年,非熟练工人的工资长期维持在每天 1 美元的水平,甚至一度减少到 75 美分;技工的工资从每天 1 美元 66 美分减少到 1 美元 37 美分,工作日的工作时长通常是每天 12 小时,最长的有 14～15 个小时。②

　　面对如此状况,工人忍无可忍,纷纷起来罢工。此时一种非常基础的谈判形式被使用了:工人就工资进行协商,达成一致意见后告知雇主,然后停工回家直到该条件被满足。更多的情况是在几天之内雇主不同意,工人们就回到初始工作条件下继续工作,或者寻找其他工作。那些很难被取代的熟练工人的罢工有更大的成功可能性。在罢工过程中,工人为了应对老板施加的巨大压力成立了早期的临时性工会来领导罢工。1792 年,费城制鞋工人建立了第一个工会。这些早期的工会都是地方性的行业组织,存在的时间短暂,相当多的工会仅仅是为开展罢工而临时组织,罢工结束即宣告解散。

　　当时美国法院为"权利基于财产所有权"的法律观点所主导,对工人的罢工进行严厉的压制。例如,在 1805 年 11 月,费城 8 名制鞋工人遭到一个陪审团的控告,罪名是"共同联合,密谋增加工资",结果每人被判处罚金 8 美元;次年,费城制鞋工人工会被法院宣布为非法组织而被迫宣告解散,工会领袖被以预谋增加工资和伤害雇主为由被裁定有罪。该案是美国工人运动史上司法部门公开干预工会活动的第一起重大案件,正如美国学者所说,"看来,这个案件已为早期在法律上对待这个国家有组织工人的立场定下了调子"。③

　　政府司法部门已经摆明了对罢工的否定态度,然而工人的生活问题并没有得到

---

① 刘绪贻,杨生茂.美国通史:第 2 卷 美国的独立和初步繁荣 1775—1860 [M].北京:人民出版社,2002:214.

② 刘绪贻,杨生茂.美国通史:第 2 卷 美国的独立和初步繁荣 1775—1860 [M].北京:人民出版社,2002:216.

③ 刘绪贻,杨生茂.美国通史:第 2 卷 美国的独立和初步繁荣 1775—1860 [M].北京:人民出版社,2002:217.

解决，罢工依然在继续。为了缓和矛盾并处理纠纷，1835 年美国副总统马丁·范布伦调解了一场纽约造船厂的罢工，这可能是劳资纠纷中第一个由政府官员进行调解的备有证明文件的案子。范布伦在没有任何政府干涉先例的情况下采取了这样的行动，这使他成为第一个记录在案的劳资纠纷调解者。范布伦素来有"魔术师"的称号，他的调解为工人罢工问题的解决提供了一个新的方式，将 ADR 引入劳资纠纷领域。

从美国独立到 19 世纪中期，包括商业仲裁和民间调解在内的传统 ADR 依然发挥着作用，并在新的领域露出了萌芽。

1.3　南北战争后至 19 世纪末：传统 ADR 的早期制度化

1873 年，马克·吐温出版了小说《镀金时代》，从此"镀金时代"成为南北战争结束到 19 世纪末的这一段美国历史的代名词。镀金时代是"工厂的时代、金钱的时代、强盗巨商的时代、资方与劳方斗争的时代"[①]。这一时期，美国人口大量增加，城市越来越壮大，西部得到开发，大机器生产成为工业的主要力量，运输和通信得到极大的发展，美国在海外的势力也在扩张。整个美国的社会秩序变得更加复杂，不管对集团还是个人都更加难以掌握。从前看来是取之不尽用之不竭的资源，此时却已经暴露出危机："生活是一场谋求立足之地的斗争，竞争是场得失所系之赌赛，经济是一块必须分食的馅饼，而不是没有尽头的阶梯。"[②]

为求得生存，美国人越来越倾向于参加各种集团，不仅仅是俱乐部和社团，还有许多诸如工会、工业集团、农民组织、职业联盟等以经济利益为中心的集团，这些利益集团采取各种手段谋求在社会中的地位和权力。他们控制并引导着美国的法律。由此也产生了公众对公权力的怀疑，绝大部分公众看到了其中存在的危险：危险不仅来自国家的暴政，而且来自托拉斯，或者一般地说，大企业的暴政，又或者来自"危险的

---

① 弗里德曼.美国法律史[M].苏彦新，王娟，杨松才，等译.北京：中国社会科学出版社，2007：362.

② 弗里德曼.美国法律史[M].苏彦新，王娟，杨松才，等译.北京：中国社会科学出版社，2007：362.

阶级"和城市无产者。① 在如此情势之下,竞争、妥协、均衡利益的尝试,都促使 ADR
有了新的发展。

1.3.1　ADR 在解决奴隶问题中的应用

南北战争是美国历史上最大的冲突,在战争之前希望通过谈判和妥协的方式而
非流血和破坏性的战争来保存联邦的努力付诸东流,整个国家最终被推到两驾开往
不同方向的战车之上。这场战争的爆发揭示出任何 ADR 想要发挥作用必须有一个
前提,尽管纠纷各方在意见上有分歧,但是必须有共同努力解决问题的意愿。

南北战争以北方的胜利而结束,共和党激进派取得了南部重建的领导权。重建
按照北部工业资产阶级的意志,以较为民主的方式在南部进行了一系列政治、经济、
社会和文化教育改革,虽然重建没能彻底解决黑人奴隶问题,但基本上消除了种植园
奴隶制度。在南部重建中,ADR 被应用于解决奴隶问题。

奥利弗·霍华德参加过南北战争,战后作为难民、自由民与撂荒地局②的局长参
与了 1865—1874 年的重建。1866 年,霍华德的部门以仲裁的方式解决了超过 1 万
起被解放奴隶和奴隶主之间的纠纷。该部门设置了一个三人委员会作为纠纷的解决
机构,纠纷发生时,由该部门指定委员会的主席,然后由奴隶主指定一名成员,被解放
奴隶指定另一名。由于大多数奴隶主拒绝和奴隶指定的成员共事,该部门任命了一
个白人作为被解放奴隶的代表。虽然很多奴隶认为这样并不公平,但这个程序还是
被频繁地使用。从表面上来看,这个程序确实没有保持足够的中立,但在直到 1886
年黑人都还不能在法庭上作证的情况下,这是当时唯一对被解放的奴隶可用的较公
正的纠纷解决方式。③

---

① 弗里德曼. 美国法律史[M]. 苏彦新,王娟,杨松才,等译. 北京:中国社会科学出版社,2007:
363 - 364.

② 难民、自由民与撂荒地局:Bureau of Refugees, Freedmen and Abandoned Lands。

③ BARRETT J T, BARRETT J P. A history of alternative dispute resolution: the story of a
political, cultural, and social movement[M]. San Francisco: Jossey-Bass,2004:66.

1.3.2 商业纠纷中仲裁的早期制度化

南北战争中美国商业得到巨大发展,同时战争以各种形式从根基上瓦解着法律制度的功能。战争导致普通司法行政的瓦解和仲裁给商业带来的便利使得在 19 世纪后期商业贸易团体开始支持仲裁成立常设机构,这是对传统纠纷解决方式的一个显著提升。

1871 年,新奥尔良在运输棉花的主要港口成立了新奥尔良棉花交易所,作为棉花卖家和买家的商业公会。交易所的章程要求其成员通过调解和仲裁来解决彼此之间的纠纷。出于商业目的,19 世纪末类似的商会在美国其他大港口也纷纷建立起来。1873 年,艾奥瓦州苏城的同业公会成立仲裁委员会来解决成员之间的纠纷,同时还鼓励使用调解的方式,这也是此时大部分同业公会的做法。纽约证券交易所在这条路上走得更远,在 1872 年修改了交易所章程,提出为交易所成员与客户之间的纠纷提供仲裁。在当时,消费者和客户只有很少的途径能解决他们投诉的问题。到 20 世纪,商业贸易组织和协会在为其成员提供类似的纠纷解决机制方面更加活跃。

除了商贸组织和协会的举措,还有许多地方性仲裁法规被制定出来,伊利诺伊州颁布的法规由于较强的稳定性而成为典型。该法自 1873 年制定后,一直被持续使用到 1917 年,其间未作任何修改。该法规定:"当事人可以协议将即将发生的诉讼提交仲裁,委托仲裁期间,诉讼中止。如果当事人无法就三位公正的仲裁员名单达成一致,就由每位当事人选出一个仲裁员,进而由仲裁庭指定仲裁员。当尚未引发诉讼时,当事人可书面协议将任何存在的争议提交仲裁,并协议服从仲裁裁决。法案要求仲裁员根据公平和公正的原则在判决前宣誓。……仲裁书须手写签名并送达当事人。同古老的习惯法规不同,只需大多数仲裁员同意,而非一致同意,仲裁裁决即告有效……在因仲裁裁决本身或在程序上违法,或因为欺诈、腐败和其他非正当手段、仲裁员行为不当时,法院可以撤销仲裁裁决。……缴纳费用用于仲裁员、证人和法律官员的开销。"①

　　从这些规定中能看出,当时的仲裁法规范包括何种情况下可以仲裁、仲裁员的选任、仲裁书的要求、仲裁裁决的条件、对仲裁的限制以及仲裁费用的缴纳等,内容已经较为丰富。传统的商业仲裁已经开始了早期的制度化过程,现代仲裁制度正在酝酿之中。

1.3.3　劳资纠纷中 ADR 的早期立法

　　1859 年,查尔斯·达尔文出版了《物种起源》这部具有划时代意义的著作,给西方思想界带来了一场革命,社会达尔文主义也应运而生。南北战争后,赫伯特·斯宾塞的社会达尔文主义传入美国,成为 19 世纪后半期影响最大的社会思潮。斯宾塞是 19 世纪后期英国著名的社会学家和哲学家,他认为人类社会内部不同集团、民族、文化之间是"生存斗争"的关系,只有"适者生存"。他宣扬弱肉强食、自然选择,劣等人要让位于优秀者。社会达尔文主义和 19 世纪后期美国所流行的冒险投机和无情竞争的精神一拍即合,风行美国,为经济上的自由放任主义和资本家的剥削行为提供了理论依据。

　　工业中的大机器生产,社会中风行的社会达尔文主义,既产生了能够在整个国家呼风唤雨的大集团、大垄断组织,也使得人们重新记起对垄断的恐惧。《谢尔曼反垄断法》被颁布出来以消除垄断的威胁,然而保守的法院却将反垄断的矛头指向了在这一时期愈加活跃的工会组织。周期性的经济衰退和大批新移民使工人的处境更加艰难,大规模的暴力运动浪潮般汹涌,这样的举动不仅吓坏了企业资本家,也吓坏了大量出身于中产阶级的法官,他们害怕阶级斗争,更加害怕现有社会制度的崩塌,以原本有益于公众的反垄断法为武器,使出了镇压罢工运动的杀招。然而法院的劳工禁令并没能将工会组织彻底打垮,罢工活动仍在发生。

　　1873 年 9 月,一场严重的经济危机席卷美国并一直持续到 1878 年。面对由罢

---

　　①　MACNEIL I R. American arbitration law: reformation, nationalization, internationalization [M]. New York: Oxford University Press, 1992: 17 - 18.

工引起的暴力运动,一些州试图采取措施鼓励劳资双方以和平的方式解决纠纷。马里兰州在 1878 年通过了第一部抱有如此目的的法律,该法为劳资纠纷提供自愿基础上有约束力的仲裁,规定仲裁费用由双方均摊,并且授权州法官在劳资纠纷双方都提出申请时成立仲裁委员会,由法官担任委员会主席,并由双方指定个人参加仲裁委员会。① 1886 年,纽约和马萨诸塞州分别创建了一个永久性的三人仲裁委员会,该委员会有权对劳资纠纷进行调解和仲裁。截至 1900 年共有 25 个州通过了类似立法,这些立法大多规定成立本地仲裁委员会或永久性仲裁委员会,由法院指定雇主和工人共同组成,但这些法律大多数从未真正发挥过什么作用,仅有的发挥效力的领域主要集中于铁路等为数不多的几个行业。虽然早期的各州法律没有对劳资纠纷中 ADR 的发展起到太大的直接作用,但由于当时州政府鼓励劳资双方协商处理纠纷,为劳资纠纷中 ADR 的应用创造适宜气氛的迹象已经出现。可见,虽然劳资纠纷中 ADR 产生的直接动力主要来自劳资双方,但政府的影响也非常重要。

从 19 世纪 70 年代开始,有关劳工的改良立法逐渐从各州向联邦政府扩展。最早与意义最为重大的联邦政府试图解决劳资纠纷的努力发生在铁路行业。由于该行业关系到州际商贸往来,所以没有严重的宪法上的问题来阻碍联邦政府的调解,且铁路对国民经济至关重要,在现代交通体系形成之前,铁路是唯一实际的长途运输方式,铁路工人最早组织了工会,铁路罢工对整个国家影响很大,铁路问题是美国上下都非常关注的重大社会问题和政治问题。

作为对当时激烈罢工的回应,总统格罗弗·克利夫兰向国会提议制定一部永久性的解决铁路劳资纠纷的自愿仲裁法案。随后,国会在 1888 年通过了第一部联邦劳资纠纷法律,即 1888 年《仲裁法案》(Arbitration Act of 1888)②。该法案针对铁路劳资纠纷,允许在劳资双方都同意的情况下成立特别仲裁委员会依据该法案进行仲裁。

1888 年《仲裁法案》规定仲裁委员会要有三人组成:由劳资双方各选一人,然后由选出的两人再选出第三位成员。这三名成员被要求必须"完全公平无私",这一

---

① BARRETT J T, BARRETT J P. A history of alternative dispute resolution: the story of a political, cultural, and social movement[M]. San Francisco: Jossey-Bass, 2004: 98.

② Ch. 1063, 25 Stat. 501(1888) (repealed 1898).

规定让找出熟悉行规又称职的仲裁员变得非常困难。1888 年《仲裁法案》还有一个致命问题，即仲裁的自愿性导致其从未被使用过。因为对当时的铁路劳资纠纷来说，工人和工会依赖于使用罢工和联合抵制来获得利益，而铁路公司则更喜欢法院的判决。当一方支持仲裁时，另一方则反对。并且在罢工爆发后再根据法案成立仲裁委员会往往由于行动太慢而难以发挥作用。例如 1894 年普尔曼大罢工几乎席卷了整个美国的各条铁路，当克利夫兰总统成立仲裁委员会来对罢工进行调查时，大罢工已经被镇压了，因而该委员会的成立也没对罢工的结局产生什么影响。

由于 1888 年《仲裁法案》表现不佳，1898 年国会通过了《艾德曼法案》（Erdman Act of 1898）[1]作为替代。《艾德曼法案》放弃公正性要求，创建了自愿仲裁常设机构。和前法相同的是，每一个案件都设立相应的仲裁委员会，如果当事双方选出的仲裁员不能就第三名仲裁员人选达成一致，则由劳工局委员和州际商务委员会（ICC）[2]的主席负责任命。这个法案起初推行并不顺利，在其通过后不久，铁路工人兄弟会[3]试图利用该法进行一次调解，但铁路公司断然拒绝，自此之后没人尝试使用该法，这种情况一直持续到 1906 年。在 1906 年至 1913 年该法被应用于 60 个案件，其中 27 件由调解解决，7 件由仲裁解决。

仲裁较少被应用与《艾德曼法案》本身的一些缺陷有关。第一，法案覆盖范围较小，没有将未组织起来的工人包括在内。第二，仲裁过程本身存在问题。由当事双方推选出来的两名仲裁员很少就第三名人选达成一致，因而任命的责任常常落到劳工局委员和州际商务委员会主席身上。为避免落下偏心的口实，这些官员往往挑选一些对铁路行业并不熟悉但社会名望极高的人员，而这些人又往往拒绝履职。第三，由于当事双方选出的仲裁员立场对立，所以接受任命的第三名仲裁员往往独断这些可能影响到百万美元收益和数千工人利益的案件，使得铁路公司和工会以及其他行业

---

① 　Ch. 370, 30 Stat. 424(1898)(repealed 1913).
② 　**州际商务委员会**：Interstate Commerce Commission，简称 ICC。
③ 　**铁路工人兄弟会**：Brotherhood of Railroad Trainmen。

和工会对仲裁体系产生很多不满。①

　　由此可见，工人持续不断的罢工，法院利用反垄断法和劳工禁令并未能彻底平息劳资纠纷，因此政府开始介入解决纠纷，以立法的形式将 ADR 引入纠纷解决，同时雇主们也越来越认识到单纯求助于法院和警察镇压罢工是行不通的，需要辅之以调和的办法。国会调查罢工的专门委员会主席、制铁业巨商艾布拉姆·休伊特曾说："一股新的势力已经进入工商界，我们必须承认这股势力……资本已做好了同劳工讨论问题的准备。"②除了劳资纠纷早期改良立法的出现，这种情势还推动着政府和雇主更多地使用 ADR，以谈判、调解和仲裁的方式来解决劳资纠纷。历史是由多种力量造就的，在各种力量相互之间针锋相对的竞争和进退维谷的妥协中，ADR 获得了发展的机会，这一趋势在 20 世纪将会更加明显。

1.4　本章小结

　　在美国，法律和社会之间存在一种异常紧密的联系，法律对各个方面的生活始终发挥着关键作用。"美国的制度始终体现了法制主义，这表现为：突出律师和法官的作用；在人民中，依法办事成为普遍的风尚。用一位知情的英国评论家的话说：'合众国的人民，与现存的任何其他民族相比，更充分地受到了法律意识的熏陶。'"③在殖民地时期，法律的这种举足轻重的作用已经表现出来了。殖民者带着母国的传统来到美洲大陆，法律是其中的重要部分。与其他大陆的国家经过漫长的历史演进而形成自身的传统和法律不同，从最开始，殖民者带到北美大陆的法律已经具有较高的成熟度。法律是北美殖民地社会规则中最主要的部分，被认为是殖民者所有权利和自由的来源。到 18 世纪初，较大的殖民地已创立其法院组织系统。律师在殖民地人数

　　① 　NOLAN D R，ABRAMS R I. American labor arbitration：the early years[J]. University of Florida law review，1983，35(3)：382 - 384.

　　② 　刘绪贻，杨生茂.美国通史：第 3 卷 美国内战与镀金时代 1861—19 世纪末 [M].北京：人民出版社，2002：256.

　　③ 　施瓦茨.美国法律史[M].王军，洪德，杨静辉，译.2 版.北京：法律出版社，2011：5.

众多，并握有实权，在大多数殖民地居领导地位。这决定了以习惯、公共道德、宗教教义为纠纷解决规范的传统 ADR 在北美殖民地存在的范围较为狭窄，主要在北美印第安人社区内、反对法律和律师的较富乌托邦幻想的社会与宗教团体中，以及欧洲传统的商业调解和仲裁中被运用着。

美国独立后，虽然抛弃普通法，建立全新的法律制度的愿望没有实现，但接纳普通法并对其进行适合于本土的改造从而建立完全属于自己国家的法律和法院则是现实的，也是美国最终选定的道路。抛弃了英国普通法中的落后部分，美国将契约自由作为其法律制度的出发点和最后归宿，契约自由成为 19 世纪美国法的主要特征。对普通法的改造使美国联邦与各州、律师与法院如此专注于法律本身，而尽可能地反对使用 ADR。对契约自由原则的推崇，使法院对不同纠纷领域中的 ADR 表现出不同的态度。

在契约自由思想的指导下，两个存在纠纷的商业体决定纠纷的解决方式时拥有选择的自由并且通常不存在干扰和异议。解决商业纠纷的 ADR 在商业领域是自由发展的态势，法院介入的唯一时机是一方或双方选择法院的时候。同样出于契约自由原则，工人的罢工则被法院视为对财产权的侵害，法院站在反劳工的一面，以涉嫌犯罪的指控和发布劳工禁令来压制劳资纠纷。与商业纠纷不同，劳资纠纷更像是一个零和游戏，雇主很容易认为任何工会的收益都是雇主的花费和损失。因此，雇主拒绝和工会打交道并厌恶妥协，通常选择和法庭合作。法院的反劳工立场使其反对绕开法院而使用 ADR 解决劳资纠纷的做法。

法院态度的差异，使商业纠纷中的传统 ADR 随着国家法律体系的完善和法律规则影响的加深而自然地向现代新型 ADR 过渡。劳资纠纷中 ADR 的发展则更加依靠纠纷之外政府力量的引导。这一时期 ADR 不同的发展路径继续影响着之后商业纠纷和劳资纠纷领域中新型 ADR 的初建。

第 2 章　美国新型 ADR 的初建（19 世纪末 至 20 世纪 50 年代）

任何事物的发展都非一蹴而就,重大的历史事件和变化在发生之前大都经过了长期的酝酿,诸多细小的事件或明显或影绰地显示着变化的潜流。很难说变化是在哪一个点彻底爆发,其前后多存在一段将变未变的时期。经过殖民地时期和独立后的发展,到 19 世纪末,美国传统 ADR 已经开始向新型 ADR 转型。来到 20 世纪,一方面,ADR 越来越得到国家和法律的认可,更加深刻地影响着社会和公众对纠纷解决方式的选择;另一方面,ADR 也越来越多地受到整个国家法律体系的影响。从 19 世纪末到 20 世纪 50 年代,新型 ADR 在商业纠纷和劳资纠纷中初步建立起来。

2.1　经济发展与两次世界大战的影响分析

两次世界大战,"大萧条"与罗斯福新政、冷战,以及第二次工业革命,都伴随着美国的崛起与扩张。相对而言,各州力量在逐渐削弱,联邦政府变成了庞然大物。从更本质的角度来看,19 世纪晚期分立的法律主权无法管理产业主义所释放的各种经济力量,早期的仆人国家观念、小农联邦主义不再适应现实。人与人之间相互依赖的程度越来越深,这种依赖不是在狭小的、面对面的群体间的依赖,而是陌生人间的相互依赖。他们被牢牢绑紧,一起进入一个一体的巨大国家中。①

---

① 弗里德曼.美国法律史[M].苏彦新,王娟,杨松才,等译.北京:中国社会科学出版社,2007:732－733.

2.1.1　经济发展对商业仲裁的推动

随着 20 世纪初美国第二次工业革命的全面完成,工业化、城市化基本实现,原先落后的地区也迎头赶上,农业社会向现代城市社会迅速转化。当时的美国经济正值高速发展期,经济实力的增强极大地拓展了美国各商会的影响力,也推动了 19 世纪便已开始的由商贸集团和商会支持的商业仲裁。20 世纪早期,美国的仲裁活动主要由和民商事纠纷紧密相连的各商贸组织和行会来展开,例如纽约商会就是仲裁发展的有力推动者。虽然商业方面已经有了超过一个世纪的使用 ADR 来解决纠纷的历史,但 ADR 从来没有得到过国家和社会的一致认可,也没有得到专业机构的支持。这种现象马上就要改变,长时期的积累终于到了突破的临界点。

1918 年,尤里乌斯·亨利·科恩(Julius Henry Cohen)的《商事仲裁与法律》①一书的出版加热了社会中对仲裁的讨论。1920 年,在纽约律师协会和纽约商会的推动下,第一个现代意义上的仲裁法案在纽约通过。1921 年,美国律师协会(ABA)②模仿 1920 年纽约州仲裁法案,针对海事、州际和国际商事纠纷的仲裁,分别制定出州仲裁法案和联邦法案的试行草案。1922 年,美国律师协会又发布了两个草案的修订版,分别命名为"商事仲裁统一法草案"和"联邦仲裁法草案"。法案后附有经与外国的谈判而使国际仲裁的有效建议性条款。这两个法案在商人中间广受好评和支持。1922 年 11 月,国会议员斯特灵将律师协会的"联邦仲裁法案"带到国会。1923 年 1 月,美国参议院司法委员会针对该法案专门召开了一次会议。而后的两年,美国律师协会不断对法案进行修订。在美国律师协会和国会中仲裁立法支持者的不懈努力下,法案几易其稿,终于在 1925 年 2 月获得国会通过。1925 年 2 月 12 日,总统柯立芝签署了《美国联邦仲裁法案》③(Federal Arbitration Act,简称 FAA),该法于 1926 年 1 月 1 日正式实施。

在"联邦仲裁法案"在国会中沉浮的同一时期,纽约州仲裁法案的颁布使一些活

---

① 《商事仲裁与法律》:*Commercial Arbitration and Law*。
② 美国律师协会:American Bar Association,简称 ABA。
③ 43 Stat. 883(1925).

动家进一步认识到建立专门仲裁机构的重要性。1922 年,摩西·格罗斯曼(Moses H. Grossman),一个纽约市的律师,说服了几个志同道合的同事创建了美国仲裁社团①。格罗斯曼和他的同事相信推动仲裁的发展能使其全面用于各种形式的纠纷,不仅必需而且意义重大。美国仲裁社团致力于推广仲裁,召开各种仲裁会议和培训活动,发放有关仲裁的小册子和月报,支持和发展仲裁员,并建立将仲裁员和当事人联系起来的程序。1925 年,美国仲裁基金会②成立,主席查尔斯·伯恩海默(Charles Bernheimer)是纽约一个著名的商人。伯恩海默曾经担任纽约商会仲裁委员会主席,这段经历使他相信仲裁和调解在法庭之外解决纠纷的巨大作用,也让他确信与这种作用相比,纠纷当事方对仲裁和调解这些纠纷解决方式的存在知之甚少。仲裁基金会的目标和美国仲裁社团很相似,但更加保守,仲裁基金会主要是宣传仲裁和调解,并为这些 ADR 程序提供资金。③

　　这些机构的努力使仲裁从自身狭窄的圈子里跳出来,进入公众的视野。格罗斯曼和伯恩海默意识到美国仲裁社团和美国仲裁基金会在目的和项目上有重叠的部分,所以他们决定团结起来成立美国仲裁协会(AAA)④。新组织涵盖了两者之前的项目和活动,并纳入了一些新的内容。AAA 的成立也颇富戏剧色彩,为更好地解决合并过程中的分歧和争议,美国仲裁社团和美国仲裁基金会使用仲裁的方式,各选出 3 名代表,组成一个 6 人委员会,并通过该委员会选出了共同的领导人,由此可见专业机构的专业态度。

2.1.2　联邦政府和法院对劳资纠纷解决的不同倾向

　　美国经济巨大的发展以巨大的代价为条件,迅猛崛起以沉痛的牺牲为前提。在工业化、城市化发展的同时,美国的社会问题层出不穷,贫富差距扩大、中小资本生存

---

　　①　美国仲裁社团:Arbitration Society of American。
　　②　美国仲裁基金会:Arbitration Foundation。
　　③　BARRETT J T, BARRETT J P. A history of alternative dispute resolution: the story of a political, cultural, and social movement[M]. San Francisco: Jossey-Bass,2004:82.
　　④　美国仲裁协会:American Arbitration Association,简称 AAA。

困难、权力与金钱勾结的丑闻迭出，这些问题引发了轰轰烈烈的进步主义运动。在工人运动、农民运动、妇女运动、黑人运动和社会正义运动中涌现的各种力量以不同方式推动着不同层面、不同领域的程度不同的社会改革，最后美国政府采用立法手段将这些改革成果肯定下来。这场运动是美国现代化过程中的一次改革，推动了美国从传统社会向现代社会的转化。① 随着运动的进行，联邦政府的权力也得到空前的加强。

联邦政府权力加强的表现之一是联邦政府深入经济领域，并在社会领域加强立法，更为有力地介入经济与社会领域的交叉点，主要是工人罢工所引发的劳资纠纷中。联邦政府介入解决劳资纠纷，有两方面的因素。基本因素是由于法院的保守与无力，以工人罢工为代表的劳资纠纷长期无法得到妥善解决。刺激性因素是这一时期两次世界大战相继爆发，对美国国内经济发展和物资生产提出了巨大考验，为了保证生产以取得战争的最后胜利，美国政府以前所未有的姿态积极投入对劳资纠纷的解决中。

首先对基本因素进行分析。虽然长期以来美国经济飞速发展，但与此不相协调的是工人的工资与生活水平一直没有得到明显提高，在某些时候反而呈下降趋势。面对工会掀起的罢工和暴力运动，企业资本家以《谢尔曼反垄断法》为武器，将矛头指向正在日渐壮大的工会组织，联邦最高法院通过《谢尔曼反垄断法》宣布工会本身即是一个垄断组织。

美国的法院通常站在保守势力一边，因为法官们往往是中产阶级中的顽固派和独立派的代表。他们害怕暴民和阶级斗争、无政府主义者和炸弹、铁路罢工以及他们所信赖的社会制度崩溃。当左派强烈反对有反劳工倾向的判决时，法官们坚持认为他们的判决不是个人的判决而是依法作出的判决，法律本身是非个人的、没有阶级性和中立的。自1806年的费城鞋匠案和之后的一系列案件开始，一直到19世纪50、60年代，联邦法院的法官坚持认为可以按照犯罪集团处罚罢工工人。然而在理论层

---

① 刘绪贻，杨生茂. 美国通史：第 4 卷 崛起和扩张的年代 1898—1929 [M]. 北京：人民出版社，2002：1 - 5.

面上工人罢工是完全合法的,要证明一个非法集团的形成非常困难,而且每个案件又有各不相同的具体事实,按犯罪集团处罚罢工并不能有效遏制罢工,渐渐地法院不再以犯罪集团来处理罢工活动。代替犯罪集团指控的是劳工禁令这个更有力且具有广泛适用性的法律武器。在罢工期间,企业资本家可以要求法院发布一个限制性的命令(暂时的禁令),只要能使法院相信罢工会给公司造成不可弥补的损失,法院就有权立即颁布这种命令,无须事先通知或举行听证会,并且不需要陪审团的参与。工会无视这种命令或禁令则会构成蔑视法庭,法院就可以马上对其判罚。19 世纪的最后 20 年,这类案件越来越多,在 1895 年的德布斯案中,美国联邦最高法院以全体一致的判决将劳工禁令神圣化。从此以后,劳工禁令成为对付有组织劳工的强力杀招。①

虽然工人罢工受到法院的一再压制,但是罢工的根源在于资产阶级世界内部不可调和的矛盾,工人的境遇一日得不到改善,罢工就将持续下去,不管是犯罪集团的指控还是劳动禁令都不能真正解决工人罢工背后的社会问题,自然也不能平息纠纷。为解决社会矛盾,美国政府做出了多种试图绕开法院自行解决问题的尝试。

第一种尝试是总统委员会。总统委员会由西奥多·罗斯福总统(人称老罗斯福总统)开创,使用调查、研究报告等手段,使公民和公共官员参与解决纠纷和预防未来的纠纷,这种方式融合了调解、事实调查等多种 ADR 形式。1900 年,美国无烟煤矿工人为谋求提高工资和推动改革而罢工,矿主们一再拒绝与罢工者会面,拒绝倾听他们的请求。1902 年 5 月,工人因雇主拒绝同工会进行谈判而再次举行罢工,并将罢工一直持续到了 10 月。出于多种考虑,老罗斯福总统安排在纽约与劳资双方会面,准备进行调解。老罗斯福总统受进步运动影响,有"托拉斯轰炸机"的外号,在他看来,工人的联合和工会的兴起具有必然性,因而反对法院在劳资纠纷中滥用劳工禁令以压制工人。他试图采取 ADR 的方式而非单纯的压制来解决工人的罢工问题。在这次会面中,雇主的态度激怒了老罗斯福总统,他对矿主施加了更大的压力。面对政府有可能接管矿山的压力,矿主们同意由总统委员会来解决争端,但坚持要求由他们

---

① 弗里德曼. 美国法律史[M]. 苏彦新,王娟,杨松才,等译. 北京:中国社会科学出版社,2007:613 - 616.

自己选择委员会的成员。最终,经过四个月的调查研究,总统委员会做出决定:工人的工资增加 10%,非工会工人与工会工人应得到平等待遇;矿主与矿工之间的所有纠纷均由一个 6 人委员会(双方各指派 3 名成员)协调解决,协调未果时由当地联邦巡回法院的一名法官做最后仲裁。这个折中性的结果得到矿主和矿工双方的认可,双方都声称自己获得了胜利。①

老罗斯福政府在 1902 年对劳资纠纷的调解使联邦政府首次以公共权力机关的角色进入以往纯属私人契约的领域实施干预与调节。总统委员会根据老罗斯福总统关于在公正而永久的基础上确立雇主与工人之间关系的思想,建立了调解劳资纠纷的长效机制,为其他劳资纠纷的处理提供了一个可资借鉴的模式。其后,塔夫脱总统时期继续使用总统委员会来研究劳资纠纷并为解决劳资纠纷提供建议。威尔逊总统时期,总统委员会作为劳资关系委员会②被固定下来,由分别来自劳方、资方和公众的三方成员组成。

第二种尝试是成立劳工部③和美国调解服务(USCS)④。塔夫脱总统在 1913 年3 月签署法案成立劳工部,授权劳工部部长在其认为工业和平的利益受到威胁时充当调解员或者为劳资纠纷指定调解员。劳工部刚成立时没有专门的调解员,所有的调解员都是由该部门有其他职能的员工兼任。威尔逊总统推动国会在 1917 年批准成立了美国调解服务,作为劳工部专门的调解机构,自此该部门有了专门的调解员。美国调解服务在推动调解发展方面发挥了巨大的作用,也是美国保留下来的历史最悠久的调解机构。

与上述尝试进行的同时,在威尔逊总统的支持下,国会曾经在 1914 年通过了《克莱顿反托拉斯法》(Clayton Act),克莱顿法对劳工利益作了让步,规定不得将工会及农民组织作为以限制自由贸易为目的的组织,从而排除了援引谢尔曼法来压制劳工

---

① 刘绪贻,杨生茂. 美国通史:第 4 卷 崛起和扩张的年代 1898—1929 [M]. 北京:人民出版社,2002:315.

② 劳资关系委员会:Commission on Industrial Relations,成立于 1912 年 8 月 23 日。

③ 美国劳工部:U. S. Department of Labor。

④ 美国调解服务:U. S. Conciliation Service,简称 USCS。

运动的做法。工会将克莱顿法案当作自己的大宪章，然而从联邦最高法院之后的做法来看，该法案并未起到理想的效果。1922 年联邦最高法院不仅认可了对罢工者的禁令，还认定规定雇员不得加入工会的"黄狗合同"①具备合法性。直到 20 世纪 30 年代末期，联邦最高法院才改变其对劳资关系的一贯态度。

2.1.3　经济危机与战争压力下联邦法院的态度转变

联邦最高法院对劳资关系以及劳资纠纷解决方式态度的真正转变是受到了刺激性因素的影响。在两次世界大战以及史无前例的美国经济"大萧条"压力下，政府更加强势地介入劳资纠纷解决中，而政府解决劳资纠纷的手段就是推动谈判、调解、仲裁等 ADR 形式的应用。在一战中，ADR 在劳资纠纷领域获得大规模应用，然而一旦战争压力消失，对 ADR 的运用便又进入冰冻期。二战的爆发使一战中使用 ADR 解决劳资纠纷的成功经验被重新加以运用，此后这一做法逐渐成为一种传统和惯例。在经历了多次反复之后，使用 ADR 来解决劳资纠纷终于被劳资双方以及联邦法院所认可与接受。

1917 年美国正式参加一战，为应对战争对物资的巨大需求以及由此引发的危机，美国政府对经济进行史无前例的控制，罢工等行为受到极为慎重的对待，美国政府甩开法院，积极地参与到劳资纠纷的解决中。一战时美国政府对劳资纠纷的解决，吸收了从西奥多·罗斯福总统到威尔逊总统时期国家政权干预劳资纠纷的经验并作出了突破。这一时期的干预撇开法院传统的纠纷解决方式，依靠总统的权威和政府的力量，将当事双方置于谈判、调解、仲裁等 ADR 形式之中，以工业和平为最终目的。由于有总统和政府作为后盾，劳资纠纷多数都能得到迅速而有效的解决。这种干预只有在联邦力量得到重大发展，强势总统在任，并且国家处于特殊环境下才可能实现，属于一战时期的特殊经验。然而正是这种特殊经验使人们看到，在法院的保守与无力的情况下，劳资纠纷以 ADR 的形式，通过自愿合作的谈判、中立的调解和仲

---

①　"黄狗合同"是将工人不参与或不帮助工会作为继续工作的条件纳入个人雇佣协议中的合同的代称。

裁来解决的可能性和有效性。到战争结束时，很多个人和团体已经在和平解决劳资纠纷中获得了大量关于 ADR 的经验。

一战时劳资双方的合作使工会成员数量猛增，美国劳工联合会的成员从 1915 年的 256 万增加到 1920 年的 503.4 万[①]，社会和企业对工会工人的接受度也超过了以往。然而随着战争结束，这些情况发生了改变。一战期间，资方虽然迫于压力接受与工会的合作，使用各种 ADR 形式来和平解决纠纷，但这种合作有很多附加条件。例如，资方代表害怕战时工业规范会永久性地改变劳资关系，坚持要求公众和工会承诺这种规范只在战时有效，他们也不情愿与工会进行劳资双方代表之间的谈判，并拒绝永久合作。正因如此，战后资方迅速压缩了工人在战时获得的权益。高通胀和美国工业的反工会主义导致了更多的罢工。在这种情景下，威尔逊总统召集劳方、资方和公众代表组成工业会议，希望与会人员能像战时一样为劳资双方真正长久的合作制定规范，然而没有了战争的压力和政府支持，会议未能达成任何协议。一战结束仅仅一年，工会人数和谈判与调解的使用都急剧下降。

随着威尔逊总统的下台，哈定—柯立芝—胡佛所代表的共和党统治贯穿了整个 20 世纪 20 年代，自由放任主义在美国再次占据上风并发展到极致。经历了一战和战后的社会冲突，美国人对进步主义的热情平息了，他们想要"常态"的回归。所谓"常态"就是对威尔逊时期强势政府的否定，在国际中放弃威尔逊的理想主义，在国内放弃对企业行为的管理等。这种思想的核心是把国家利益与特权集团的利益等同起来，让代表大企业的特权集团来参与国家的管理，政府尽可能地少管事。当时普遍存在的价值观是："世间财产是上帝进行选择的明证，一个人的价值是同他所能赚的工资相称的。"政府不应该干预企业，而应该促进企业。企业主发起"美国计划"[②]和"自由企业雇佣运动"[③]，进一步打击工会。20 世纪 20 年代美国劳工运动进入低潮，工会

---

① 刘绪贻，杨生茂.美国通史：第 4 卷 崛起和扩张的年代 1898—1929 [M].北京：人民出版社，2002：410.

② 美国计划（American Plan）利用俄罗斯的布尔什维克革命，指斥工会是共产主义或社会主义。

③ 自由企业雇佣运动（Open Shop Campaign），以"机会均等和零特权"为口号，以追求平等为幌子，声称要求工人参加一个"只雇佣某一工会会员"契约下的工会是反美的。

人数大大下降,工人的罢工次数和人数也减少了。这使得与劳资纠纷紧密相连的 ADR 的应用也急速下降。USCS 在整个 20 年代的年均案件数不到 500 件,完全无法与战时相提并论。

1929—1933 年美国爆发了被称为"大萧条"的空前严重的经济危机。富兰克林·罗斯福政府为克服这一危机,放弃自由放任主义,实行"新政",希望通过大力加强国家对社会经济生活的干预和调节,将美国一般垄断资本主义转变为"福利型"国家垄断资本主义,改善中小资产阶级和广大劳动人民的政治经济处境,以挽救陷入空前危机的资本主义制度。使用 ADR 方式来促进劳资纠纷的解决是罗斯福政府加强对社会经济生活干预的表现之一。

罗斯福的政策受到了联邦法院的坚决抵制。20 世纪以来,由于共和党长期执政,美国司法系统主要掌握在与企业界关系密切的共和党手中。在罗斯福开始"新政"时,联邦最高法院的 9 名大法官中,反对国家干预社会经济生活的顽固保守派有 4 人,自由主义法官有 3 人,还有 2 人在两派之间。罗斯福"新政"得到了美国政府行政与立法部门的支持,但司法部门一直作为全国保守势力捍卫自由放任政策的最后堡垒。随着"大萧条"最艰难时期的过去以及"新政"改革的深入,从 1935 年初开始,联邦最高法院对"新政"发起了一连串攻击,维护私人财产权,坚持反对行政部门权力的扩张,反对国家政权干涉劳资关系。在 1935 年 5 月 27 日,一天之内联邦最高法院"扼杀"了包括全国工业复兴法在内的 3 项"新政"立法。联邦低级法院也积极作出废除"新政"立法的判决,以阻止新法通过。截至 1937 年,联邦法院已经颁布了约 1 600 道禁令,并且还曾使全国劳工关系委员会和证券交易委员会等重要的"新政"机构瘫痪。① 联邦最高法院对罗斯福"新政"的打击,同时也是对运用 ADR 来解决劳资纠纷的沉重打击。

罗斯福总统及其政府成员一直在寻找对付联邦最高法院的方法。1937 年 2 月 5 日,罗斯福总统向国会提出一个扩大联邦法院的司法改革法案,该法案授权总统可在

---

① 刘绪贻,杨生茂. 美国通史:第 5 卷 富兰克林·D. 罗斯福时代 1929—1945 [M]. 北京:人民出版社,2002:134 - 135.

现任法官年届 70 还不退休时，任命包括联邦最高法院法官在内的新法官。该法案一旦通过，将严重削弱联邦最高法院在美国政府结构中的权力和影响力，而以罗斯福总统当时的影响力，该法案通过的可能性很大，这促使联邦最高法院改变了对"新政"的态度，对多个"新政"时颁布的法律转而表示支持。罗斯福总统也以另外的司法程序改革法代替了他之前提出的司法改革法案。这场斗争胜利后，罗斯福总统先后任命了 5 位联邦最高法院法官，新法院被称为"罗斯福法院"，对先进的社会与经济立法给予强力支持，由此州和联邦管理机构得到了更大的自由，公民、劳工与少数民族自由也获得了强有力的新保障。

　　联邦法院对"新政"态度的转变，也同样影响了其对劳资关系的态度，为 ADR 在劳资关系中的进一步发展带来了转机。在"新政"之前，除铁路工业外，美国基本上没有规定劳资关系以及劳工基本权利的成文法。工会自身的存在、工会追求的目标及其所用手段是否"合理""合法"，要由法院决定。联邦法院坚决反对联邦和各州行政权力的扩大，将减少工时、提高工资等工会的一系列要求视作对私人财产权及订立合同自由的侵害，而工会用于获取这些目标的手段如罢工等更是遭到法院的强烈反对。法官们采用发布禁令及反垄断的手段来对罢工进行压制，然而这种压制反而激化了阶级矛盾，并不能达到理想的效果。可见，劳资纠纷不可能在联邦法院中得到有利于劳工的判决，而实际存在的罢工等社会问题也无法通过联邦法院来解决。在这种情况下，由政府出面推动的谈判、调解以及仲裁等 ADR 方式，成为解决劳资纠纷这一问题的重要手段。然而政府参与解决劳资纠纷，被联邦法院视为政府对国家经济生活的过分干预而遭到反对。新政期间制定的一系列保护劳工基本权利与促进劳资纠纷解决的法律一直受到可能被联邦最高法院宣布违宪的威胁。随着联邦法院对"新政"中政府权力扩大态度的变化，有关劳资关系及劳资纠纷解决的立法终于解除了违宪危险而真正稳定下来，开始持续发挥作用，其中使用 ADR 来解决劳资纠纷的规定以及设置的相应机构也固定下来，成为美国国家法律和制度的一部分。在此，联邦最高法院终于接受了由政府推动的使用 ADR 来解决劳资纠纷的做法，通过一系列判例认可了 ADR 在劳资纠纷中的运用，并对 ADR 的实际应用进行引导。第二次世界大战的爆发进一步稳固了美国使用 ADR 来解决劳资纠纷的传统，在二战结束后，

ADR 已经成为被社会和法院所普遍接受与认可的解决劳资纠纷的方式。

2.2　经济发展推动新型 ADR 在商业纠纷中的初建

2.2.1　1925 年《美国联邦仲裁法》

《美国联邦仲裁法》是对传统仲裁经验的总结与改革，为现代仲裁的发展奠定了重要基础。最初《美国联邦仲裁法》只有一章 14 条，主要内容可归纳为四点。第一，当事方可签订协议，规定未来纠纷由仲裁解决；协议合法有效，可强制执行；只有在合同取消时可撤销协议。第二，当仲裁协议要求当事人遵守协议，将争议提交仲裁时，诉讼程序停止。第三，可请求有管辖权的法院作出强制仲裁（Compulsory Arbitration）的命令，也可以授权法院执行仲裁裁决。第四，由法院指定仲裁员；当一方未能推进仲裁时，加快仲裁进度。

《美国联邦仲裁法》自颁布之后，经历多次修订，内容被大大扩展。该法案的修订并不限于本章节的时间跨度，为了论述的完整清晰，故在此处一并论及。该法曾于 1947 年 7 月 30 日系统整理①，并于 1954 年 9 月 3 日进行了部分修正②。1988 年 11 月 16 日，该法增加了第 15 条，规定："仲裁协议的执行、仲裁判决的确定，以及基于确定这些判决的命令之判决实施皆不能因国家宗教法规而被拒绝。"这使宗教对仲裁的影响大大降低，增强了仲裁的纠纷解决能力。1988 年 11 月 19 日，该法又增加了第 16 条，该条详细规定了有关上诉的问题。③ 随着仲裁纠纷解决领域的扩大和国际仲裁的发展，上述内容逐渐成为美国联邦仲裁法最基本的部分，即第一章。其后该法又增加了两章，第二章是有关国际商事仲裁的内容。1970 年美国加入《纽约公约》，《纽约公约》由联合国国际商事仲裁会议通过，目的是规范国际商事仲裁，推动各国仲裁法规承认与执行他国的仲裁裁决。加入公约后，美国联邦仲裁法于 1970 年 7 月 31

---

① 61 Stat. 669(1947).
② 68 Stat. 1233(1954).
③ PLS 669 and 702.

日做出适当调整，将承认和执行外国仲裁裁决的内容纳入为法案的第二章。① 第三章的增加是为了配合美洲国家组织《美洲国家关于外国判决和仲裁裁决域外效力的公约》的签订，该公约将仲裁协议的效力、外国裁决的承认和执行扩大到所有争议事项的仲裁裁决。1990 年 8 月 15 日，《美国联邦仲裁法》将美洲国家国际商事仲裁公约纳入。② 至此，该法已经包括三章，共计 31 条。《美国联邦仲裁法》的发展直观地反映出 ADR 在商事纠纷领域中影响力的扩大，由国内逐渐向国际化发展。

　　1925 年《美国联邦仲裁法》的出台，掀起了各州制定现代仲裁法的高潮。纽约州、新泽西州和马萨诸塞州是较早通过现代仲裁法的一批。1925 年至 1927 年短短两年，通过现代仲裁法的州又增加了内华达、犹他、怀俄明、俄勒冈、北卡罗来纳等地，1928 年路易斯安那，1929 年亚利桑那和康涅狄克、新罕布什尔、罗德岛，1931 年俄亥俄和威斯康星也加入进来。1929 年的经济"大萧条"对商业的巨大打击减缓了这种蓬勃的发展势头，整个 20 世纪 30 年代美国各州在仲裁立法方面的发展趋于停滞，处于一种较为沉寂的状态，直到进入 20 世纪 40 年代才又有了一定发展。

2.2.2　1955 年《美国统一仲裁法》

　　虽然通过 1925 年《美国联邦仲裁法》，商事仲裁的应用获得了法律的认可与支持，在美国的地位日渐上升，但仲裁程序缺少统一的法定保护规则的问题始终没有解决。有些州没有制定相关法律，还有一些州虽然制定了法律，但并不能满足当事各方的需求。事实上，几乎所有州都存在敌视仲裁的现象。20 世纪 20 年代初，为解决这些问题，统一州法委员会试图起草一份统一的仲裁法案，但由于众多法官和律师将仲裁看作对司法体系的挑衅，所以最后的草案并没有涵盖使用仲裁解决纠纷的条款，这也直接导致该草案丧失了存在价值，随后就被撤销了。

　　1942 年，美国仲裁协会出版了《州仲裁法草案》，但由于 1941 年末美国正式参加二战，草案拟定后未有进一步的行动。直到二战结束，经济逐渐回到正轨，仲裁作为

---

① 84 Stat. 692(1970).

② PL 101 - 369.

商事纠纷解决方式也进入相对稳定的时期。20 世纪 50 年代，统一州法全国委员会①再次讨论该问题，准备起草一部"涉及仲裁并统一法律参照执行的模范法案"供各州立法借鉴。1951 年，统一州法委员会建立了一个特别委员会来具体负责"统一仲裁法"的起草工作。委员会向美国仲裁协会等专业组织征求建议，并在工会、商业公司和贸易协会中进行调查和研究。三年后，第一部草案完成。1955 年 8 月 20 日，几经修改的《美国统一仲裁法》（Uniform Arbitration Act，简称 UAA）正式为统一州法委员会采纳，并为美国律师协会通过。

UAA 共有 24 条，分别对仲裁协议、仲裁程序、仲裁员选任、仲裁裁决、仲裁费用、法院的管辖权、仲裁的上诉以及法律的适用和解释等做了详细规定。该法的目标和程序相对简单，强调仲裁协议的合法性，其中包括雇员和工会之间的仲裁协议。UAA 授权法院强制执行仲裁协议，若各方对协议不能达成一致意见则由法院任命仲裁员。UAA 还详细规定了听证程序，并详细列举了仲裁员的权利。该法案还规定由仲裁员发布仲裁裁决，并由适当的法院发布裁决的确认、失效和修改事宜。该法在 1956 年做了一次较小的修改，取消了可对违反公共政策的裁决进行司法审查的规定。之后整个 20 世纪后半期都没有再做任何修订。

UAA 并非真正的法律，它由美国统一州法全国委员会制定，而非由立法机构通过，也没有真正的法律效力。统一州法委员会将该法提供给各州，各州既可以认可并赋予其法律效力，也可以对其内容进行借鉴，根据本州的具体情况增删或修改。虽然没有法律效力，但是 UAA 通过为各州提供现代仲裁法案的规范文本，推动了仲裁在美国的发展。先后有多个州根据 UAA 制定了本州的仲裁法，也有一些州根据其内容和结构对本州原有的法律做了一定程度的修改，以适应现代社会的要求。到 20 世纪中期，美国主要的商业和金融州都已经有了关于商事仲裁制度的法律规定。

随着劳资纠纷中仲裁的发展，在林肯·米尔斯案和钢铁三部曲案之后，法庭参考《联邦仲裁法》的次数越来越多，在与其后将提到的《塔夫脱—哈特利法案》301 条款相关的案件中，法院可以同时运用州际仲裁法和联邦仲裁法去解决劳资谈判协议遗

---

① 美国统一州法全国委员会：National Conference of Commissioners on Uniform State Law。

留的悬而未决的问题,不管是采取直接的方式还是类比的方式。

2.2.3　支持机构: 美国仲裁协会

一项制度的建立,除了有国家的相关立法规范,还要有较为成熟的组织机构来作为制度支撑。新的仲裁法律改变了商事仲裁在国家和法院系统里的处境,与此同时如何把商事仲裁向使用者推广并发展一批可用的仲裁员则是另一个重大问题。

美国仲裁协会是一个专业性民间组织,由美国多个行业和社会集团选任的理事会领导,并由仲裁和法律方面的专家组成常设机构负责日常管理。会员大多是高素质的法律专业人士或某个领域的专家,可以担任公职,公职身份并不对仲裁过程产生影响。AAA在资金来源上保持独立,没有来自政府的资金投入,运营费用和仲裁员收入主要来源于基金会的赞助、会员的资助,还有当事人所缴纳的仲裁费,这使AAA能够一直保持独立性。AAA坚持非营利性原则,虽然向纠纷当事人收取一定的仲裁费用,但收费并不以营利为目的。自建立以来,AAA一直保持严格的中立性,每一个案件由当事人选定仲裁员或由协会根据仲裁规则指定仲裁员,由仲裁员组成仲裁庭来负责具体案件的审理和裁决,AAA并不参与案件的实际处理。1946年,AAA出版了《仲裁员专业伦理守则》加强对仲裁员中立性和专业性的监管。

AAA自1926年成立后,创制并发布了商事仲裁规则,发展了具有专门仲裁知识和特定领域专业技术的仲裁员团体,并设计了仲裁费用结构。在美国,AAA逐渐成为最重要的培育和促进商事仲裁的组织。在设立之初,AAA制定了全国仲裁员名册,当时一共有480名仲裁员,到1936年全国仲裁员总数已达到7 000人,1946年达到10 821人。[1] 起先AAA只在纽约有一个机构,随后在各大城市相继建立了分支机构。与此同时,AAA仲裁涉及的领域也在不断扩大,传统的仲裁只局限于民事和商业纠纷领域,AAA在1937年设立了自愿劳务仲裁庭。AAA还逐渐设立了一系列第三方个体委员会,专门从事特定行业或特定类型的纠纷,包括建筑、保险、房地产、

---

① Lectric Law Library. History of the AAA & alternative dispute resolution[EB/OL]. [2023-03-15]. http://www.lectlaw.com/files/adr07.htm.

证券、专利、破产、反歧视、反垄断、医疗保险、知识产权、计算机网络、劳动和就业等领域。① 随着商贸组织和行会更加积极地向其成员提供纠纷解决服务，AAA 不仅提供直接的仲裁服务，并且与这些机构合作，帮助其建立内部纠纷解决程序或者管理其纠纷解决程序。随着 ADR 的进一步发展以及各种纠纷解决方式的互相协作，AAA 扩大了自身的纠纷解决手段，不仅包括仲裁，还将调解、事实调查等囊括在内。

　　AAA 是美国仲裁制度，甚至可以说是 ADR 发展的重要推动者，具体表现有以下几个方面：第一，推动各行业将仲裁条款作为必要条款列入合同条款中，在各行各业中推广使用 ADR。最早 AAA 建议将仲裁条款作为必要条款列入建筑业合同，之后附有仲裁条款的合同成为标准格式被广泛应用，成为其他行业的样板。第二，向立法机关和政府部门提供咨询建议，推动 ADR 相关立法，并制定各种仲裁规则，应用于纠纷解决。第三，提供各种形式的培训，培训内容包括仲裁、调解等多种 ADR 形式。第四，创办仲裁专业刊物并出版相关书籍，推广仲裁理念，推动各大学开设仲裁法课程，例如在 1938 年纽约大学法学院开设了美国第一个仲裁法课程。自 1926 年成立以来，AAA 一直良好运行至今，在美国 ADR 发展史上发挥着不可替代的作用。

　　现代仲裁制度的建立离不开联邦仲裁法律的制定与成熟独立机构的成立。此二者正是现代仲裁和传统仲裁之间最大的区别。现代仲裁并不只存在于商业纠纷之中，劳资纠纷等多种类型的纠纷都涉及对仲裁的使用，但回顾仲裁在美国的发展历程可知，商会等商业主体是推动现代仲裁制度形成的重要力量。同时，AAA 对商业纠纷的解决并不限于使用仲裁单一手段，而是发展出了多种纠纷解决技术。虽然商业纠纷和仲裁相互之间并非唯一，但确实都在彼此的发展中扮演了不可替代的角色。

2.3　两次世界大战推动新型 ADR 在劳资纠纷中的初建

　　作为 ADR 早期发展的两条路径之一，商业纠纷中的 ADR 这一时期已然完成了

---

　　① BARRETT J T, BARRETT J P. A history of alternative dispute resolution: the story of a political, cultural, and social movement[M]. San Francisco: Jossey-Bass, 2004: 83.

初建,相较而言,ADR 在劳资纠纷中的发展则更为艰难曲折,这既由两者不同的特质决定,也凸显了彼此间的区别。值得注意的是,此时劳资纠纷中的谈判、调解和仲裁,与如今的概念并不完全相同。在 19 世纪的大部分时间内,劳资纠纷内的仲裁常常被认为是一个有中立第三方参与,由一个联合劳动管理机构做裁决,按照调解精神所进行的谈判,并且劳资纠纷内的谈判、调解和仲裁往往缠在一起,在使用中没有严格区分。后来劳资纠纷内的仲裁才被定义为发生在劳资谈判协议之下的由中立第三方所进行的私人之间自发的裁决。①

2.3.1 铁路等先锋行业中 ADR 的立法与实践

2.3.1.1 一战前先锋行业中的 ADR 实践

在早期,ADR 主要被那些罢工频繁而易受损失的行业认可,尤以铁路行业为甚。由于铁路对国民经济至关重要,铁路工会发展较早,劳资间的纠纷具有全国性影响,并且铁路行业主要涉及州际的商贸往来,宪法上的阻碍较小,所以联邦仲裁法在该行业发展最为迅速,并成为独立的法律系统。19 世纪末,铁路工业中已经先后有了为解决劳资纠纷而颁布的 1888 年《仲裁法案》和 1898 年《艾德曼法案》。由于《艾德曼法案》自身存在一些缺陷,1913 年国会又通过了《纽兰兹法案》(Newlands Act)②。

《纽兰兹法案》设置了一个永久性的三人制调解委员会③,该委员会被授权在纠纷双方发出请求时,集体协议作出裁定,裁定具有一定约束力,而在纠纷双方不发出书面请求时调解委员会也可以主动提供服务。另外,在当事人发生利益纠纷时双方可以选择一个三人仲裁委员会进行仲裁,如果没有选择,则将成立一个六人仲裁委员会,并由调解委员会来指定仲裁员,仲裁裁决可以上诉到联邦法院。《纽兰兹法案》在实践中的应用情况比《艾德曼法案》稍好,从 1913 年到 1917 年,调解委员会解决了其接手的 71 件案子中的 58 件。其中 6 件由仲裁解决,其余的由调解解决。然而在

---

① NOLAN D R, ABRAMS R I. American labor arbitration: the early years[J]. University of Florida law review, 1983, 35(3): 375.

② Ch. 6, 38 Stat. 103(1913) (repealed 1926).

③ 三人制调解委员会:Board of Mediation and Conciliation。

1916 年工会在争取 8 小时工作日的罢工中宣布该要求不是一个需要仲裁的问题，罢工定于 9 月 4 日举行。8 月 29 日，威尔逊总统到国会请求立法，9 月 2 日国会通过了《亚当森法》(Adamson Act)，要求强制执行一天 8 小时工作日，自此《纽兰兹法案》几乎丧失了作用。①

虽然对于当时的 ADR 实践来说，铁路行业是最重要的部门，但其他领域的尝试也非常重要，在较早涉足 ADR 的先锋行业中除了铁路行业，其他较为重要的还有煤矿业、报纸业和服装业。

煤矿业中，在罗斯福总统对 1902 年宾夕法尼亚无烟煤罢工调解成功之后，根据总统委员会的决定，建立了一个永久性的、代表双方利益的无烟煤调解委员会。该委员会的目的是执行和解释总统委员会的裁决。委员会还要求客观地选任一位仲裁员，以应对委员会对于裁决结果的解释不能达成共识的情况。由于委员会的意见很少能达成一致，所以委员会的主要功能逐渐演变为收集证据和将争议委托给仲裁员。尽管无烟煤调解委员会在成立初期于处理纠纷时遇到了极大困难，但其作为第一个解释贸易协议的机构一直有着重要作用，它为 20 世纪的煤炭业建立了一种典型的纠纷解决模式，同时也使劳资双方了解到 ADR 的潜在优越性。不论是铁路业还是煤炭业，尽管政府的压力和主导是劳资双方一开始选择 ADR 的直接原因，但是选择的结果是劳资双方都开始依赖这种纠纷解决机制。

报纸业在 1901 年签订了第一个包含仲裁条款的协议，协议规定处理纠纷的地方仲裁委员会要由三个成员组成，任何当事方对裁决不满都可以向国家委员会上诉，国家委员会由出版商的劳动委员、国际印刷联盟主席和第三方组成，当前两方的意见无法统一时，将会考虑第三方的意见。后来，国家委员会的成员数增至 6 人，每方 3 人，如果无法达成共识，则第 7 位中立成员将参与其中。地方仲裁委员会的成员增至 4 人，在必要的时候将有第 5 位中立成员参与。这个协议第一年非常成功，在协议的覆盖区域内没有发生一起罢工，而其他地区却发生了 7 起罢工事件。其后，美国报纸出

---

① NOLAN D R, ABRAMS R I. American labor arbitration: the early years[J]. University of Florida law review, 1983, 35(3): 385.

版商协会和国际印刷联盟又签订了 4 份协议,到 20 世纪 20 年代,使用仲裁或调解解决纠纷的理念已经深入报纸业的劳资关系中,这 5 个仲裁协议的成功为劳资间的自愿仲裁提供了一个很好的典范。

服装业自身的一些特点使其特别容易受到罢工的影响,因此服装制造商急于找到更迅速的解决纠纷的方法,这使服装业成为"最大的私人劳资仲裁试验场"。1910年纽约服装工人的罢工由"布兰代斯"会议达成的和平协议解决。协议建立了一个预防罢工的争议解决体系,由劳资双方各出 5 人组成投诉委员会,再由各方的 1 名代表和兼职的义务中立主席组成仲裁委员会,在罢工或停工以前,投诉委员会无法解决的争议交由仲裁委员会解决。1911 年芝加哥罢工达成的协议形成了与纽约和平协议不同的另一种模式,并获得了巨大成功。芝加哥协议中的仲裁员约翰·威廉姆斯认为,仲裁只有在当事人采取它会比使用武力成本小时才能有一席之地,故而他将仲裁变成了一种调解模式,该调解模式旨在找出协议中的共同点。服装业中仲裁协议发展的副产品是对仲裁员的训练。例如,知名的仲裁员威廉姆·雷森松,他把仲裁员的工作看作严格的司法程序,仲裁员必须准确阐述劳资谈判合同,而不能根据自己理解的公平去阐述法律。针织品业的仲裁主席乔治·泰勒则主张"调停者"模式,他认为仲裁主席的角色是调停者、朋友、法律顾问,只有在万不得已的情况下才是仲裁者,他的观点和雷森松的"司法"模式形成了对比。①

这些先锋行业使用 ADR 来解决劳资纠纷的经历不仅给各自的行业带来了良好收益,同时也推动了 ADR 在更多行业中的应用,并为大家展示了各种 ADR 模式的优缺点,比如"调停者"模式和"司法"模式,这些理念至今都还在影响着 ADR 从业者的工作。

到第一次世界大战爆发时,先锋行业之外的其他一些产业也开始尝试使用仲裁来解决劳资纠纷,仲裁条款出现在集体劳资协议中。此时的仲裁条款大多实质上只是提到了协商或者由双方成立申诉委员会,而不是利用第三方中立者来解决争议,并

---

① NOLAN D R, ABRAMS R I. American labor arbitration: the early years[J]. University of Florida law review, 1983, 35(3): 388 - 396.

且一战之前的仲裁大多数是利益仲裁（Interest arbitration），而非占据了现代劳资仲裁大部分的申诉仲裁（Grievance arbitration）。简单来说，一战之前的谈判、调解与仲裁，尤其是仲裁与现代 ADR 中的仲裁并不完全相同，但为现代 ADR 的初建奠定了基础。谈判、调解与仲裁之间的界限从模糊到清晰，利益仲裁和申诉仲裁的类型划分也逐渐确立。虽然此时的 ADR 试验只有一部分取得了成功，但这些努力为之后岁月里 ADR 的发展与传播起到了巨大的推动作用。

2.3.1.2　1926 年《铁路劳动法》

1917 年到 1920 年美国联邦政府接管了铁路，铁路公司和工会的关系相对和谐，这得益于战争的影响以及劳资谈判上的创新，例如禁止对工会的歧视、国家劳资协议谈判、国家调解委员会对合同争议的解决等等。面对铁路工会要求提高工资的压力，政府与工会协商制定了劳动协议，并成立了委员会负责协议中每个条款的解释和运用。后面的这项安排成为申诉仲裁的先驱，到 20 世纪 50 年代将成为美国流行的劳资仲裁做法。一战期间政府的这个特殊措施给铁路工业和工会提供了使用 ADR 的实践和经验，成为 ADR 在铁路工业中继续发展的重要动力。一战后，很多人都同意有必要修改《纽兰兹法案》。

1920 年国会通过了《运输法案》（Transportation Act）①，创立了一个由 9 人组成的铁路劳动委员会来处理所有铁路工业中未解决的纠纷。这个委员会存在了 5 年，其间一共处理了一万四千件纠纷，但劳资双方都对该法案很失望。因为劳资双方虽然能设立自己的调解委员会，但如果他们没有设立或者调解委员会没能通过调解来解决纠纷，则争议必须交由铁路劳动委员会来处理。这类似于强制仲裁，但铁路劳动委员会的裁决不具有强制性。铁路劳动委员会过分依赖自身作为纠纷的最终仲裁者，而对劳资双方的谈判和调解重视不足的做法在面对庞大的案件数量时以失败而告终。

对此，劳资双方展开一系列会谈，希望能起草一部新法案，他们都不希望有国家委员会的干预，并且更看重调解和集体协商的作用。在 1925 年的会议中，劳资双方

---

① Ch. 91，41 Stat. 456(1920).

分享了他们在解决各种争议中最有用的经验，并最终达成了一项协议。其后，铁路劳资双方共同向国会展示了协议的法案，最终法案以多数票通过，这就是 1926 年《铁路劳动法案》(Railway Labor Act of 1926)①。

1926 年《铁路劳动法》的内容可以归纳为几点：第一，保护工人加入工会的权利，保护工会不受公司的统治；第二，以及时的调解来帮助劳资双方通过集体谈判解决关于工资、工作规则等的争议；第三，当调解没能解决纠纷时，使用自愿性仲裁或一段时间的冷却期与实行事实发现的负责人委员会来解决纠纷；第四，创建全国调解委员会②来管理法案。1934 年和 1936 年该法案的修正案将法案的适用范围从铁路工业扩大到航空公司及其员工，并授权全国调解委员会建立确定劳工是否愿意参加劳资谈判的规则和程序。全国调解委员会建立了一个选举程序以公平地确定劳工的意愿。这个选举程序在日后发展为另一种形式的 ADR。

1926 年《铁路劳动法》的重要意义还在于其明确区分了利益争议和权利争议两种类型，并为两者分别建立相应的解决程序。这是联邦层面立法第一次对劳动争议仲裁的类型划分做出规定，其后的立法与判例不断丰富和充实了这一内容，最终形成了美国劳动仲裁中的申诉仲裁程序与利益仲裁程序。

权利争议是指根据法律法规、集体合同、劳动契约的规定已经存在的权利在具体的执行、解释中所产生的纠纷。其特点为：第一，权利争议是对既存权利与义务的确认与争论，属于"履约问题"；第二，争议的焦点是合同条款与劳动关系的解释与适用，是通过对法律与合同的解读对预定利益的争取；第三，权利争议往往是个别争议，争议的主体往往是雇员个人与雇主，表现为雇员对个人被损害权利的维护。权利争议可以通过协商、调解、仲裁、诉讼等程序解决，解决方式往往在劳动合同中加以约定。美国绝大多数劳动合同中都含有仲裁条款，规定由申诉仲裁解决合同履行过程中所发生的争议。申诉仲裁通常包括两个环节，争议出现后首先由企业内部的申诉程序解决，如未能解决纠纷，则由双方自愿选择企业外部的中立第三方进行仲裁程序。由

---

① Ch. 347，44 Stat. 577(1926)(amended 1934)，45 U. S. C. § 151-88(1976).

② 全国调解委员会：National Mediation Board。

于没有统一规定,企业内部的申诉程序在不同的企业设置也有所不同,通常分为若干层级由企业管理层与工会举行的会议,如果争议不能在较低层级解决,则随着申诉程序的深入,劳资双方代表的级别逐渐提高。仲裁程序按照劳动合同的约定进行,实行自愿仲裁。

利益争议是在制定、更改集体合同,以及准备制定或更改集体合同的过程中,为争取新权利或修改既存权利而产生的纠纷。其特点为:第一,利益争议中的权利与义务尚未确定,属于"缔约问题";第二,争议的焦点是将要制定的合同条款或达成合同的条件,是通过对权利和义务的界定对未来的利益进行博弈;第三,利益争议多为团体争议,争议的主体是工会与雇主,多表现为集体谈判与协商中的纠纷。利益争议通常由争议双方通过协商、调解、仲裁等诉讼外程序解决,原则上不走司法路径,实质上是劳资谈判过程本身的一部分,是由利益仲裁代替了产业冲突。

针对利益争议,1926 年《铁路劳动法》规定由 5 人组成调解委员会受理那些悬而未决的利益争端,如果调解失败,调解委员会将鼓励争议双方接受由 3 到 6 人组成的第三方委员会的仲裁。接受仲裁的双方可以共同选择该委员会的中立成员,若双方无法达成共识,则由调解委员会选择。仲裁委员会的决议将存档于地方法院,除非案件上诉,否则决议具有约束力。如果争议一方拒绝仲裁,委员会主席有权临时成立紧急调查委员会来寻找证据,提出建议等,但没有约束争议双方的权力。1926 年《铁路劳动法》建立的利益仲裁机制,在"大萧条"来临之前一直处于充分合理运作的状态,发挥了巨大作用,当时设立利益仲裁机制的目的是打破铁路工人罢工及劳资双方集体谈判的僵局。在两次世界大战期间,为了保证战时经济并将罢工的影响最小化,联邦政府大力支持利益仲裁,美国仲裁协会、联邦仲裁调解局(FMCS)[①]以及战时劳工委员会是利益争议仲裁的主要机构,前两者的工作在战后也延续下来。由于公共部门社会公益性与服务性的特点,公共雇员不具有罢工权,有约束力的仲裁便成为其争取利益的替代方式。利益仲裁在提供必要服务的产业和公共部门长期并主要应用,

---

① 联邦仲裁调解局(FMCS)是根据 1947 年《塔夫脱—哈特利法案》建立起来的独立于政府的服务机构,其前身是劳工部中的美国调解服务局。该机构是美国沿续下来的最古老的调解仲裁机构。

20 世纪后期,利益仲裁作为将罢工风险控制在最小的方法,在私营部门也得到发展。

　　权利争议体系的运作并不如利益争议体系那样顺利,为了解决权利申诉问题,1934 年铁路劳动法修正案①建立了一个单独的机构,即国家铁路调解委员会(NRAB)②。NRAB 由四个部门组成,每个部门都由劳资双方的代表组成。经当事双方同意,申诉将被提交给合适的 NRAB 部门通过多数票决来解决。如果票决不能通过,该部门将选出一位仲裁员来做出裁决。NRAB 做出的裁决对申诉双方都有约束力,并由联邦法院强制执行。权利申诉也可以在 NRAB 框架外解决,由铁路公司和工会建立特定的调解委员会来减少 NRAB 的受案数量。1966 年的修正案③授权建立公共法律委员会,这一委员会可以根据铁路公司或工会的要求建立,该委员会无法解决的争议将提交给 NRAB。这一强制仲裁的规定与利益争议自愿仲裁的模式不同,同时也与其他联邦法律规定的权利争议自愿仲裁的一般模式不一致。NRAB 的工作显示出,当申诉仲裁程序处在一个持久存在的结构体之中时比处在为每个争议临时建立的机构或在重大协商失败后建立的机构之中时解决纠纷更有效。

　　1926 年《铁路劳动法》具有重大意义,该法案不仅在铁路工业中设置了由当事人协商使用的可持续的 ADR 程序,同时最先在铁路行业内建立了私营部门纠纷解决的现代体系,并且该法案是先由劳资双方之间谈判制定,再由国会通过,在美国历史上也可谓空前。这使 1926 年《铁路劳动法》成为一个标志性法案,由其确立的很多原则与制度被一直沿用。

2.3.2　两次世界大战中联邦政府解决劳资纠纷的措施

2.3.2.1　一战期间联邦政府的措施

　　1917 年 4 月 6 日,美国正式参加一战,为应对战争引发的危机,美国政府对经济进行了史无前例的控制。战争对生产的需要超过了平时,随着男人的参军和海外移

---

①　Ch. 691, 48 Stat. 1185(1934), 45 U. S. C. § 151 - 88(1976).

②　国家铁路调解委员会：National Railroad Adjustment Board,简称 NRAB。

③　Pub. L. No. 89 - 456, §§ 1 - 2, 80 Stat. 208 - 09 (1966) (codified as amended at 45 U. S. C. § 153 (1976)).

民的减少,劳动力大量短缺,工农业发展遇到了困难。为了保证战时生产并将罢工的影响最小化,政府在一战期间针对劳资纠纷解决采取了三个阶段性措施。

第一个阶段中,政府依靠与工会合作以及向工人宣传自我约束来解决劳资纠纷。

第二个阶段中,政府仍然依靠工会及宣传制止罢工,但已经开始使用一些强制措施,为特定产业设立了许多劳工调解机构。第一个就是建立于 1917 年 6 月用来调解与军队设施建设有关的劳资争议的兵营调解委员会。到战争结束时,政府已设立了 19 个类似机构。这些调解委员会一般规模较小,由资方、劳方和公众代表三方组成。通常情况下,如果当事人分歧不是太大,他们都会接受裁决,这就意味着委员会考虑的应是可接受的决议,而不是客观的好处,如果一方不愿接受裁决,非正式的政府压力就会介入。这个分散的多重委员会缺少一致性,虽然委员会之间不同的决策机制具有一定的灵活性,但有时会导致不平等现象的出现。

第三个阶段,政府的控制变得集中起来,手段也更加强硬。1918 年 4—5 月,国家战时劳工委员会(NWLB)①成立了。该委员会有权介入任何影响战争物资生产的劳资纠纷,且其权限在各专门调解委员会之上。战时劳动委由 5 个工业方的代表、5 个工会方的代表及 2 个公共代表组成,使用调解和仲裁等 ADR 方式来解决劳资纠纷。另外总统任命 10 名仲裁员,在 NWLB 无法解决纠纷时,可选择其中任意一位来处理争议。NWLB 既是一个调解机构,又是一个仲裁法庭,但其只有有限的强制力,它的决议只有在双方当事人共同接受时才有效。总统和政府的支持是促使当事人接受委员会决议的主要动力。例如,西部联盟电报公司无视委员会的决定,威尔逊便将其置于美国邮局的管理之下。战争结束后,专门委员会和 NWLB 的效力大大减弱,一些雇主觉得委员会的权力应随着战争的结束而终止,他们要么拒绝参加委员会的调解,要么以委员会的一些错误判决做借口,基于以上原因,1919 年 8 月 NWLB 正式停止运作,但在这之前,它的影响已经越来越小。②

在一战 19 个月的战争期,美国大约发生了 6 000 起罢工事件。除了 NWLB 和各

---

① 　**国家战时劳工委员会**:National War Labor Board,简称 NWLB。

② 　NOLAN D R, ABRAMS R I. American labor arbitration: the early years[J]. University of Florida law review, 1983, 35(3): 402 - 405.

专门委员会的努力,USCS 也增加了调解员人数,积极参与解决纠纷,待处理案件从 1917 年的 378 件激增到 1919 年的 1 789 件。① 尽管罢工仍然很多,但 USCS 的调解员已经使一些罢工时间缩短并且阻止了很多罢工的发生。除了 USCS,一些民间组织也在劳资纠纷中推广调解和仲裁,例如全国公民联合会(NCF)②,NCF 内部设有委员会,包括两名工会代表还有一些高级商业代表。在一战中,NCF 积极促进调解在劳工部的使用,并推动劳资双方的合作。

2.3.2.2　二战期间联邦政府的举措

珍珠港事件发生后,美国宣布参加二战,与一战时相比,二战对生产的要求更高,任何可能导致生产中断的事件都是不能容忍的,美国政府为满足生产的需要做了很多努力。面对日益严峻的罢工危机,美国政府开始积极寻找和平解决劳资纠纷的办法。二战期间美国政府的做法延续了一战中的模式,也分为三个阶段,但二战中美国政府采取行动的时间更早,经历前两个阶段的速度更快,这既是由于二战中美国政府面对的压力更大,也是由于一战中美国政府积累了经验,对争端的处理更加得心应手。

第一阶段始于 20 世纪 40 年代,罗斯福总统成立了国防咨询委员会,利用协作且分散的方式解决问题,劳资双方完全自愿接受政府介入,这种状况持续到 1941 年 3 月罗斯福总统创立国防调解委员会(NDMB)③。NDMB 包括 11 名成员,劳资双方各 4 名,公众代表 3 名,其主要职责是作为一个超级争端解决机构处理 USCS 的调解员没能解决的案子,有权调查纠纷、提出建议、帮助当事人寻求合适的纠纷解决办法。④ 第二阶段主要伴随着 NDMB 的成长,一直到 1942 年 1 月 12 日罗斯福总统建立战时劳工委员会,第三阶段开始。

---

① BARRETT J T, BARRETT J P. A history of alternative dispute resolution: the story of a political, cultural, and social movement[M]. San Francisco: Jossey-Bass, 2004: 108.

② 全国公民联盟: National Civic Federation, 简称 NCF。

③ 国防调解委员会: National Defense Mediation Board, 简称 NDMB。

④ NOLAN D R, ABRAMS R I. American labor arbitration: the maturing years[J]. University of Florida law review, 1983, 35(4): 561.

战时劳工委员会（WLB）①，由 12 名成员组成，资方、劳方和公众代表各 4 名，另外还有很多备用成员，WLB 广泛吸收学者和律师参与包括调解、仲裁和制定决策在内的劳资纠纷解决过程，有权任命"准成员"作为调解员。WLB 的纠纷解决范围覆盖"影响战争物资生产效率的劳资纠纷"，一般来说，WLB 只接手 USCS 无法解决的案件。一旦 WLB 接手某项纠纷，它就有权通过"调解、自愿仲裁或根据委员会规定执行的仲裁"来决定"纠纷的最终裁决"。比 NDMB 只能促进自愿仲裁和提出建议更进一步，WLB 拥有最终决定权，意味着政府强制力在解决劳资纠纷的过程中又进一步增强。

WLB 确立的主要原则是纠纷要通过劳资谈判来解决，只有在必要的情况下才让政府调解介入，如果需要第三方裁决，当事人最好建立自己的仲裁程序。强制仲裁只作为不得已的手段。由于有总统特权支持，如果拒绝执行 WLB 的裁决，WLB 可以没收工厂由政府经营，以保障其裁决能够被顺利执行。

WLB 成立之初时的组织和工作流程十分简单。所有纠纷先提交给委员会的新案常委会，常委会可以把案件直接委托给全体委员会，通常情况下它会安排调解，如果调解失败，便鼓励当事人使用仲裁。如果一方或双方当事人拒绝仲裁，调解员就会提交报告给新案常委会，由常委会将案件委托给全体委员，委员会将按照报告做出决议，举行听证会或将案件召回做进一步的调查。随着工作量越来越大，1943 年 WLB 成立了 12 个地方办事处，并在各地方设立了三方区域委员会。

在战时，WLB 处理了将近 1.8 万起劳资纠纷，和国家劳工关系委员会（NLRB）②以及 USCS 通过使用 ADR 来解决劳资纠纷，发挥了巨大作用。WLB 和 USCS 在职能上具有重合部分，之前的会议并未就在向 WLB 寻求帮助之前要预先使用 USCS 达成协议，导致了两者之间的竞争。两个机构都积极地参与解决劳资纠纷，但在使用 ADR 的理念和方式上颇有不同。USCS 的调解员，持"let's work it out"（共同解决）的观点，以说服为主要的工作手段，并对这种方式很满意。WLB 工作人员中的律师和经济学家倾向于用更正式的形式，比如他们喜欢听证、重视证据，并作书面决定。

---

① 战时劳工委员会：War Labor Board，简称 WLB。
② 国家劳工关系委员会：National Labor Relations Board，简称 NLRB。

USCS 的调解员觉得 WLB 的工作人员太急于参与到纠纷中,而 WLB 的工作人员则认为 USCS 的调解员宁愿处理一个案子过久也不想交给 WLB 来解决。USCS 的调解员认为 WLB 的存在是提供给劳资双方一个"再一次尝试"的机会,即有一方对调解的结果不完全满意时,向 WLB 寻找再一次尝试的机会。另外,USCS 的调解员还怀疑由 WLB 进行的调解的纯度,因为 WLB 拥有极大权限,可以通过威胁使用仲裁来达成一个调解结果。两个机构之间也并不只有竞争,WLB 推动 ADR 最积极的措施是申诉仲裁,要求任何由其处理的劳资协议必须对权利申诉使用仲裁,而这种对仲裁的使用正是 USCS 一直以来积极倡导的,在二者的推动下,使用申诉仲裁程序成为一种普遍做法。

WLB 的一贯政策是支持通过自愿仲裁解决劳资纠纷,尤其是针对权利纠纷,表现出 WLB 对劳资谈判的倾向。具体行动包括,WLB 要求纠纷当事人使用其推出的仲裁协议,服从规定仲裁裁决具有最终约束力的协议条款,同时 WLB 对私人仲裁裁决也表示支持。WLB 对劳动仲裁的贡献主要有三方面:

第一,提高了包含仲裁条款的劳动协议的数量和百分比。那些包含仲裁条款的合同的百分比已经无法准确估算,因为很多合同没有记录在档案中。但根据一组数据显示,二战之前这个百分比为 62%,到 1944 年提高到 73%。[①] 另一组数据显示,该百分比二战前为 76%到战争刚结束时提高到 85%。[②] 这一数字的上升趋势以及 WLB 对此的贡献已经得到美国学者的广泛认同。可以说,WLB 对这一数字上升的贡献即使不是最大的,也是非常显著的。

第二,改进了仲裁的一些概念和规则。作为第一个拥有普遍管辖权的仲裁委员会,WLB 必然要遇到许多地方仲裁系统所未有的问题,而它解决这些问题的方式通常也是第一次尝试。WLB 的决议通常会被刊登出来并广泛传播,所以具有非常大的影响力。虽然法律并不强制仲裁员必须接受 WLB 创制的概念和规则,但这些概念

①　FLEMIN R W. Labor arbitration process[M]. Champaign Illinois: University of Illinois Press, 1965: 13, 18.

②　MITCHELL D J B. Development of contractual features of the union-management relationship [J]. LAB law journey, 1982(33): 515.

和规则对仲裁员本身的影响是巨大的。WLB 规定了不依靠工会个人解决权利纠纷的方法以及合理利用申诉程序的时限，也研究了永久仲裁员和临时仲裁员各自的优缺点以及选择仲裁员的方法。为了鼓励自愿仲裁并减轻管理机构对其特权受到冲击的担心，WLB 详细规定了仲裁员的司法范围并严格限制其管辖权。除此之外，WLB 还将申诉仲裁程序定义为协商过程，这个过程"受到管辖权限制，并受到裁决结果的制约，该裁决必须完全基于听证会上出示的证据"。如此一来，WLB 不仅鼓励仲裁，还为仲裁建立了独特的模式，一个司法模式而非调解模式。司法模式在二战期间的建立对于其在战后的管辖领域具有重要影响。WLB 在劳动仲裁中扮演的角色非常独特，它既是一个实体，又是一个过程。

第三，培养了一大批富有经验的仲裁员。这些仲裁员中的大多数在战争之后依然活跃在仲裁事业中。二战前，专业的劳动仲裁员数量很少，并且几乎没有人将仲裁当作一项事业。二战期间，有几百人加入仲裁员队伍，他们有的是 WLB 的工作人员，有的是在 WLB 受理的仲裁案件中由当事人选出的仲裁员。WLB 为这些人的仲裁服务找到了持续性的长期需求，劳工部需要仲裁员的专门技能来处理 WLB 所建立起的劳动关系系统中出现的问题。正如在战争结束七年后艾德文·威特所言，如今的大多数劳动仲裁员都是在 WLB 或其纠纷委员会里获得第一次锻炼的机会。这些在战争之后继续从事仲裁的人构成了仲裁事业的中坚力量，正是在他们的努力下申诉仲裁程序才被广泛接受。可以说，WLB 对美国劳动仲裁的发展成熟具有极其重要的影响。

通过两次世界大战中联邦政府的一系列推动措施，二战结束时美国劳资纠纷领域对 ADR 的使用已经不仅限于铁路等先锋行业，而在全行业范围内达到了一个新水平。一批经验丰富的调解员和仲裁员被 USCS 和 WLB 培养出来，并且劳资双方的代表作为调解和仲裁的谈判者和使用者也有了丰富的经验。现代劳资纠纷解决制度初步建立起来。

2.3.3　全国性劳资纠纷立法与联邦最高法院系列判例

2.3.3.1　《瓦格纳法案》

1929—1933 年美国爆发了前所未有的经济危机,罗斯福总统上任之初颁布了《全国工业复兴法》(National Industrial Recovery Act of 1933,简称 NRA),以刺激经济复兴与就业。该法第一部分的第 7 条第 1 款,即著名的劳工条款,对劳资关系有重要意义,其目的是要"最后解决现代经济史中两个最令人烦恼的问题:劳工组织工会和集体谈判的权利问题"[①]。罗斯福总统成立了一个非法定的劳动委员会,由参议员罗伯特·瓦格纳作为委员会主席,帮助劳资双方的代表,用非正式的谈判和调解解决劳资纠纷,并督促各方遵守新的法律法规。NRA 是美国联邦政府制订的第一个适用于各行各业且认可工人组织工会和集体谈判权利的法律。根据此法,资方不能干涉工人组织工会和行使集体谈判权,也不能以加入公司工会作为雇佣条件。[②] 然而NRA 只存在了两年,1935 年 5 月 27 日,联邦最高法院通过谢克特案,以 9 名法官一致同意的判决使 NRA 无效。作为回应,总统迅速推动国会批准了《瓦格纳法案》,并于 1935 年 7 月 5 日签署施行。

《瓦格纳法案》即《国家劳资关系法案》(National Labor Relations Act of 1935,简称 NLRA)[③],该法案由劳动委员会主席罗伯特·瓦格纳提出,其核心内容是将企业为了不让工人组织自己的工会而先成立的公司工会认定为非法,并规定工人有通过自己选择的代表与资方进行集体谈判的权利。首先,NLRA 重新肯定了 NRA 第 7条第 1 款的规定,并将某些模糊无力的条款规定得更加明确。NLRA 规定,为达到集体谈判或者互助的目的,工人有权自己组织、参加或协助工人组织,可以选出代表

---

① 刘绪贻,杨生茂.美国通史:第 5 卷 富兰克林·D. 罗斯福时代 1929—1945 [M].北京:人民出版社,2002:87.

② 刘绪贻,杨生茂.美国通史:第 5 卷 富兰克林·D. 罗斯福时代 1929—1945 [M].北京:人民出版社,2002:154. 。

③ 国家劳资关系法案:瓦格纳法案,National Labor Relations Act of 1935,Wagner Act,简称NLRA。

参与集体谈判并参与协同活动，这使公司工会的组织形同虚设。其次，NLRA 列出了长期存在的不公平的劳动惯例并将其认定为违法，包括雇主干涉雇工行使自己的权利、解雇或将参加工会活动的雇工列入黑名单、歧视对公司起诉的雇工、拒绝和雇工选出的工会进行谈判等。如此一来，雇主们失去了反工会最厉害的武器。最后，NLRA 规定：一个工会得到一个产业、公司、商店或行业中的工人的多数支持，雇主就必须承认它是唯一的谈判代表。最后这条规定使雇主和工会之间的谈判成为一种制度性规定，使那些谋求迫使雇主真诚谈判的工会有了联邦政府权力的支持，进而使谈判的应用成为一种惯例。谈判被放在了一个非常突出的位置，并为之后的调解打开了一扇门。

　　NLRA 还确立了美国劳动法的基本原则，即唯一原则。工会由大多数工人在合适的谈判单位中选出，作为整个单位的唯一代表。唯一原则的目的是让工人可以用独立而有力的声音与雇主交涉，但同时也剥夺了工人独立或通过其他代表进行交涉或是协商个体雇佣合同的权利。如果劳资纠纷涉及的仅仅是雇主和工人之间矛盾的利益关系，那么这种唯一原则可以将事情处理得很好，但如果是工人间不同的利益关系或是工会整体利益与所有或部分工人发生冲突时，该原则就不尽如人意了。这种情况不可避免，因为谈判单位的性质各不相同，而工会所追求的目标并不总与其成员的利益相吻合。由此，联邦法院要求行使唯一权利的工会代表公正客观地行使该权利，以此缓和唯一原则和个人性之间的矛盾。如果没有这种要求，拥有权利的工会代表可能会歧视他不喜欢的工人，同时由于这是联邦政府授予的权利，这种歧视可能会引起严重的宪法问题。联邦最高法院通过斯蒂尔诉路易斯维尔和纳什维尔铁路案①，将这一原则解释为，将责任交给谈判代表是为了让他保护员工的利益，就像宪法赋予立法机关权力是为了让它公正地保护群众的利益一样。合法工会可以选择不同政策以给工人带来不同影响，但工会不能不公正地区别对待其成员。通过联邦最高法院的一系列案例，公平代表原则的标准逐渐被确立下来，但同时这种对工会参与谈判、调解和仲裁的行为增加责任风险的举动，让工会特别是在执行仲裁时更加拘泥

---

　　① Steele v. Louisville & Nashville R. R. 323 U. S. 192, 202 (1944).

于形式。例如,有的案件从法律义务上说可能不需要代理人做文字记录,但迫于压力工会不得不多此一举。将公平代表原则应用到仲裁过程中,导致更加频繁和更加法制化的仲裁,而如果仲裁作为 ADR 想要成为一种可行的选择,就不能变成司法系统的复制品。在一定程度上,仲裁员和法院面临同样的任务,即在不牺牲任何一方的前提下平衡各个当事人之间的权利,然而仲裁还需要同时满足高效、公正和非正式这三个条件。当然这是 NLRA 发展到后期所面对的问题,在这一时期 NLRA 面临其他的危险。

NLRA 在法院内外遭到保守派的激烈反对,在可能被宣布违宪的边缘摇摇欲坠,在其颁布后的一年半内,各级联邦法院发布禁令阻碍 NLRA 的实施。随着联邦最高法院在和总统的斗争中败下阵来,1937 年联邦最高法院 9 名大法官以 5 比 4 的投票,公开宣布 NLRA 合宪。NLRA 终于摆脱了被废除的危险,对 ADR 的使用也随着 NLRA 的安定而稳定下来。

NLRA 适用于美国州际贸易间的任何雇佣关系,因此其覆盖范围非常广泛,只有农民、政府工作人员、铁路和航空公司的员工以及一些非常小的企业的雇员不在其效力范围内。这个范围也相当于谈判等 ADR 形式的使用范围。工会权利、集体谈判、调解之间形成了多米诺骨牌效应,一个发生了变化,其余的也跟着变化。

为保证 NLRA 的效力,国会设立了国家劳工关系委员会(NLRB),作为该法的行政和执法机构。NLRB 是一个准司法性机构,相当于一个联邦地区法院。NLRB 包括三名由总统任命并由参议院同意的委员,拥有律师、代理及各种辅助人员。代理负责对劳动申诉做出调查,并管理工会代表的选举;律师为案件做各种准备并将案件提交委员会;三名委员对申诉和工会提出的问题作出决定。NLRB 还为工人罢工提供调解或仲裁。从成立之初,NLRB 就因强有力的执行而著名。不需要雇主的同意,NLRB 即可推动工会提议的谈判,并要求在谈判中劳资双方保持诚信和交换不同意见,努力达成协议。除了跟进谈判的过程,NLRB 也审查谈判的主题。因为法律只有对工资、工时、工作条件等问题的基本规定,故而由 NLRB 决定其具体含义,并判断劳资双方谈判中涉及的新问题和某些行为是否正当。

NLRA 与 NLRB 改变了劳资关系中的传统,重置了过去由雇主主导的劳资关系,使其发生了革命性的变化,并形成了新的普通法。这让使用 ADR 解决劳资纠纷的做法,在从法律到制度再到实践的各方面都成为固定的选择,成为新的惯例。NLRA 颁布之后,USCS 的调解数量也随着集体谈判的增长而增长, USCS 在 1938 年调解的案件数量达到前所未有的 4 231 件,并在二战期间达到了顶峰,1945 年有 23 121 件。①

2.3.3.2 《塔夫脱—哈特利法案》

　　二战的最后阶段以意想不到的速度迅速结束了,战后的美国立即陷入紧张混乱的状态,不仅面临将战时经济模式迅速转入和平经济模式的艰巨任务,还有许多新旧矛盾需要解决。军人大量复员,军事订单纷纷取消,失业率在增长,通货膨胀的威胁又笼罩在人们的头顶。工会在战后的集体谈判中将注意力集中在工资增长的问题上,希望能建立物价和工资之间的联系,以减少工资谈判中的冲突;资方则大力反对,认为只有市场能决定物价,物价不应受支配于集体谈判。虽然过去十年集体谈判作为一项制度已经让很多雇主习惯并接受,但他们认为谈判的主题应该是有限的,关于集体谈判中工资和物价的分歧一直没能解决。美国工人掀起大规模的罢工浪潮,1945 年末到 1946 年爆发了美国汽车工人历史上最长的一次罢工,以及美国有史以来第一次全国性铁路工人大罢工。1946 年罢工高达 4 700 多起,卷入罢工的人数超过 465 万,损失工作日 1.13 亿个,超过 1919 年的罢工运动规模,成为美国劳工运动史上风暴最大的一年。② 罢工大多发生在对国民经济有重大影响的工业部门,严重威胁到和平生产的恢复和政府统治。

　　1945 年 11 月,杜鲁门总统召开了一个有劳方、资方和公共代表参加的会议,要求与会者推荐改善劳资关系的方法,并提出为了公众的利益回到战前流行的集体谈判制度,即劳资双方达成自愿不罢工不停工的合意,而政府对工资和价格进行管控。尽管与会者努力为达成一致协议而寻找共同基础,但在根本性问题上无法达成一致。

---

　　① BARRETT J T, BARRETT J P. A history of alternative dispute resolution: the story of a political, cultural, and social movement[M]. San Francisco: Jossey-Bass, 2004: 121.

　　② 刘绪贻,杨生茂. 美国通史:第 6 卷 战后美国史 1945—2000 [M]. 北京:人民出版社,2002:56.

最后会议全体一致通过了关于现存集体协议的报告,该报告支持申诉仲裁,建议如果无法通过其他方式解决问题,当事人可以使用仲裁,并进一步提议仲裁员在一些特定案件中只能解释和应用协议中的已存条款。该报告还指出当事双方应提前达成遵守仲裁员判决的协议。会议还一致通过另一份报告,针对当事人无须花费任何成本的情况,建议 USCS 停止提供免费的仲裁服务以保持调解和仲裁之间的界限,并限制使用未成熟的仲裁机制。报告提议 USCS 编入一批高级仲裁员,当事人要按日支付报酬。虽然有以上成果,但会议始终无法就控制罢工和解决纠纷的办法达成协议,而这才是总统最关心的问题。①

为了抑制和削弱劳工运动,国会中共和党和民主党保守派结成联盟,起草了各式各样的反劳工法案,要求采取严厉手段镇压工人的罢工运动。在 1946 年 11 月的选举中,共和党占据了国会的多数席位。1947 年 1 月,国会决定对 NLRA 进行改革,与此同时提交给该届国会的反劳工法案多达 200 项,最后《塔夫脱—哈特利法案》获得通过,该法即美国 1947 年《劳工关系法》②。

塔夫脱—哈特利法案以两个制定者的名字命名。该法案广泛修订了瓦格纳法,重要内容有以下几个方面:第一,《塔夫脱—哈特利法》一案规定集体谈判和调解为解决大部分劳资纠纷优先使用的方法,支持使用自愿仲裁,停止使用强制仲裁,国家紧急状态的规定只能用于异常情况发生时。在罢工"冷却期",由实情调查委员会调查并公布事实,这项措施在之后的日子里发展出实情调查员的调解等。第二,新的法律将 USCS 从劳工部中独立出来,改名为联邦调解服务(FMCS)③。该法还要求不管是劳方还是资方,如果想要对一个到期的协议重新进行协商,就必须通知对方当事人以及 FMCS 或者任何适当的州调解服务机构。这条规定促进了调解在劳资纠纷解决中的发展,因为在这条规定出现之前,一个调解机构经常不知道有纠纷存在,直到发

---

① NOLAN D R, ABRAMS R I. American labor arbitration: the maturing years[J]. University of Florida law review, 1983,35(4): 578 - 580.

② 29 U. S. C. § 141 - 197(1976).《塔夫脱—哈特利法案》: Labor Management Relations Act, Taft-Hartley Act, 简称 LMRA。

③ 联邦调解服务: Federal Mediation and Conciliation Service, 简称 FMCS。

生了罢工。第三,该法的 203 条(c)款①规定 FMCS 在面对无法用调解解决的纠纷时要鼓励当事人使用仲裁。(d)款②针对权利纠纷,委婉地表示出对仲裁的支持,即"当事人双方都同意的最终解决方案"是"解决由现存的劳资谈判协议的解释或应用所引起的申诉纠纷的最好解决办法"。由这一规定可见,塔夫脱—哈特利法案虽然将劳动仲裁作为一项纠纷解决机制,但只是一笔带过,连与仲裁联系最紧密的 301 条款③都没有提到仲裁,由于该条款在之后案件中的重要性,故将其相关部分引用如下:

(a) 这一章主要界定雇主和某个在商业中有影响力的产业的工人劳动组织或其他类似劳动组织之间的违约诉讼,诉讼可以向美国任意一个对双方当事人具有司法管辖权的地区法院提起,与双方争议的数量或双方的公民身份无关。

(b) 本法案中界定的任何在商业中有影响力的工人劳动组织或任何能够影响商业的雇主都受到其代理人行为的制约。任何类似劳动组织可以在美国法庭上代表其所代表的员工作为一个原告或被告。美国地区法院作出的任何起诉劳动组织的金钱判决都只有在针对一个整体组织的资产的情况下才能有效,针对个人资产的情况无效。

这一条款中未提及任何关于仲裁的词语并不意味着不包含仲裁的信息,在当时几乎所有的劳资谈判协议中都包含仲裁条款,而该条款提到违反劳资谈判协议的案件,工会可以在联邦法院进行诉讼,却没有指明应该向哪个法院提起诉讼、劳资谈判协议应如何解释,以及法院、NLRB 和协议仲裁程序之间的关系是什么,这些问题都将在之后的案件中被具体解决。

塔夫脱—哈特利法案将 USCS 从劳工部中独立出来,并更名为 FMCS,这一做法在之后产生了很大影响。USCS 自成立以来一直发挥着积极的作用,在 1945—1946 年,它调解了近四万例劳资纠纷,并帮助其中四分之三的案件达成和解而避免了罢工。

USCS 成立初期,因为集体谈判并不普遍,很少有参与者有谈判或调解的经验,

---

①　29 U. S. C. § 173(c).

②　29 U. S. C. § 173(d).

③　29 U. S. C. § 185(a) (b).

大多数坐在谈判桌前的人并不了解应该怎么做。早期的 USCS 调解员的一项重要工作是教导参与者如何去谈判和运用调解。调解是 USCS 最主要的纠纷解决手段，USCS 的调解员在三种情况下将介入纠纷：第一种是当事双方共同请求调解帮助；第二种是请求来自一方当事人，调解员将被派去确定双方是否能达成共同的调解请求；第三种是通过媒体的报道得知一个纠纷的解决具有重大意义时，即使没有请求，USCS 也可能派遣调解员去尝试调解。除了调解，早期的 USCS 也为纠纷提供调查和事实报告，对纠纷事实的客观调查将使双方通过自愿解决或者调解解决纠纷更加容易。这种形式的 ADR 是对劳工局①时期做法的继承，也是事实调查的早期表现。USCS 也鼓励使用仲裁，在 USCS 成立之初，一项典型的 USCS 调解员技术是说服当事方接受仲裁。如果当事方同意使用仲裁，则由各当事方指定的代表和由 USCS 主管或劳工部长指定的主席共同组成一个仲裁委员会，对纠纷做出处理。到 20 世纪 20 年代，USCS 依然鼓励在适当的时候使用仲裁，但开始让有仲裁经验的调解员或公民担任仲裁员。USCS 的调解员还发展出一些 ADR 的新形式，例如一个 USCS 调解员被派往美国劳工联合会②解决在管辖权方面的纠纷，在该调解员的帮助下，AFL 在其内部设置了一个委员会和一套专门程序来解决纠纷，该程序一直运行良好。这与现代的纠纷解决设计非常相似，即努力使当事方在第三方的帮助下，创造自己的纠纷解决程序。

　　1945 年，杜鲁门总统召集的国家劳资会议③作出报告表示支持 USCS 的工作，建议对新调解员进行更好的训练，使其能与时俱进，不断改进调解技术。报告还建议改进和提高 USCS 的技术服务部门。该部门包括少量经过专门训练的调解员，他们精通于处理伴随着二战中国家的工业化和大规模生产出现的各种新问题和新争议，例如工业操作效率的研究分析、计件生产率的设置、激励计划、工作负荷研究、工作评价计划等。调解员经常需要对各方的研究进行监督和管理，并经常书写事实报告和使用谈判的推荐信。

---

①　劳工局：Bureau of Labor。
②　简称 AFL，一个早期的工会联盟。
③　国家劳资会议：National Labor-Management Conference。

　　《塔夫脱—哈特利法案》以调解的中立性为由将 USCS 从劳工部中独立出来成为一个新的独立机构。国会对这个新机构的名称意见不一，众议院倾向于使用"Conciliation"，而参议院更想用"Mediation"，最后国会把这两个词都放到新机构的名称里，"Federal Mediation and Conciliation Service"简称 FMCS。① 随着《塔夫脱—哈特利法案》获得通过，FMCS 在 1947 年 8 月诞生了。

　　FMCS 很快由总统任命了主管并被参议院通过，随后 USCS 的办公室、工作人员和记录都被转移过来。成立初期，FMCS 包括 204 名调解专员，38 个有附加头衔的调解专员，附加头衔例如区域主管、工业分析、工作分析、工业专家等。因为 FMCS 的新政策里不包括仲裁工作人员，故 28 个原属 USCS 的"调解专员（仲裁员）"没有转移到 FMCS，而是被 FMCS 放到一个新的仲裁花名册里，这实际上是今天美国私人仲裁系统的雏形。

　　FMCS 的第一任主管是杜鲁门总统任命的塞勒斯·京。塞勒斯创建了一个私人仲裁名册来取代临时仲裁员，当事方可以从名册中挑选仲裁员。他还废除了技术服务部门，将其员工转变为调解员。他认为技术服务部门提供的服务由私人提供更为合适。除了塞勒斯·京，还有很多非常著名的调解员，例如曾经担任过 USCS 第二任主管的约翰·斯蒂尔曼，他曾调解过一些备受瞩目的纠纷。在这段调解发展的关键期里，这些调解员的成功提高了调解的接受度。越来越多的调解员感受到调解的乐趣："对做着不是每个人都能做的重要工作的满意，对那些纠纷中愤怒的谈判代表只能对不可能的解决表示同意时的兴奋，令人高兴的自信，使用技巧让互不认同的当事人逐步解决纠纷，还有调解的成就改善了人民的生活并对人民的生活方式做出了贡献的满足。"②

　　20 世纪 50 年代，FMCS 开始了一个叫作预防性调解（Preventive Mediation）的训练项目，这个项目的目的是帮助劳资双方改善彼此间的关系。通常包括劳资双方共

---

　　① BARRETT J T，BARRETT J P. A history of alternative dispute resolution：the story of a political，cultural，and social movement[M]. San Francisco：Jossey-Bass，2004：130 - 131.

　　② BARRETT J T，BARRETT J P. A history of alternative dispute resolution：the story of a political，cultural，and social movement[M]. San Francisco：Jossey-Bass，2004：135.

同召开的会议,会议的主题是如何控制不满从而避免冲突或者将冲突最小化。这个项目将在不久后得到更多的重视。

2.3.3.3　"钢铁三部曲"系列判例

　　二战期间,不仅谈判和调解获得了巨大发展,仲裁也收获了很多经验,WLB 和 USCS 都在战时提供申诉仲裁,申诉仲裁逐渐作为一种惯例被建立起来。AAA 和 FMCS 都为申诉仲裁制作了仲裁员名册,几个州的调解委员会也创建了自己的仲裁员名册。

　　20 世纪 50 年代美国工人阶级的实际工资、社会福利和消费水平都有所提高,但新技术的应用带来的结构性失业成为这一阶段的主要问题。钢铁工人在 1956 年举行了全国性大罢工,1959 年 7 月 15 日再次举行有 54 万人参加的大罢工,这次大罢工对美国经济影响巨大,艾森豪威尔政府出面干预,要求法院根据《塔夫脱—哈特利法》发出停止罢工 80 天的禁令,并对劳资双方进行调解。1960 年,联邦最高法院就美国钢铁工人联合会在 50 年代提交的案件做出了决定,申诉仲裁裁决的地位被大大提高。

　　《瓦格纳法》并没有规定劳资集体谈判协议的执行问题,法院对集体谈判协议的执行通常是按照普通法对合同解释的实践。《塔夫脱—哈特利法》尝试弥补这一缺漏,301 条款赋予联邦法院权力来制止违反劳资谈判协议的行为。第一个诠释该条款的案件是西屋电气受薪雇员协会诉西屋电气公司案[1],该案件是工会状告雇主没有向员工支付应付的工资,违反了劳资谈判协议,案件的争议点是是否给予联邦法庭司法权以处理由代表工人的工会发起的诉讼。弗兰克福特大法官的观点得到多数人认同,他认为 301 条款仅仅是程序性的,没有给联邦法院提供新的实体法。弗兰克福特法官的解释给劳资协议的执行指出了两大潜在问题:第一,一个纯粹的程序法可能将使联邦法院的司法权逾越宪法规定的范围;第二,如果没有联邦实体法,州法院就可以处理所有类似诉讼,由于传统上普通法对于仲裁的敌意,州法院没有处理这些案

---

[1]　348 U. S. 437（1955）. Association of Westinghouse Salaried Employees v. Westinghouse Electric Corp.

件。两年后,在美国纺织工人协会诉林肯·米尔斯案①中,联邦最高法院重新审视 301 条款,称该条款既是程序法又是实体法。道格拉斯大法官指出,由于 301(b) 中已经授予司法权,301(a) 应该是对(b)的补充。这一条款展示了国会对于使用申诉仲裁的支持。联邦最高法院规定,301 条款下的联邦实体法必须由现存的国家劳动法管辖的法院来执行。这一决议消除了西屋电气公司案带来的问题,即认定 301 条款为实体法,在将联邦司法权扩展到类似案件时就不会引起宪法问题,在联邦法院出台新的联邦普通法时也可以弥补州普通法的漏洞。

　　林肯·米尔斯案之后,由于几乎所有劳资协议都包含仲裁条款,所以迫切需要有新的关于劳资谈判协议的普通法,这当然少不了联邦最高法院的意见。三年后,联邦最高法院处理了美国钢铁工人联合会的连续三起案件,由此给新普通法以明确的解释。这三起案件又被称为"钢铁三部曲",分别是美国钢铁工人联合会诉美国制造有限公司案②、美国钢铁工人联合会诉海湾航运公司案③以及美国钢铁工人联合会诉轮胎和汽车公司案④。前两个案件是关于劳资协议中仲裁协议生效的诉讼,第三个案件是关于仲裁裁决生效的问题。

　　第一个案件,美国制造有限公司的劳资合同中包含一项标准仲裁条款,该条款适用于所有"关于本协议条款的意思、解释和适用"的纠纷。有工人由于在工作中受伤而离职并得到一笔终身残疾赔偿款,当他想重新回到工作中时,雇主以他有残疾为由拒绝了。该工人根据劳资谈判协议提出申诉,但雇主拒绝将这一纠纷诉诸仲裁。其后工会起诉雇主想要迫使其接受仲裁。美国第六上诉法院肯定了地方法院认为雇主无罪的判决,因为这是"一个无理取闹的、明显无根据的申诉,根据劳资谈判协议,它不属于仲裁的管辖范围"⑤。然而,联邦最高法院驳回了这一决议,理由是塔夫脱—哈特利法案第 203 条(b)款中指明,纠纷解决机制给予当事人充分发挥权利的机会。

---

　　①　353 U. S.　448（1957）.　Textile Workers Union of America v.　Lincoln Mills of Alabama.

　　②　363 U. S.　564（1960）.　United Steelworkers of America v.　American Manufacturing Co.

　　③　363 U. S.　574（1960）.　United Steelworkers of America v.　Warrior&Gulf Navigation Co.

　　④　363 U. S.　593（1960）.　United Steelworkers of America v.　Enterprise Wheel &Car Corp.

　　⑤　264 F. 2d 624,628（6th Cir. 1959）.

当事人协议可以将所有申诉提请仲裁，而不是某个法院认为有价值的才能仲裁。法院在这种情况下的职责仅仅是判断这一申诉是表面上是否受合同管辖。就算某个申诉被认为是无理取闹，也需要走仲裁途径，因为处理这些申诉的过程可能给纠纷之外的人带来意外的价值。

第二个案件，也涉及类似的关于协议的仲裁条款的应用。与上一个案件不同的是，此仲裁条款中明确注明仲裁不适用于"那些从严格意义上来说属于经营职能的案件"。雇主决定将原本由工人完成的工作分包出去，于是解雇了几名工人。公司拒绝承认分包行为违反合同，也不愿接受工会提出的仲裁，于是工会向联邦法庭起诉要求强制仲裁。地方法院驳回诉讼，美国第五上诉法院维持原判，理由是两个法院都认为分包行为属于经营职能范围，根据协议这种案件不应仲裁。

在这起案件中，联邦最高法院充分考虑了地方法院在强制执行仲裁程序中的作用，认为地方法院在受理由合同引起的纠纷时可以要求使用仲裁。联邦最高法院援用支持申诉仲裁的国家政策，将劳动仲裁与狭隘地理解仲裁协议的商业仲裁区别开来。联邦最高法院称这样做的原因是商业仲裁代替了诉讼，而劳动仲裁代替了产业冲突。在做出区分之后，联邦最高法院认为劳动协议仲裁其实是劳资谈判过程本身的一部分。劳资谈判应当引导企业自我管理并规范雇佣关系的各个方面。虽然并不能预见所有的问题，但仲裁通过建立一个私法系统来解决这些不可预见的问题，这个系统会同时考虑当事人的各种利益。当事人选择一个值得信赖的仲裁员来了解其需要并研究合同中没有写明的事项。法官们没有相同的经历或信息，因此缺乏这种特别的能力。除了当事人明确规定的排除仲裁的事项，其他一切纠纷都在仲裁条款的管辖范围内，因此法庭不能拒绝仲裁的要求，除非有明确的证据证明仲裁条款不适用于相应纠纷。同时应当仔细理解排除条款，如有疑虑应首先考虑仲裁。

这两个案件解决了一个重要问题，即应当由法院还是仲裁员来决定案件的可仲裁性。联邦最高法院对两案的判决表明法院的任务是决定申诉中涉及的问题是否可仲裁，即这些案件是否在当事人同意仲裁的范围内，如果地方法院认为某个纠纷可仲裁，仲裁员自己也需确认该纠纷是否真的具有可仲裁性。

第三个案件是关于仲裁员裁决的司法复核。几个员工被解雇，一位仲裁员认为企业的解雇违反劳资协议规定，要求企业恢复解雇员工的职位并付清所欠工资。在仲裁裁决做出之前劳资谈判协议就失效了，因此雇主拒绝执行这项裁决。工会成功地提请地方法院强制执行这项裁决。在上诉过程中，美国第四上诉法院认为这项要求无法执行，因为劳资协议已经过期，而且过期之后索要欠付工资也不合适。联邦最高法院驳回了该项判决，认为不论在仲裁裁决作出前还是作出后，法院都应当尊重仲裁。联邦最高法院宣称对仲裁裁决的司法复审会破坏通过仲裁解决劳资纠纷的联邦政策。仲裁员有其独特的才能，尤其是在采取补救措施方面，因此法院应当避免不当的干扰。

在该案件中，联邦最高法院的威廉·道格拉斯大法官意识到，仲裁员不能以自己行业中的公平正义而去越权限。仲裁员的职责应当只限于解释如何应用劳资协议。道格拉斯大法官将这一限制应用在该案中，这其实是对仲裁员裁决有效性的默认。虽然该案中仲裁员的裁决十分模糊，并且该裁决并没有以合同为基础而是以法律为基础，但道格拉斯大法官拒绝推翻它，他有一段很精彩的论述："裁决中的某个观点仅仅有一点歧义就认为仲裁员逾越了他的权限，这不能成为拒绝执行裁决的理由。仲裁员没有义务向法院陈述他们做出裁决的原因。如果要仲裁员保证他们的观点中不能有一点歧义，他们为了自保可能就不会写出任何支持性观点了。原本一个理由充分的观点可以提高仲裁过程的完整性，并且可以帮助仲裁员看清潜在的证据，如果仲裁员不愿提出来，这些观点也就失去了应有的作用。"[1]

联邦最高法院关于"钢铁三部曲"的判决无疑深化了塔夫脱—哈特利法案 301 条款简单的字面意义，否则这项条文只能理解为授予联邦法院执行和解释劳资谈判协议的权力。经过道格拉斯大法官的阐述，该条款变成一项可适用于劳资谈判协议的新的联邦普通法。这项普通法是为了促进申诉仲裁而专门设立的，同时也将劳动仲裁系统与司法干预分隔开来。根据 301 条款的解释，联邦最高法院彻底改变了劳动仲裁所处的法律环境，下级联邦法院几乎无一例外地完全接受了三部曲的基本原则，

---

[1]　363 U. S. 593. United Steelworkers of America v. Enterprise Wheel &Car Corp. （footnote omitted 598）.

劳动仲裁变得更加强大、独立、成熟。

2.3.4　专业领域与公众对劳资纠纷中 ADR 的认识

二战后，随着劳资纠纷中仲裁的广泛应用和相关立法的完善，仲裁领域内的从业者及专家学者对仲裁产生了不同认识。

第一，关于仲裁过程的本质。WLB 前任主席乔治·泰勒认为，仲裁员是"自由评判的"调解人和"论据制造者"。[①] 他的观点来自自身担任制袜业永久主席所积累的经验，以及受到了通用公司和汽车工人联合会[②]之间的劳资协议的影响。经过当事人同意，泰勒十分自如地调解这些纠纷并对当事人进行教育，而不仅仅是对协议作出解释。泰勒的"教育"策略让很多仲裁员感到震惊，这些策略包括通过软化其观点来平息通用公司的矛盾，在发布裁决前将草案提交给当事人听取意见以及帮助遇到困难的当事人陈述案件等。泰勒认为，大多数劳资协议仅仅是合同的"骨架"，很少有申诉能仅仅通过书面协议就得到解决。因此，申诉仲裁作为劳资谈判关系的扩展，有必要将其看作"制定协议"的过程，而不仅仅是"协议管理过程"。泰勒认为，每个仲裁员都应该帮助当事人让这个骨架更加具体化，而非根据书面合同和其他相关证据来"法定地"裁定纠纷，有一份调解协议当然是最好的，但如果仲裁员任务是必须做出裁决，那么他应当保证这份裁决能为所有当事人接受。泰勒充满自信地认为，当劳资谈判成熟时，合作关系就可以取代公平交易，永久的公正主席将取代临时仲裁员。

布雷登对泰勒的观点十分不赞同。虽然他承认泰勒的"骨架"理论在早些年有一定的正确性，但布雷登强调，如今协议已经朝着更加详细的合同发展，当事人可以通过在合同中加入对仲裁员权力的严格限定来选择合适的司法模式。这就说明仲裁员应当去解释合同条款，而不是制定或修改。在布雷登看来，仲裁员应充任法官的角色，而不是当"一种劳动关系医生"。布雷登认为，法律标准和原则应当用于权利纠纷，这样才能划清仲裁与劳资谈判之间的界限。泰勒认为对仲裁的法律干预具有冒

---

① NOLAN D R，ABRAMS R I．American labor arbitration：the maturing years[J]．University of Florida law review，1983，35(4)：611．

② 汽车工人联合会：United Auto Workers Union。

犯性,他支持"良好的仲裁实践和过程"。关于司法模式,布雷登支持临时仲裁,反对永久主席制。虽然布雷登承认泰勒的"公正法在一些案件中确实有效",但是他坚持认为"称它为仲裁属于用词不当"。

最终布雷登的观点胜出。尽管如此,泰勒学派的一些仲裁员还是继续在仲裁中使用调解,但大多数仲裁员采用了准司法模式,通过运用既定规则和评判证据来解决劳资纠纷。劳资协议的当事人也做了同样的选择,他们在合同中加入对仲裁员权力的限制,选择临时仲裁人而不是永久主席。

第二,关于外部法律体系与劳动仲裁之间的关系,尤其是在依靠法院执行仲裁协议和审查仲裁裁决方面。在反对法律体系干预劳动仲裁过程方面,呼声最高的是由耶鲁法学院院长哈利·舒尔曼于 1955 年发出的声明。声明中舒尔曼对劳资谈判中劳资双方的"法律自治"以及仲裁员的角色进行了描述,主张法律不应干涉仲裁。实际上,舒尔曼怀疑法官是否有能力理解工业自治的复杂工作方式,并认为不当的司法干涉可能伤害法律体系,而非有所帮助。哈佛大学教授阿奇博尔德·考克斯对司法活动没有如此悲观。和舒尔曼一样,他也了解工业自治体系中仲裁的角色,并认识到不合理的司法干涉可能造成伤害。然而和舒尔曼不同的是,考克斯相信,"通过用法律的力量对仲裁条款和最终裁决进行保障",法律体系能够促进仲裁的进行。此外,考克斯认为,律师应该帮助法院理解劳动关系原则,从而让他们支持而非阻碍仲裁的进行。实际中联邦最高法院的做法结束了此次争论,钢铁三部曲判例限制司法干涉仲裁决议内容,促使联邦法官全面支持仲裁过程。在三部曲判例中,联邦最高法院引用舒尔曼关于劳资谈判过程自治性的观点,也利用了舒尔曼的权威。同时,联邦最高法院引用了考克斯的作品,以此要求更多的支持。

在这些专家学者相互讨论的影响下,劳动仲裁的实际应用发生了显著变化,包括对传统模式的调整,例如有更多单独的、临时的仲裁员而非永久的第三方委员会,还有更加正式的听证程序,等等。

泰勒的调解模型遭到的反对在泰勒著作出版时就已接近消失。而准司法模型则受到 WLB 的认同,在二战后杜鲁门总统的劳资会议上获得广泛支持。泰勒的模型有一个无法避免的难题,就是为了工作顺利进行必须要有一个人同时担当调解者和仲裁者的角色,但很少有人可以同时掌握这两种技能,而大多数人可以胜任准司法仲裁员的工作。随着当事人的合同变得越来越详细,他们想要找的是一个能诠释协议的"法官",而非能提供不相关观点的博学的顾问。准司法模型的发展催生了对临时仲裁员的需求,同时也增强了现代劳动仲裁的正式性。准司法模型的精髓在于根据合同以及听证会上陈述的证据作出裁决。因此,听证会必须有序地进行,相关证据必须收集完整并有力地陈列,证词必须经过严格审查。在很多案件中,文字记录和摘要存档对当事人来说很重要,大多数律师都具有此种技能,而非专业的仲裁员却未必。律师作用的充分发挥,督促仲裁员以格外认真的态度来进行听证会。同时外部的压力,例如公平代表原则的发展,也促使这一过程更加正式化。

劳动仲裁正式性的增强与对仲裁理论讨论的加深,还影响了从业者对仲裁的认识,推动了仲裁员的职业化和专业化,三者互相影响共同发展。

二战开始时,有经验的劳动仲裁员相对较少,专业全职的仲裁员更是凤毛麟角。二战期间,很多仲裁员都获得了宝贵的经验,并将他们的专业技能运用于仲裁中。基于共同利益,一种仲裁员的职业文化逐渐开始发展:一群人聚集在一起,根据任务的不同需要进行专业技术的分工合作。不到二十年,劳动仲裁员就建立起专业的协会和职业规范,包括为新手提供培训与学习项目,采纳与其利益相关的法律观点,以及采取了其他提高专业性的措施。1947 年国家仲裁员研究院(NAA)[①]成立,以建立仲裁的道德标准,并通过共享技术信息来推动专业发展。NAA 早期最重要的项目之一是"为劳资关系起草道德规范和程序标准",该道德规范最终由 NAA 与来自 AAA 和 FMCS 的代表联合完成,于 1951 年发表,1974 年修订。NAA 的所有活动都彰显出它是一个专业化的组织。[②]

随着 ADR 在劳资纠纷中的发展,公众对 ADR 的关注度也在提高。1918 年一个公民给劳工部长的信里提到调解员的资格:"你有一个庞大而活跃的调解员兵团,他们在全国各地调解劳动纠纷。从个人的经验来看,我知道他们中的一些人有着工会

---

① 国家仲裁员研究院:National Academy of Arbitrators,简称 NAA。

② NOLAN D R, ABRAMS R I. American labor arbitration: the maturing years[J]. University of Florida law review, 1983,35(4): 624 - 626.

的标签并表现明显。这直接说明他们不是无党派人士，没有能力作为公正的调解员而行动。"①调解员需要在表面和实质上保持公正和中立，USCS 的大多数调解员之前是工会的行政人员，信里对 USCS 的质疑体现出公众对调解的关注与思考。这封信还提出了一个专业术语的问题，即用"adjust labor dispute"而不是"mediate"来描述调解员的工作。这表明专业领域之外的社会公众对 ADR 的理解也在加深。

2.4　本章小结

20 世纪早期，联邦法院依然奉契约自由与放任主义为圭臬。经济的高速发展与商会影响力的扩大，推动着商业纠纷中 ADR 的立法，《美国联邦仲裁法》的颁布和美国仲裁协会的成立，显示着现代商事仲裁制度的建立。在商业纠纷领域，传统 ADR 完成了向新型 ADR 的过渡。

与商业纠纷中 ADR 自由发展的态势不同，劳资纠纷中 ADR 更多地受到劳工运动、政府措施、联邦法院态度的影响。美国经济虽然在高速发展，但工人的待遇不仅未获提高反而进一步下滑，这引发了大规模的劳工运动。当工人力量较为弱小，劳工运动影响不大时，雇主依靠法院的力量即可压制；当劳工运动激烈，工人力量较大时，雇主和法院不能单凭压制解决问题。随着纠纷影响的扩大，对国家和社会危害性增加，尤其是在两次世界大战期间，面对战争压力，政府必须出面采取 ADR 手段来消除劳工运动的影响。

联邦法院奉行契约自由与自由放任主义，反对政府对社会经济生活的干预。面对劳工运动与政府的介入，法院僵硬的态度既不能缓解经济状况造成的压迫，也不能适应政府职能正在转变的现实。1937 年，几位认为需要国家干预经济事务的法官进入联邦最高法院并占据多数，法官们的司法方式也逐渐从 20 世纪初的从固有观念和先例中推演严格的结论，向从事实中归纳推理转变。联邦最高法院的转变推动了其

---

① BARRETT J T, BARRETT J P. A history of alternative dispute resolution: the story of a political, cultural, and social movement[M]. San Francisco: Jossey-Bass, 2004: 104.

对 ADR 的态度变化。

　　两次世界大战期间，ADR 在劳资纠纷中的应用逐渐成为惯例，并获得劳资双方及社会的认可。联邦法院也逐渐改变了以往的态度，ADR 在劳资纠纷领域获得了从普通法到制定法的支持。《塔夫脱—哈特利法》赋予私营部门工人集体谈判权，联邦最高法院"钢铁三部曲"判例彻底改变了 ADR 所处的法律环境。战时劳资关系委员会和美国调解服务作为劳资纠纷中 ADR 的支持机构发挥了巨大作用。新型 ADR 在劳资纠纷领域初步建立起来。

第 3 章　美国新型 ADR 的发展（20 世纪 60 年代至 70 年代中期）

从 20 世纪 60 年代到 70 年代中期，ADR 在美国进入多样化的扩大发展阶段。50 年代和平繁荣表象下长期酝酿的阶级、种族和代际之间的紧张不安，在 60 年代逐渐显露，美国很快陷入暗杀、城市骚乱、公民权利和越战抗议的泥沼中。这些新的矛盾与纠纷超出了传统纠纷解决者的能力，给 ADR 提供了发展机会。随着国内外环境的变化，对资源有限性的认识使各方更愿意寻求共识而减少相互敌对带来的损失，政府和纠纷者群体都意识到 ADR 程序提供了比暴力示威或者漫长诉讼更有效的解纷方法。ADR 从业者在商业纠纷与劳资纠纷中获得的丰富经验，被应用到劳资纠纷中的公共部门，种族、民族、性别、宗教、国籍等引发的民权纠纷，以及环境纠纷、囚犯申诉等多个领域。

3.1　民权运动与权利爆炸的影响分析

从 20 世纪 60 年代到 70 年代，美国历经肯尼迪、约翰逊、尼克松和福特四位总统，整个社会经历了以民权运动为代表争取民主与自由的群众运动以及随之而来的爆炸式权利增长。

3.1.1　以民权运动为代表的民主与自由斗争

20 世纪 50 年代末，艾森豪威尔政府选择走中间道路，抑制新政式国家垄断资本主义的发展，美国经济增长放缓，科技发展受到苏联挑战，黄金大量外流，贫困问题日益严重，黑人运动日渐高涨，各种社会问题纷纷暴露。

　　美国黑人在二战后掀起反对种族隔离与歧视、争取民主权利的群众运动，被称为民权运动。民权运动在 20 世纪 50 年代中期以后成为影响美国社会相对稳定局面的巨大力量。起初，进行民权运动的主要场所在法院。联邦最高法院在 1954 年通过布朗诉托皮卡案认为隔离就意味着不平等，由此推翻了 1869 年确立的"隔离但平等"原则。虽然在法院斗争中美国黑人赢得了联邦最高法院的支持，但国会并未采取进一步的立法措施以支持法院判决，且民权运动遭到种族主义分子和反动分子的猛烈抨击，甚至连联邦最高法院都成为攻击的对象。法院斗争的局限性，使广大黑人渐渐将斗争的重点从法院转移到非暴力的直接行动上。20 世纪 60 年代初，非暴力群众直接行动被推向高潮。然而由于民权运动在法院斗争、民权立法和非暴力群众运动中不断受挫，广大黑人尤其是青年黑人渐渐开始抛弃合法、渐进和改良式的斗争方式，黑人民族主义兴起，无数黑人的战斗精神被激发了。20 世纪 60 年代中期以后，黑人斗争从非暴力群众直接行动转向大规模的城市抗暴斗争。

　　黑人斗争作为先导拉开了 20 世纪 60 年代美国群众争取自由与民主运动的序幕。从自由主义到激进主义，形形色色的思想涌现在运动当中并进一步推动运动的全面爆发。1966 年，芝加哥、克利夫兰、旧金山爆发大规模的黑人造反运动，还有 20 多个城市发生了程度不同的种族骚乱。1967 年，黑人城市造反运动走向高潮，席卷了 128 个大城市，其中声势最大的是纽瓦克和底特律。在底特律，暴动造成 38 人丧生及 5 亿美元的财产损失。[①] 与此同时，由于越战升级，反战运动也被推向高潮，示威、抗议、抵制征兵等活动遍及全国。对社会不满的新左派青年也加入黑人斗争和反战运动中并成为主力军。妇女运动也高涨起来。从美国黑人掀起的城市造反运动到学生造反和新左派运动再到妇女运动和反正统文化运动，以及一直以来的工人运动，各种矛盾交织在一起，美国社会陷入空前的震荡。

　　这次严重的社会波动，究其原因离不开美国社会矛盾的长期积累。首先，在 20 世纪 50 年代表面的政治稳定经济繁荣之下，贫富差距在拉大，科技的飞速发展将一

---

　　① 刘绪贻，杨生茂. 美国通史：第 6 卷 战后美国史 1945—2000 [M]. 北京：人民出版社，2002：315.

些人永远地踢出就业者队伍,这种产业结构调整带来的失业,即便通过扩大社会福利也无法解决。其次,种族歧视始终没有消除,在美国的穷人中黑人占据了最大比例,黑人在教育、就业及生活诸多方面都得不到公正的对待。最后,战后成长的一代经历了社会稳定、经济发展的童年,成人后则面对着一个充满阶级偏见和种族歧视的社会,这与他们从小受到的“平等”“正义”的道德教育大相径庭,使其对社会产生严重不满。①

3.1.2　民权法案与权利爆炸的影响

面对汹涌澎湃的社会运动,肯尼迪及继任的约翰逊两届民主党政府在经济政策上选择继续推行新政式国家垄断资本主义,继承罗斯福总统的“新政”和杜鲁门总统的“公平施政”传统,确立“新边疆”和“伟大社会”施政纲领,推行社会经济改革。

“新边疆”口号由肯尼迪总统提出,继承了“新政”与“公平施政”的许多改革方案,但在肯尼迪总统任期未能取得重大进展。继任的约翰逊总统提出“伟大社会”计划,其实质可以总结为:“在继续采用肯尼迪的后凯恩斯主义新经济学长期赤字财政政策刺激经济增长以解决美国生活的‘量’的问题的同时,又采取新制度学派和福利经济学的一系列社会改革和福利政策,来解决美国生活的‘质’的问题;在刺激私人投资扩大‘物’的生产的同时,又利用公共开支来发展‘人’的生产,即劳动力再生产;在通过减税政策刺激经济使企业界大获其利的同时,又通过大规模社会改革使穷人和少数民族、特别是黑人的状况有所改善。”②在“伟大社会”施政纲领指导下,约翰逊主要采取了四个方面的措施:第一,扩展反贫困计划,试图解决社会贫困现象不断加重的问题,提出新的儿童和青年教育计划,并推出职业训练和再训练计划,将青年、成人、失业者、在职工人都囊括进来;第二,促进民权立法,以缓解日益尖锐的种族矛盾,分别于 1964、1965、1968 年颁布了三个民权法案;第三,扩大联邦对教育卫生领域的干预,

---

① 刘绪贻,杨生茂.美国通史:第 6 卷 战后美国史 1945—2000 [M].北京:人民出版社,2002:307 - 312.

② 刘绪贻,杨生茂.美国通史:第 6 卷 战后美国史 1945—2000 [M].北京:人民出版社,2002:249.

进一步推动社会福利事业的发展,提出"向贫困宣战"的口号;第四,加强环境保护和城市更新方面的立法,提出对城市建设和环境污染进行治理。①

自重建时期开始,民权通常被认为是美国法律最重要的部分,旨在消除基于种族、肤色、性别、宗教和国籍的歧视。民权的宪法基础是第 14 条宪法修正案,公民享有平等的被保护权。"美国重建的结束,同时也是在施行第 14 条修正案方面国会的努力的告终。1894 年,国会撤销了在此之前尚未被最高法院推翻的最重要的许多民权立法。此后大半个世纪,联邦立法机关在民权法领域无所作为。"②这种"无所作为"在此时发生改变,这一时期争取民主与自由的运动以平等权利、消除歧视和差别对待为目标,"民权法案"(Civil Right Act)是政府和群众共同关注的焦点。作为回应,"自 1957 年始,《联邦法律汇编》上增加了 5 个民权法案(1957、1960、1964、1965和 1968 年),其中 3 个民权法案,即 1964、1965、1968 年民权法案如同美国重建时期的立法一样意义深远"③。

1956 年,出于争取黑人选票的目的,当时的共和党政府曾向国会提交民权法案,但未获通过。1957 年民权法案虽然获得通过,但其内容已被大大削弱,基本上没有发挥有效作用。但"1957 年的民权法案是 82 年来国会通过的第一个民权法案。它虽然没有对取消学校的种族隔离采取有力措施,但它是黑人自重建以来得到的第一个民权法案,为以后的民权立法开辟了道路"④。

1960 年,国会又通过了新的民权法,在不同种族和肤色的公民选举权方面做了新规定,即法官被授权可以通过任命选举仲裁人来协助黑人登记与投票,但对其他方面尤其是当时全国瞩目的种族隔离问题未作出规定。

1963 年的"伯明翰事件"⑤坚定了联邦政府以新的民权立法缓和种族矛盾的决

---

① 刘绪贻,杨生茂.美国通史:第 6 卷 战后美国史 1945—2000 [M].北京:人民出版社,2002:244-248.

② 施瓦茨.美国法律史[M].王军,洪德,杨静辉,译.2 版.北京:法律出版社,2011:204.

③ 施瓦茨.美国法律史[M].王军,洪德,杨静辉,译.2 版.北京:法律出版社,2011:204.

④ 张立平.林登·约翰逊与民权法案[J].美国研究,1996(2):114.

⑤ 1963 年 3 月,青年黑人马丁·路德·金等人在南部种族隔离极严重的伯明翰组织示威游行,要求取消全城隔离制,示威群众遭到残酷镇压。

心,肯尼迪总统向国会提交了有史以来最全面的民权立法计划。同一年,肯尼迪总统被刺杀,继任的约翰逊总统以对已故总统的纪念为契机,使一直在国会悬而未决的肯尼迪民权法计划获得通过。1964 年民权法号称是"解放黑奴以来最全面的民权法",对三种基本权利提出了保护,即"平等进入公共设施的权利,以非歧视方式使用联邦资金的权利,不论种族性别平等就业的权利"①。该法案还设立平等就业机会委员会和社区关系服务帮助解决种族纠纷。

由于 1964 年民权法案在保障黑人选举权方面缺乏有力的措施,黑人群众在马丁·路德·金的带领下,又展开了争取选举权的塞尔玛运动②。由于害怕黑人争取选举权运动失败会催生更富有战斗性的黑人民权运动领袖和更激进的行为,约翰逊总统决定迅速采取行动。1965 年 5 月,参议院挫败南部参议员的阻挠,由国会通过了 1965 年民权法案。该法案规定,由司法部负责未登记黑人选民的登记工作,以提高黑人选举权在实际执行中的效果。

民权运动并未因 1965 年民权法案的通过而结束,而是从非暴力和平抗议滑向要求"黑人权利"的暴力革命。芝加哥、克利夫兰、旧金山爆发大规模的黑人造反,另外还有 20 多个城市发生了不同程度的种族骚乱。约翰逊意识到民权运动发生了分裂,战斗性极强的"黑人权利"吸引了大批年轻黑人,政府必须帮助温和派恢复对民权运动的控制,否则骚乱将不可控制。总统必须继续推动民权立法,于是 1968 年国会再次通过一项民权法案,对开放住宅做了规定。

由前述民权运动的发展可见,民权运动以争取民主权利为核心,正是在民权运动的影响下,这一阶段以黑人为代表的美国普通公民的民主权利得到极大扩张。以黑人争取人权为代表,但不仅仅是黑人,在 20 世纪后半期整个权利领域存在着一种法律史上独一无二的自发衍生的现象。

传统观点认为,"法律秩序的任务是,调和在任何社会中迫切要求认可的权益,并且决定其中哪些应被确认为通过法律加以推行的权利。在 20 世纪之前,人们都是以

---

① 施瓦茨.美国法律史[M].王军,洪德,杨静辉,译.2 版.北京:法律出版社,2011:205.
② 即"由塞尔玛向蒙哥马利进军"行动。

消极的态度对待这一任务,并同查士丁尼的《法学阶梯》卷首的著名定义相符合:'正义是一种确定和永恒的目标,它使每一个人都得到他自己的东西。''政府的伟大目标是',约翰逊博士在美利坚合众国建国之际也说道,'给与每人属于自己所有的东西。'宪法的制定者也像约翰逊博士一样,把'自己所有'的概念,主要理解为私人财产。政府的基本职能被认为是保卫肯特所谓的那种'我的和你的'外在化的制度。"①到了20世纪,民众开始要求更加积极的政府作用,政府必须保护的"所有"的概念超出个人对物质财产拥有的所有权,扩展到保证每个人都有基本的人类生存权。"如果不能满足人们的所有需要,就应尽可能至少满足一个正常人的最低限度的需要。"②民权运动中的自由与平等包含着每个人在社会中能够过一种合适的人类生活的追求。

　　基于上述转变,"这样一个政府权力的实施必须实现从上述目标中找到最终理由的社会,必然是以不断的权利扩展为标志的。20世纪下半叶,新的利益几乎前所未有地逼迫着法律,要求以法律权利的形式得到确认。相应地,法律也越来越多地确认其存在,将空前大量的权利提高到受法律保护的地位"③。

　　在民权运动的推动下,美国社会和法律发生了近似于"权利爆炸"一样的改变,从妇女平等保护权利到包括失业救济、公共住宅、公共就业与政府合同在内的福利社会当事人权利,从个人隐私权到环境资源利益权等都成为受到法律保护的权利。一种社会利益如果缺乏社会中的普遍认同,那围绕此种利益产生的纠纷,不管使用何种纠纷解决方式都几乎不可能得到倾向于保护此种利益的结果。当此种利益以确定为权利的方式或通过其他形式成为社会普遍认可的价值时,才能获得在纠纷解决中追求对自身保护的空间。由民权运动引起的美国权利爆炸,成为诉权扩大的基础,而社会冲突的激增,各种矛盾的纷繁复杂,纠纷数量的增加以及纠纷覆盖范围的扩大,都超出了传统纠纷解决者的能力。这两种情况共同构成了这一阶段美国ADR发展的社会基础,在这样的土壤里ADR迅速成长起来。

---

①　施瓦茨.美国法律史[M].王军,洪德,杨静辉,译.2版.北京:法律出版社,2011:208-209.
②　施瓦茨.美国法律史[M].王军,洪德,杨静辉,译.2版.北京:法律出版社,2011:209.
③　施瓦茨.美国法律史[M].王军,洪德,杨静辉,译.2版.北京:法律出版社,2011:209.

3.2　ADR 在新兴领域中的拓展

ADR 从商业纠纷和劳资纠纷领域扩展到更广泛的新领域。新兴的纠纷解决领域中较为典型的有反歧视纠纷、环境纠纷以及囚犯申诉，这也是笔者研究的重点。

3.2.1　反歧视纠纷中的 ADR

在一系列民权法案颁布之后，联邦政府又先后出台了《反雇佣年龄歧视法》(1967年)、《康复法》(1973 年)、《老年工人福利保护法》(1974 年)、《反怀孕歧视法》(1978年)等，这些法案配合之前颁布的一些相关法律，例如《平等工资法》(1963 年)，还有11246 号行政命令(1965 年)、11375 号行政命令(1967 年)、11478 号行政命令(1969年)，构成了美国反歧视法律体系，将反歧视从种族、肤色、宗教、性别、原国籍扩大到年龄、身体状况和怀孕期，而这些领域都成为 ADR 获得发展机会的场所。

针对汹涌澎湃的群众运动，联邦政府和各社会团体都纷纷采取行动来平息纠纷，保持社会稳定，一些影响深远的机构在这一时期被创立，包括平等机会委员会、社区关系服务、国家争端解决中心以及调解和冲突解决中心等。这些机构使用 ADR 来缓和社会矛盾并解决纠纷，将民权法案和其他反歧视法案中的规定变为现实，同时对ADR 自身的发展也起到了巨大的推动作用。

3.2.1.1　平等就业机会委员会

1964 年民权法案[①]创建了美国平等就业机会委员会(EEOC)[②]，该机构在次年建立，专门负责执行对就业歧视进行规制的联邦立法，负责调查在招募、雇佣、晋升、解雇、薪金福利等各就业环节，基于宗教、种族、性别、肤色、国籍、年龄或残疾的歧视而提出的指控。EEOC 是独立的联邦机构，由联邦财政支持，包括 5 位委员。委员由总统提名，经参议院同意任命，任期五年。自 EEOC 创立以来，其执行的法律从 1964

---

① 　Pub. L. 88 - 352，Civil Rights Act of 1964.

② 　**平等就业机会委员会**：Equal Employment Opportunity Commission，简称 EEOC。

年民权法案逐渐扩展到《平等工资法》①，《反雇佣年龄歧视法》②，《康复法》第 501，505 条③，《反怀孕歧视法》④，《美国残障人法》⑤，《民权法》第 102、103 条⑥，《反基因信息歧视法》⑦，等等。⑧ 如今，EEOC 在全美设有 53 个驻外办公室，其中 15 个是地区办公室，它们将美国全境划分为 15 个辖区，其他各类型办公室分布在各个辖区之中。⑨

　　大部分的就业歧视案件应先提交给 EEOC。雇员提出指控后，由 EEOC 对指控进行编号，然后将通知被指控的雇主。在 EEOC 对案件的处理程序中，有两次使用调解解决纠纷的机会。第一次是在 EEOC 接到指控后，如果指控明显不可能成立，或 EEOC 没有调查的权限，则该指控将被 EEOC 驳回。如果没有出现以上两种情况，EEOC 会约请提起指控的雇员和被指控的雇主参与调解，调解是非强制性的，是否同意调解完全取决于当事人自己的意愿。如果双方同意调解，则案件进入调解程序，由 EEOC 安排一位接受过培训的富有经验的调解员进行调解。如果当事双方没能就同意调解达成一致，或者调解没能解决纠纷，则由雇主对指控进行书面答复，然后案件转入调查程序，由一位调查员继续负责。调查员可以采用多种形式进行调查。调查结束后，如果没有发现有违法行为，则 EEOC 会向控诉方发出诉讼权利通知书，意即控诉方就此获得向法院提起诉讼的权利，如果想继续控诉，需在 90 日内起诉，否则丧失诉讼的权利。如果发现确有违法行为，EEOC 将进行第二次调解，以促成双方达成协议，如果仍不能解决纠纷，案件由 EEOC 的法律工作人员决定是否起诉，如决定不起诉，则向控诉方发放诉讼权利通知书。当事人在 EEOC 的调解中达成的协议具有强制执行力，如果一方认为另一方有违背协议的行为则可以联系 ADR 协调员

①　Pub. L. 88 - 38, the Equal Pay Act of 1963(EPA).
②　Pub. L. 90 - 202, the Age Discrimination in Employment Act of 1967(ADEA).
③　Pub. L. 93 - 112, the Rehabilitation Act of 1973 (Rehab. Act).
④　The Pregnancy Discrimination Act of 1978, amend Title VII of the Civil Rights Act of 1964.
⑤　Pub. L. 101 - 336, the Americans with Disabilities Act of 1990 (ADA).
⑥　42 U. S. C. 1981.
⑦　The Genetic Information Nondiscrimination Act of 2008.
⑧　Laws Enforced by EEOC, https://www. eeoc. gov/statutes/laws-enforced-eeoc, 2023-3-17.
⑨　吴俊，杨瑶瑶. 美国 EEOC 的争端处理：以调解为中心[J]. 海峡法学，2012,14(1)：106 - 107.

请求帮助。①

　　作为行政部门,EEOC 将调解机制作为解决就业歧视案件的主要手段融入就业歧视控诉处理流程中。一旦当事人能在调解中达成协议,劳动者的指控即告终结,诉讼成为调解失败后的最后选择。EEOC 在调查程序之前和之后各有一次通过调解解决纠纷的机会,调查程序之前的调解可以节约资源,避免调查程序过长而使案情进一步恶化的可能,调查程序之后的调解则可以尽快解决纠纷并有助于保持当事双方的合作关系,而且法院可以驳回没有经过充分调解而起诉的案件。调解作为 EEOC 首先考虑的救济方式,对于 ADR 的发展意义深远,这一时期一系列的州法律被制定出来与联邦法律并行,其中就包括使用调解来解决反歧视纠纷的规定。

3.2.1.2　社区关系服务

　　社区关系服务(CRS)②根据 1964 年民权法案创立。CRS 是一个调解社区纠纷及民权纠纷的联邦项目。CRS 的调解员积极参与涉及种族、民族、阶级的社区纠纷,除了调解,他们还和社区的领导者一起研究和创制防止暴力冲突并解决纠纷的策略和程序。在很多情况下,纠纷当事人还没有准备好通过谈判和调解来解决纠纷,一方当事人开始就对方的错误提出证据并示威,同时另一方也把意见不同者当作攻击的对象来表达对不公平的愤怒。CRS 调解员的角色就是让当事双方从这种徒劳的对立中走出来,去进行一个有效的 ADR 程序。CRS 早期曾接受 FMCS 在调解和预防性调解方面的培训,两个组织之间的讨论与沟通帮助双方信息共享并展开其他方面的合作。

　　CRS 参与了很多重大的纠纷解决,这些纠纷类型多样,包括对住房和就业歧视的抗议,还有少数族裔社区缺乏公共服务,警察侵犯和残忍对待少数族裔,少数族裔的学校和服务资金不足等情况。其中最具典型性的是纽约康奈尔大学案。

　　由于不断的骚乱和群众运动,在这一时期很多黑人学生随身携带枪支和子弹,

---

① 　What You Can Expect After a Charge is Filed,https://www.eeoc.gov/employers/what-you-can-expect-after-charge-filed,2023-3-14.

② 　**社区关系服务**:Community Relation Service,简称 CRS。

1969 年在康奈尔大学，学生控制了行政办公楼并且将校长囚禁在他自己的办公室里。CRS 派出了一组调解员参与纠纷解决，调解小组由两人组成，一个黑人一个白人。在尽可能地了解武装学生以及他们的问题之后，调解小组说服学生派出一个代表小组离开行政办公楼来和调解小组交谈，与此同时，大部分黑人学生仍然控制着行政办公楼。当时的黑人青年学生深受"黑色力量"激进组织的影响，经常以强硬的态度和手段对待政府和反对者。在调解小组和学生代表交涉的过程中，学生代表言辞激烈并不停挥舞武器，调解员试图说服学生代表，"黑色力量"只有在能改变什么的时候才是有用的。调解员们还建议学生们提出解决的方案，而他们可以把方案带给政府来尝试实现学生们的目标。为了缓解学生们认为和政府谈判是"出卖"行为的顾虑，调解员努力说服学生们相信，现在达成协议的时机已经成熟，很快政府将使用权力调用国民警卫队来驱逐学生，并取消他们的学位。当学生们勉强同意在调解员的帮助下起草一些要求之后，调解员马上就去见了一个政府代表小组。政府代表在听取学生们的要求之前，先表达了他们对学生行为的愤怒。调解小组说服政府代表，让他们相信如果把国民警卫队调过来就是一场灾难，威胁驱逐并取消学位只能让学生更激动。接着，调解小组劝说政府代表来考虑一些合理的选择。最终政府代表同意答应学生们的两个要求，并且在恢复秩序和解除武器之后考虑其余的条件。在往返于双方之间几个回合之后，一个解决方案在调解小组的努力下达成了。①

3.2.1.3 国家争端解决中心

　　伊利诺伊州州长奥托·肯纳针对 1967 年在 128 个城市爆发的程度不同的骚乱，在 1968 年发布了著名的"肯纳报告"。报告称，城市骚乱起因于种族偏见和不公，这将国家推向了两个分裂且不平等的社会，报告建议立即在教育、就业、住房、福利改革等方面采取补救行动。在"肯纳报告"之后，福特基金会很快开始资助解决种族骚乱的 ADR 项目。

---

① BARRETT J T, BARRETT J P. A history of alternative dispute resolution: the story of a political, cultural, and social movement[M]. San Francisco: Jossey-Bass, 2004: 150 - 151.

在这样的背景下,国家争端解决中心(NCDS)①在 1968 年由 AAA 接受福特基金会的援助在华盛顿设立。NCDS 的主要目的是尝试将劳资纠纷 ADR 运用到新的纠纷解决领域。为了最大限度地实验各种 ADR 方式而不损害 AAA 的声誉,NCDS 在建立之初运营很独立。NCDS 的主管威洛比·艾伯纳是非洲裔美国人,担任过 FMCS 调解员,另外两个主要人员分别来自 AAA 和 FMCS。他们带着对劳资纠纷解决模型的强烈信心开始工作。尽管将劳资纠纷 ADR 模型应用于新型纠纷的设想已经出现很久,但现实中的成功范例很少,NCDS 希望通过各种实验性的尝试来证明设想的实用性。在 NCDS 的试验中,许多 ADR 形式获得了很大的发展。

针对各种类型的反歧视纠纷,NCDS 创建了早期的多门法院程序和社区调解中心。在费城,两个 NCDS 成员创造了一个将法院案件转到调解的程序,这一程序被称为费城 4A 程序。在这一程序里,NCDS 的调解员向地方的调解员新手提供培训,新手培训完成后紧接着是在职培训,即新手调解员跟着 NCDS 的调解员调解一件从市法院转来的社区纠纷。纽约的罗切斯特曾发生一系列的暴力骚乱,NCDS 帮助该地区建立了美国第一个社区调解中心。该中心由地方资助,并由地方积极分子领导,NCDS 对其提供指导和培训,帮助其向社区提供 ADR 服务。

NCDS 不仅关注 ADR 如何使用,还关注纠纷当事人如何获得使用 ADR 的机会以及如何有效参与 ADR 程序。针对这些问题,NCDS 在联邦城市学院开办了一个包括谈判和调解的课程,主要针对黑人群体。艾伯纳作为一个黑人调解员,非常关注调解员如何最大程度地被各方接受的问题,例如大部分有经验的调解员都是白人,白人调解员是否会遭到黑人当事者的拒绝? 鉴于 NCDS 自身成员较少,NCDS 一直在研究如何更好地选择和发展更多的调解员,是选择训练劳资纠纷中经验丰富的调解员来处理新兴领域的纠纷呢,还是让新兴纠纷领域中的专家学习纠纷解决技巧呢? 为了寻找有效的答案,NCDS 进行了多种实验。随着 ADR 应用领域的扩大,NCDS 的工作范围也随之扩大,很多新型纠纷如环境纠纷、消费者纠纷等成为 NCDS 积极参与的领域。可以说,NCDS 和 ADR 互相推动了彼此的发展。

---

① **国家争端解决中心**：National Center for Dispute Settlement,简称 NCDS。

1975 年 NCDS 更名为社区纠纷服务①，正式成为 AAA 的一部分。自此 AAA 正式以自己的名义进入新的纠纷解决领域。AAA 将自己的 ADR 专家名录扩大到新的纠纷领域，这意味着 AAA 可以提供拥有专门技术的专业人员来帮助解决任何纠纷。20 世纪 70 年代早期，仲裁的主要应用领域还局限在商业贸易和劳动合同，而 20 世纪最后的 25 年仲裁领域不断扩大，仲裁不仅出现于传统的商事和劳动纠纷领域，而且几乎出现在当事人可能产生纠纷的任何领域。②

除了 NCDS，福特基金会资助的著名项目还有调解和冲突解决中心（CMCR）③。CMCR 角色与 NCDS 类似，该机构在成立的最初几年，工作集中在为谈判和调解培训社区领导者，同时还安排专门的评估专家和培训人员开发培训资料，培训资料制作完成之后，CMCR 公开与其他机构共享。CMCR 解决的纠纷类型多样，包括种族、住房等各种反歧视纠纷，其在存在期间赢得了巨大声誉。

3.2.2　环境纠纷中的 ADR

3.2.2.1　环境资源利益权的发展

早在南北战争结束时，在美国就有人开始为保护自然资源而活动，但这些行为主要局限在民间且大多是自发的零星活动。20 世纪初，西奥多·罗斯福就任美国总统，他非常关注自然资源保护事业，在其递交给国会的第一篇国情咨文中，用了将近四分之一的篇幅阐述他的自然资源保护政策和主张。④ 在他的倡议下，1908 年 5 月美国在华盛顿召开了第一次全国性的自然资源保护大会。老罗斯福的实践为美国的环境保护史开创了诸多先例。

虽然有老罗斯福总统的措施和立法，但 20 世纪飞速发展的美国工业对自然环境

---

① 社区纠纷服务：Community Disputes Services。

② FREY M A. Alternative methods of dispute resolution[M]. New York：Thomson Delmar Learning，2002：228.

③ 调解和冲突解决中心：Center for Mediation and Conflict Resolution，简称 CMCR，成立于 1968 年。

④ 刘绪贻，杨生茂. 美国通史：第 4 卷 崛起和扩张的年代 1898—1929 [M]. 北京：人民出版社，2002：329.

的破坏还是达到令人担忧的程度。20 世纪中叶世界各地公害事件不断发生,美国是重灾区。"公众为了安全和健康的生活,掀起了反污染环境运动。随着美国民权运动的蓬勃发展,环保运动不仅仅局限于请愿、游行、示威等'街头'活动"①,争取在法律上扩大民众参与环境诉讼的权利成为环保主义者奋斗的目标。

在环保主义者的努力下,1970 年《清洁空气法》特别加入公民诉讼条款,规定任何人都可以自己的名义对包括美国政府、行政机关、公司、企业、各类社会组织以及个人按照该法的规定提起诉讼。在此之后,《清洁水法》(1972 年)、《噪声控制法》(1972 年)、《海洋倾废法》(1972 年)、《濒危物种法》(1973 年)、《安全饮用水法》(1976 年)、《资源保护与恢复法》(1976 年)、《有毒物质控制法》(1977 年)等各项环境保护法律都将公民诉讼条款纳入,进而与《联邦地区民事诉讼规则》共同构成了一套完整的环境公益诉讼制度。

美国环境公益诉讼的原告是任何其利益被严重影响或有可能被严重影响的公民,被告是任何违反法定污染防治义务的个人、企业、美国政府或其他各级政府机关,美国联邦环境保护局局长在其负有环境义务而不作为时,也可成为环境公益诉讼的被告。原告可以通过公益诉讼要求法院对被告颁发禁止令或者处以民事罚款。此外,公民在提起环境公益诉讼之前必须提前通知有可能成为被告的污染者或主管机关,60 天后才能向法院提起诉讼。

环境纠纷自身特点显著,综合起来有纠纷涉及面广、纠纷专业程度高、纠纷解决耗时长等,这给法院带来了非常大的压力。而环境公益诉讼的放开,带来了从 20 世纪 70 年代到 80 年代美国十年的"环境诉讼爆炸"。在这种背景下,以 ADR 方式来解决环境纠纷,分担法院的压力,创造多元的环境纠纷解决机制,成为环境纠纷处理的必然趋势。

在 20 世纪 70 年代到 80 年代,美国涌现出大量的环境 ADR 从业者,他们在联邦及各州积极参与解决各种环境纠纷。其中最大的环境 ADR 组织是 Resolve(解决),该组织在 1978 年成立,是一个非营利性组织。Resolve 成立之后,在异常复杂的环境

---

① 崔华平. 美国环境公益诉讼制度研究[J]. 环境保护,2008(24):89.

纠纷中创造了一个卓越的成功记录。该组织擅长在纠纷各利益集团中建立共识（Consensus building），使各方了解科学和工程知识，以此推动纠纷解决。Resolve 涉及的领域囊括了水和捕鱼权、伐木和采矿、湿地和森林保护、能源使用和清洁空气等各式各样的纠纷，其解决的问题小到找出一个垃圾场，大到全球变暖，为 ADR 在环境纠纷中的发展开辟出广阔的道路。

3.2.2.2 1965 年暴风国王山案和 1973 年斯诺夸尔米河防洪大坝案

暴风国王山案发生在 1965 年，又称保护哈德逊优美环境协会诉联邦电力委员会案。该案的争点在于是否应该在纽约市北面哈德逊河边的暴风国王山上建一座水电站。20 世纪 60 年代初，纽约一家电力公司想要在暴风国王山上建造一座泵式储蓄水电站，以缓解纽约城的供电压力。该电力公司计划通过改造山顶来建水电站，并在居民区中开辟一条 38.1 米宽的道路将电输送到纽约。这个计划得到了一部分当地居民的支持，因为能带来经济收益及就业机会。然而另一部分居民、当地渔民，还有一些环保主义者则强烈反对，他们认为这将破坏哈德逊高地的历史文化和自然价值，并且将给当地渔业带来灾难性后果，这些人成立了保护哈德逊优美环境协会，与一些律师、公关公司和专家展开合作，共同对抗电力公司。然而，联邦电力委员会在举行公开听证会之后，批准了这项工程。于是，保护哈德逊优美环境协会到联邦第二上诉法院对联邦电力委员会提起诉讼。

当时环境公益诉讼制度尚未建立，最终法院判决认定，协会拥有对联邦电力委员会提起诉讼的法律资格，并要求联邦电力委员会重新考虑此前忽视的环境因素。作为对法庭判决的回应，电力公司提出水电站工程的替代方案，然而协会并不满意，于是又对电力公司提起诉讼。这一次，法院认可了联邦电力委员会对工程的许可，认为其已经施行了必要程序。诉讼虽然失败，但协会又找到了新的能证明水电站将对渔业造成重大打击的证据，于是 1974 年 5 月上诉法院作出重新听证的决定。至此，该案件已经延宕了十年还未解决，工程也没有动工，当事双方均投入了大量人力物力财力，而法院也承受着巨大压力。

该诉讼久拖不决，于是电力公司与协会、相关的联邦与州机构以及其他组织就此问题进行了协商。1980 年 12 月，各方代表最终达成一项协议，并签署了"哈德逊河和平条约"对协议中的条款进行详细解释和阐明。电力公司宣布放弃暴风国王山的水电站工程并将该地段捐赠给公共和娱乐业。这场"司法史上环境保护团体第一次被允许提起保护公共利益的诉讼"①绵延了 15 年,最终依靠协商获得了解决。

1973 年的斯诺夸尔米河防洪大坝案是早期的环境调解案件。斯诺夸尔米河从喀斯喀特山脉中蛇形而过,流入西雅图北部的普吉特海湾。美国陆军工兵部队曾提议在河的中间分叉处建一座大坝,这是一个从防洪角度来说最好的方案。一些当地的土地所有者非常期待大坝的建成,因为这将提高土地的价值,他们热烈支持这一方案。而当地渔民则认为大坝将改变河流的生态环境,皮划艇运动员和爱好者声称大坝将使斯诺夸尔米河著名的急流消失,另外,一些环保主义者认为大坝将毁掉当地优美的自然风光。农民们一方面期待防洪带来的好处,另一方面又担心土地价值上涨之后,农业就会变得不经济而不得不把土地卖给开发商。斯诺夸尔米河的问题长期悬而不决,1959 年的大洪水曾造成 800 万美元的损失。

1973 年,华盛顿州州长丹尼尔·埃文斯邀请两个富有经验的调解员,杰拉德·科尔马克和简·麦卡锡,来帮助各方达成一项协议。当时科尔马克和麦卡锡希望能调解一个规模较小的环境纠纷,因此对是否参与该案犹豫不决,两人花费了几个月的时间来决定是否涉足这个规模庞大的纠纷,并花了更多的时间来理清调解的每一阶段将会涉及的当事方。在跟有关各方进行了广泛的谈话之后,他们确定了代表不同利益的几大当事方:农民、运动员、环保主义者、土地所有者和房屋所有者。由于调解员担心政府的参与将给原本就复杂和脆弱的调解带来强硬的立场和更多的公众压力,很多参与者也认为如果政府参与进来就不可能达成协议,因此,联邦和当地的政府机构没有被包括在内。事实证明这一决定既是调解顺利进行的条件,也给最终调解结果的落实带来了困难。

调解的重点和突破口是寻找能获得参与各方一致同意的核心问题。整个调解过程持续了 4 个月,4 个月中有很多进展,但这些进展不是在谈判桌上达成的,而是当事方代表从谈判桌上回去后与其组员就各种问题讨论时做出的选择。例如,农民想

①　陈岳琴. Storm King:美国环境公益诉讼的经典案例[J].世界环境,2006(6):35.

要大坝的防洪效果,但是更想使土地的使用得到保护,因而他们非常想就此关键问题达成一个协议而在其他方面则可以妥协。环境保护者的提议是将大坝移到河流的不同分支上,这个方案的防洪效果不如之前的方案那么完美,但可以原封不动地保留原来的优美风光还有急流。当农民意识到移动大坝的地点是环保主义者代表所能接受的唯一选择时,他们便接受了这一方案,继而努力争取更多的对土地使用的保护来维持自己的农场,以及建立一个堤坝系统辅助防洪效果减弱的大坝。

仔细平衡了各方利益之后,当事各方在调解员的帮助下终于达成了协议。但由于联邦和当地政府没有被调解吸收在内,协议在履行方面存在着严重的困难。州长埃文斯是调解和最终协议的强大支持者,但协议所涉及的很多内容需要多个地方政府及联邦政府的配合。虽然存在着这样的问题,但这个调解过程本身是成功的,在此之前几乎没有人尝试通过调解来解决如此复杂的纠纷,这个案例证明了 ADR 在解决环境纠纷中的巨大作用。

3.2.3　监狱申诉中的 ADR

3.2.3.1　囚犯民事权利的发展

美国独立后法院一直对监狱采取不干预主义,直到 20 世纪 60 年代中期才发生比较大的改变。20 世纪 60 年代美国的民权运动不仅推动了黑人权利、妇女权利的发展,还引发了监狱囚犯要求对民事权利进行保护的犯人权利运动。运动提出自由权利是否合法需要经由法院根据国家法律来判断,囚犯的自由权利不能被随意剥夺,法院应该积极干预等问题。在此影响下,联邦最高法院在 1964 年库珀诉佩特[①]一案中宣布,犯人有权受 1871 年民权法案的保护,可以根据美国法典第 42 编第 1983 条起诉监管场所及人员以保护宪法所赋予的权利不被剥夺。以此为标志,美国联邦法院改变自美国独立以来一直保持的不干预主义态度,开始受理有关犯人民事权利的案件。联邦最高法院又陆续通过判例继续扩大犯人权利,直到 80 年代末对犯人权利的确认基本完成。

---

① Cooper v. Pate, 278 U. S. 546(1964).

在审理囚犯民事权利案件时,法院处于比较微妙的地位,既要维护囚犯的权利,又不能太过于损害监狱的尊严,要制裁囚犯的违法行为,同时也要对监狱的侵权行为进行处理。法院在囚犯权利方面的工作恰似在钢丝上跳舞,本身已经颇具难度,然而囚犯的申诉和对处遇方面的要求仍然没有得到很好的解决,犯人权利运动及法院态度转变引发了一系列连锁反应:第一,大量犯人诉讼涌入法院,法院应接不暇,随着犯人数量的增加及成功诉讼的影响,诉讼有增无减;第二,虽然犯人的权利得到广泛拓展,但实际上与权利伴生的犯人诉冤及对处遇方面的要求不能得到及时有效的解决,可能引发更大的问题,以阿提卡事件①为代表;第三,由于犯人对法律理解不足,缺少法律代表,很多诉讼属于错误提起,本身并无意义,还有大量为了达成某种政治上、宣传上或其他目的而提起的轻佻诉讼(frivolous lawsuit)和恶意诉讼,这些诉讼增加了政府的诉讼费用,浪费了大量司法资源。

3.2.3.2　监狱 ADR 试点项目:囚犯申诉仲裁

1973 年,纽约州和加利福尼亚州开始进行试点项目,测试一个正式的申诉程序是否能对囚犯的申诉做出公平的决定。试点的申诉程序,通过几个设定的标准来审查囚犯的申诉,并尝试解决问题,如果问题没能解决,则进入咨询性的仲裁,仲裁决定对各方没有约束力。在某些情况下,一个由监狱和囚犯组成的联合委员会将在案件进入仲裁前为解决纠纷做最后的努力。令人惊讶的是,联合委员会经常能在监狱和囚犯间达成共识,或者通过投票找出适当的解决办法。咨询性仲裁由来自 AAA 的劳资争议仲裁小组和纽约公共雇员关系委员会②的志愿者担任仲裁员。

囚犯申诉一般涉及的问题包括囚犯的违规行为、监狱的惩罚程度、差别性对待、

---

①　在犯人权利运动过程中出现了很多监狱暴动,1971 年阿提卡监狱事件是其中影响较大的一起。阿提卡监狱(Attica Prison)建于 1931 年,位于纽约州法布罗东部。1971 年 9 月 8 日,两个犯人因为打架被罚,但这两个人是被冤枉的。监狱里流传着这两人被狱警殴打的谣言,第二天,犯人以几个警卫为人质,控制了监狱内的一个活动场地。这次暴动四天后在州警的介入下才结束,有包括十多个警卫在内的 43 人死亡。在阿提卡事件之后,纽约州和加利福尼亚州开始试点监狱里的 ADR 项目。BARRETT J T, BARRETT J P. A history of alternative dispute resolution: the story of a political, cultural, and social movement[M]. San Francisco: Jossey-Bass, 2004: 162 - 163.

②　纽约公共雇员关系委员会:Public Employee Relations Board in New York。

预先的纪律记录等。这些问题的处理与劳资纠纷的解决在过程上有相似之处,比如收集事实、评估信誉、基于犯人的纪律记录比较与同狱犯人的惩罚的差异以及应用相关的规则等,都能在劳资纠纷的解决过程中找到类似的。因此劳资纠纷调解员和仲裁员可以很容易地将劳资纠纷中的经验应用到囚犯申诉中,并在解决过程中给囚犯们带来公平的感觉。

在纽约州和加利福尼亚州的试点项目之后,其他州也发展出类似的纠纷解决体系。有的州还发展出其他较具特色的纠纷解决方式,例如监察专员程序,即由不属于监狱行政管理系统的人来调查囚犯的不满并尝试通过谈判或调解来解决问题。ADR 逐渐成为一种在监狱中能够释放囚犯愤怒,预防并解决冲突的有效措施。

3.2.3.3　监狱 ADR 的法律基础

美国监狱 ADR 机制又称犯人诉冤解决机制,其法律基础包括实体规则与程序规则两部分。实体规则是犯人提起诉冤所依据的实体法。程序规则是监狱 ADR 机制的运行依据及程序标准。

在实体规则方面,犯人的法律权利主要被规定在宪法第一、第四、第五、第六、第八、第十四修正案,《民权法案》和 1980 年《被监禁人员民事权利法》等制定法,以及众多相关判例之中,除此之外还有各州的宪法、制定法与判例。犯人的主要法律权利包括宗教自由、言论自由、医疗权、获得法律帮助权、受保护权、监管场所惩罚和纪律方面的权利、平等保护权七大类。[①] 犯人诉冤以此为基础,在监管场所各项政策、规则和程序的应用,机构工作人员和其他犯人的行为,以及其他事件,导致犯人权益受到损害时提出。监狱 ADR 机制针对单个犯人关于监禁条件和处遇的一般和潜在诉冤,救济内容包括改变探访程序、赔偿损失财物、特殊伙食、休假准许、善时制分数恢复、人员转移等。

在程序规则方面,1980 年颁布的《被监禁人员民事权利法》(The Civil Rights of Institutionalized Persons Act,简称 CRIPA)[②]对犯人的民事权利救济及 ADR 程序作

---

① 吴宗宪. 论美国犯人的法律权利[J]. 中国刑事法杂志,2007(6):112-124.
② 42 U. S. C. § 1997.

出了规定。首先，犯人可以由司法部代表起诉监管场所。监管场所中的所有成年犯人关于监禁条件的诉冤都必须穷尽可用的救济措施，才能向联邦法院提交请愿书，否则法院可退回案件。其次，司法部被授权在所有非联邦监管场所中制定相关救济措施的最低标准和程序规则。

1996 年国会通过《监狱诉讼改革法》（Prison Litigation Reform Act, 简称 PLRA）①，强调犯人在将有关监禁条件的诉讼请求提交联邦法院之前，必须穷尽所有可用的救济措施。PLRA 包含了多种抑制犯人诉讼的规定，例如要求地区法院减少恶意诉讼的犯人的善时分数；限制犯人仅就精神上或者感情上的伤害提起诉冤，除非同时有身体伤害或者受到性侵害；限制律师费；等等。联邦最高法院通过波特诉纳斯尔②一案进一步解释了 PLRA 的范围，无论是一般情况还是特殊情况，无论是过分暴力行为还是其他方面的错误，犯人必须完成适当的诉冤解决程序。

根据 CRIPA 的规定，司法部制定了犯人诉冤 ADR 机制的最低标准。第一，适用于监管场所管辖范围内法律所涉及的诉冤，这一范围较为广泛。第二，适用于监管场所内发生的涉及犯人及监管人员的纠纷，且适用于所有犯人。第三，机制运行需具备六个强制性条件：(1) 发起，要求犯人在提起诉讼之前尝试诉冤解决机制；(2) 参与，犯人与监管人员需要参与程序，以提高程序可靠性；(3) 调查，任何可能与诉冤有关的监管人员都不得参与诉冤解决；(4) 书面答复，在机制运行的每一个阶段，犯人都应该获得一份详尽的书面答复，说明决定做出的原因；(5) 时限，决定要在规定时间内做出，整个程序需在 90 天内完成；(6) 审查，监管场所外的人员或机构有权审查诉冤解决。③ 此外根据 PLRA 的规定，犯人必须遵守程序规则，包括对最后期限的遵守。只有满足这些要求，犯人才能在联邦法院提起诉讼。

3.2.3.4　监狱 ADR 的主要形式

参与监狱 ADR 机制的各方的目的与追求并不相同。法官和律师通过监狱 ADR

---

① 　Pub. L. No. 104 - 134, 110 Stat. 1321 (1996).

② 　Porter v. Nussle, 534 U. S. 516.

③ 　Federal Register (1 October 1981) "Minimum Standards for Inmate Grievance Procedures".

机制来防止诉讼扩大；犯人需要诉冤解决机制为其提供及时的解答和帮助；监管人员则将诉冤解决机制作为潜在不满的排解渠道。由此，监狱 ADR 机制必须满足迅速识别并公平、坚决及迅捷地处理纠纷的要求，避免过大的开销和过度的迟延。经过多年的摸索与调整，在美国逐渐形成了几种较为典型的监狱 ADR 形式。

第一，犯人诉冤程序(inmate grievance procedures)应用广泛，几乎在美国所有的监狱中都有某种形式的犯人诉冤程序。典型的犯人诉冤程序包括三个层级：第一层级由一个诉冤协调员(grievance coordinator)或委员会接受诉冤，进行调查，作出决定或提出建议；如果犯人对结果不满意，则可进入第二层级，将诉冤诉诸上级管理人员，最终诉诸监管长官，调查后做出决定；第三层级主要是审查，由监管场所的中心部门派出申诉专员(appeals coordinator)对单个案件进行调查并提出建议，此外申诉专员还可将决定权交予外部机构，例如仲裁员或者公民审查小组(citizen review panel)。

财物的损害与赔偿、对医疗条件的不满以及守卫的暴力行为是诉冤程序中的常见类型。决定的形式、听证会的设置和参与方式、是否允许询问证人、犯人办事员(inmate clerks)可否参与程序等确保诉冤程序公平性与合法性的措施，在不同的监管场所可能存在较大不同。美国律师协会根据常见的犯人诉冤程序模型总结出程序标准：第一，对所有诉冤提供书面答复，包括决定做出的理由；第二，在规定的合理期限内提供答复，以 30 个工作日为限；第三，应对突发事件的特殊规定；第四，对诉冤进行咨询审查；第五，规定工作人员和犯人参加诉冤程序的设计；第六，程序面向所有犯人；第七，适用于范围广泛的纠纷；第八，包含解决管辖权问题的方法。[①]

犯人诉冤程序有利于解决纠纷，消除监狱中的紧张情绪，同时也可作为管理的辅助手段。通过对诉冤程序的监控，认定与识别犯人不满的类型与模式，采取行动预防更多严重问题的发生。犯人诉冤程序能较好地保证诉冤解决的成本、速度、准确性、可靠性和可操作性[②]，因而成为美国诉冤解决机制的基础性程序，其他程序往往作为

---

① DUCKER W M. Dispute resolution in prisons: an overview and assessment[J]. Rutgers law review, 1983, 36(1-2):169.

② 美国 ADR 界泰斗弗兰克·桑德教授提出有效的纠纷解决机制的 5 个标准，分别是成本(cost)、速度(speed)、准确性(accuracy)、可靠性(credibility)、可操作性(workability)。

辅助手段共同应用。

　　第二，监察专员(ombudsman)。监察专员的概念出现于 19 世纪的瑞典，是以纠正公共行政权滥用为目的，倾听民众抱怨并独立调查事实的公共官员。监察专员也被广泛应用于美国监管场所，仅次于犯人诉冤程序。

　　监察专员既可由监管场所外的政府或立法委员会任命，也可由监管场所雇用或由监狱长指定。不同的任命方式，监察专员的独立性不同，其权力授予也有区别，然而无论哪种形式，监察专员都可以通过现场调查，根据判断提出对效率、程序和政策的建议，在监管场所中积极活动。在接收到犯人诉冤后，监察专员需要先进行初步调查，会见犯人及相关人员，然后根据案件性质做出不同决定，包括：第一，将案件退回，要求先使用其他救济手段；第二，将案件提交给更适合的程序；第三，撤销案件，如果案件无价值或超出法律范围；第四，尝试解决诉冤。如选择解决则需要遵循固定程序，咨询会见犯人、审查文件、得出结论并通知监管场所和当事人。此外，监察专员还可以引导犯人和监管场所进行非正式的或渐进的诉冤调查和协商。

　　监察专员程序的优点：一是适用于很多类型的诉冤，财产权利要求、饮食医疗待遇、规则实施和分级处遇、获得法律援助等；二是可以监督监管场所，确认监管场所的行为是否存在不合法、不合理、不公正或不一致之处，监管场是否存在主观随意、效率低下、理由不清不足等行为。这同时也对程序本身提出了要求：一是监察专员个人需具备较强的独立性、公正性、专业性以及论理能力；二是由于程序效果是基于其影响力与说服力，如果监管场所不能给予足够支持，则效果将大打折扣，相较而言，独立于监管场所之外的监察专员作为中立第三方，能更快捷有效地解决犯人诉冤，维护犯人权利。

　　第三，调解(mediation)。调解是一种常见的纠纷解决形式，应用极为广泛，然而由于监狱环境的特殊性，这种形式在犯人诉冤解决中的应用较为有限，且具有独特性。一是，当事双方必须同意将诉冤提交调解程序。二是，调解可能偏离一般模式①，由于犯人可能缺乏对法律及救济手段的了解，并且可能没有律师代表，其真正

---

　　① 调解一般模式是中立第三方协助调和当事双方之间的分歧，通过寻找合理的解决方法来让双方一起解决冲突，而非在特定的立场上提出建议或收集事实。

问题往往并不像书面反映的那样，调解员还需承担事实发现的职责，超越公平调和冲突的界限。三是由于对象的特殊性，对诉冤调解员的法律水平要求更高，诉冤调解员需熟悉监狱相关法律并能够理解和处理宪法性问题。

调解在应用中发展出了不同的模式，较为典型的是"立案后调解"（post-filing mediation），在犯人诉冤提交联邦法院后使用，目的是避免较难发现的重大诉冤被草率地直接驳回。调解员针对诉冤提出解决办法，达成协议并由双方签署，犯人撤回诉讼并将协议提交有关当局。此外，诉冤提交联邦法院前，调解程序可以限制监管场所的直接参与，避免犯人认为监狱控制了诉冤解决程序，从而保证公平性；诉冤提交后，案件已超出监管场所的控制范围，监管场所及其法律顾问可直接参与。会见形式分为单独会见和共同会见。单独会见是由调解员先会见犯人，确定诉冤性质，然后与监管场所代表讨论，寻求解决办法，解决方案需获更高级别机构批准。共同会见是举行由犯人、犯人的律师、监管场所代表，有时还有特定机构代表参加的联席会议（joint session）。一些联席会议还发展成为筛选会（screening session），负责整理适合调解的案件。

调解的优点在于，一是犯人与诉冤相关人员全程自愿参与，由此产生的解决方案的接受与满意程度较高；二是对于非原则性的监管场所管理问题，调解格外有效。不足在于，当案件涉及监管场所或工作人员违反规则时，调解解决方案可能包含损害赔偿或者相关政策修改等内容，其实际执行很难保证，且可能导致工作人员报复犯人的情况出现。此外，在大多数对监禁条件提起的诉冤都被驳回的情况下，监管人员对调解的必要性抱有疑问，这也限制了调解的应用。

第四，犯人委员会（inmate council）。犯人委员会是一种久已存在的犯人诉冤解决形式，马萨诸塞州惩教所的犯人委员会程序建立于 1927 年。[①] 犯人委员会通常由从监管场所各个单元中选出的犯人代表组成，在监管场所制定规则和讨论重大问题时，提供咨询性意见。

---

① COLE G F，SILBERT J E. Alternative dispute-resolution mechanisms for prisoner grievances [J]. Justice system journal，1984，9（3）：319.

　　犯人委员会的优点与不足都很鲜明。其优点在于：一是犯人委员会使犯人有机会参与诉冤解决程序，有利于培养犯人自我管理的责任感。二是具有效果显著的沟通功能，监管场所通过程序向犯人传达信息，犯人通过程序表示对监管场所活动的关心，能够避免二者之间的紧张关系。三是有利于消除潜在不满，相比其他程序犯人往往更愿意将诉冤交给犯人委员会，因为其成员更了解犯人的处境，而且不用担心遭到监管人员的报复。其不足主要有：一是程序可靠性较差。程序的设立和效果与监管场所的态度密切相关，如果监管场所对犯人委员会抱有怀疑，则程序很难建立与运行。此外，监管场所的态度直接影响犯人对程序的认知，如犯人委员会的建议得不到重视或犯人委员会仅仅是作为帮助监管场所运行的"调解员"，则将丧失犯人的信任。二是，纠纷解决效果较弱。犯人委员会并非基于法律或授权，处理犯人之间或犯人与警卫之间的冲突尚可，面对犯人与监管场所之间的矛盾则无能为力。将犯人委员会作为培养犯人自治意识和参与管理的程序与其他形式共同使用，往往能发挥最佳效果。

　　第五，法律援助程序（legal assistance program）。法律援助程序也是一种重要的诉冤解决形式。联邦最高法院在约翰逊诉艾利[①]一案中强调犯人必须获得法律资源，由此法律援助逐渐发展起来。法律援助在某种程度上可能增加犯人诉冤，但并非简单地帮助犯人提起诉讼，更多的是建议犯人依据法律起诉，能劝阻大量的轻佻诉讼。法律援助程序包括法律服务顾问、志愿律师、"监狱律师"（jailhouse lawyer）、法学院实习项目等类型。

　　法律服务顾问和志愿律师通过法律咨询帮助解决诉冤，尤其是与假释和善时制分数相关的案件。监狱律师是由犯人担任"律师"，协助其他犯人解决法律问题，提出建议，研究并起草相关文书的法律援助形式。一些监管场所推出了监狱律师的培训项目，制立了监狱律师提供法律援助可以获得善时制分数的规定。监狱律师能更好地理解犯人诉冤，律师也可能成为犯人刑满后的职业。法学院实习项目（law school clinical programs），是由学生帮助犯人和监管场所准备诉讼或解决诉冤。这种形式

----

　　① 　Johnson v. Avery，393 U. S. 483(1969).

不需要监管场所的财政支持,但存在学生为获得经验而鼓励犯人诉讼、学生课程和学制妨碍接手案件的连续性、犯人不满由学生援助等问题。将法学院实习项目作为其他机制的有益补充往往更有利于其效果的发挥。

第六,外部审查程序(external review program)。外部审查程序,是由监管场所外的机构与人员解决诉冤并发现诉冤产生原因的形式。在一些州,由大陪审团(grand juries)探访当地监狱,考察监狱条件并听取诉冤,然后将结果带给地区长官和法院。此外还有设立外部审查委员会听取诉冤的情况。①

外部审查程序往往与犯人诉冤程序相连,犯人在用尽其他救济手段之后,可以诉诸外部审查机构进行最终审查。外部审查委员会在正式化的过程中具有差异性,根据其与监管场所的分离程度可划分为:三人制小组中有一人为监管场所外的人员,三人制小组分别由监管场所代表、犯人支持组织代表、指定的仲裁员组成,以及委员会成员全部由政府任命的情况。在加利福尼亚州,外部审查程序的过程是首先由委员会通过调解来解决诉冤,如果调解不成,再根据所呈现的事实由社区志愿者作出仲裁。

尽管美国犯人诉冤解决机制形式多样,各有侧重,但具有共同的特点与价值。在特点上,第一,具有一定的替代性。犯人诉冤解决机制能够在诉冤进入法院之前解决绝大多数纠纷,及时发现问题,改善监管场所的管理,减少犯人诉冤的发生,缓解诉讼压力。可以说,美国犯人诉冤解决机制是一种新型 ADR,根据犯人诉冤的特点而建构,解决监管场所与犯人之间的冲突,对诉讼有一定的替代性。但需要注意的是,作为前置程序,犯人诉冤解决机制并不能代替诉讼的作用,其存在本身也并非为了替代诉讼。第二,解决主体分为内部和外部两类,具有多元性。内部主体是指监管场所及人员,外部主体是监管场所外的中立性机构与人员。前者对犯人与监管情况较为熟悉,解决诉冤方便经济,更有效率,后者作为中立机构更注重公平。美国犯人诉冤解决机制将内部主体与外部主体相结合,兼具公平与效率,犯人可以自由选择解决主

---

　　① COLE G F, SILBERT J E. Alternative dispute-resolution mechanisms for prisoner grievances [J]. Justice system journal, 1984, 9(3): 321.

体。第三,解决形式多样且可配合使用,具有选择性。美国犯人诉冤解决程序具有多种形式,其优缺点以及适合的诉冤类型各不相同,监管场所既可以选择某种形式作为单一诉冤解决程序,又能以某种形式为主,兼设多种形式配合使用。多数监管场所以犯人诉冤程序为基础,同时选择一种或几种其他程序综合应用,以使犯人诉冤解决机制发挥最大效果。第四,解决程序符合实际需要,具有便捷性。犯人诉冤解决机制包括多种程序,可根据诉冤案件性质灵活选择与设计,能更符合实际地解决诉冤。且与诉讼相比具有非正式性,程序简练,解决诉冤更为直接快捷。

在价值方面,第一,保障犯人人权。犯人法律权利的保护状况,在一定意义上能够体现社会的法制与文明发展程度。"对于普通公民来说微不足道的情况,由于监狱生活的特殊性而对犯人非常重要。"①如果犯人有冤怕诉、有冤难诉,甚至无处可诉、诉也白诉,则犯人权益无法得到保障,遑论安心改造。犯人诉冤解决机制在某种程度上看似是对犯人诉权的限制,然而正是通过"限制"来达到更大的保护。通过为犯人诉冤提供救济渠道,犯人诉冤解决机制能够及时帮助犯人解决问题,释放犯人的心理压力,保障其合法权益。

第二,保证监管场所的秩序与公正。由于是监管与被监管的关系,监管场所与犯人之间存在着某种程度的对立,如对犯人诉冤处理不慎,极易引发危害监管安全与秩序的事故。犯人诉冤解决机制能够及时消除犯人的不满情绪,降低安全风险,同时也有利于监管场所及时掌握犯人信息并不断改善管理,缓和与犯人及犯人间的关系。此外,对犯人的改造重点之一是使其认识到法律的作用,感受到公平正义的力量,最直观的方式便是使犯人自身的诉冤得到公正解决。犯人诉冤解决机制通过调查事实、解决冤屈,能够宣讲法律、展现公正,正确引导犯人改造。

第三,减轻法院诉讼压力,降低成本,提高效率。大量犯人诉冤涌入法院,给法院带来巨大压力,而且很难获得及时解决,而犯人诉冤解决机制能够对诉冤进行筛选,及时解决部分问题,确保进入法庭的犯人诉讼有更高的裁判质量,且相关的行政记录有助于澄清争议促进审判。相比诉讼,犯人诉冤解决机制更为灵活,程序简单便捷,

---

① Preiser v. Rodriguez，411 U. S. 475，492 (1973).

时间花费较少,经济成本较低。就监管场所而言,能够节省应诉费用;就法院而言,能够减少诉讼迟延,合理利用司法资源。

3.3　ADR 在劳资纠纷领域中范围的扩大

ADR 在劳资纠纷中新扩大的领域,大多是《瓦格纳法》和《塔夫脱—哈特利法》未能覆盖的领域,包括公共雇员、农民工人等等,在全国私营劳资关系都能采用 ADR 方式解决纠纷时,这些人还没拥有相应的权利。除此之外,私营劳资纠纷领域也创造出了新的 ADR 形式。

3.3.1　公共雇员权利的扩展与 ADR 立法

与私营部门劳资关系的发展道路不同,公共雇员(Public Employees)在进入 20世纪 60 年代时几乎没有什么权利。有一些雇员加入了工会,但这些工会大部分是松散的,工会代表的权利也没有保证。罢工虽然已经成为工会法定权利的一部分,但公共雇员在此时仍是例外。卡尔文·柯立芝总统的观点很具有代表性,他认为:"没有人有权罢工来反对人民。"虽然富兰克林·罗斯福总统相对更赞同雇员权利,但也认为由于公共雇员的工作性质,其罢工是"不可想象的"。[①] 在这种思想的指导下,1935年《瓦格纳法》规定具有集体谈判权的工人和工会并不包括公共雇员,1947 年,《塔夫脱—哈特利法》明确规定禁止联邦雇员罢工。

约翰逊总统在 1965 年正式提出"伟大社会"计划。"伟大社会"计划是对联邦福利计划的全面扩张,是一次资产阶级自由主义的社会改革,在立法上取得了空前进展。在"伟大社会"计划的支持下,美国国家和地方公共事业急速发展,教师、警察、消防员、环卫工人等人数大幅增加。一些工会开始对这些人进行组织,他们吸引公共雇员加入的口号是"是否希望得到与私营企业雇员一样的权利"。由此,联邦和州各级

---

① BARRETT J T, BARRETT J P. A history of alternative dispute resolution: the story of a political, cultural, and social movement[M]. San Francisco: Jossey-Bass, 2004:143.

政府雇员大量加入工会,开始积极争取基本权利。

随着公共雇员争取权利活动的展开,关于公共雇员罢工权的争论在全国范围内出现。罢工是工会的法定权利,然而由于公共雇员的特殊性质,他们的罢工将给公民的日常生活带来巨大的不便甚至危险,尤其是消防、治安等重要领域。每当一个威胁到这些重要领域的罢工被报道时,都会引起人们的广泛关注。公共雇员不断创造出罢工的新形式,例如集体托病罢工、"蓝色流感"等等,大量雇员按照工作规则集体请病假,还有很多类似的既遵守工作要求又能达到罢工目的的做法。

除却联邦雇员,大多数公共雇员在州或者地方政府的行政部门下工作,同样不具有工会代表权。面对公共雇员工会化还有破坏性罢工的威胁,各州做出了不同反应,一些州让其司法部门或者法院来划定公共雇员权利的界限,一些州通过新的立法来授予并约束公共雇员的权利。以往 ADR 在解决劳资纠纷中的优异表现,使很多州通过立法设置 ADR 程序以解决纠纷。例如,纽约州州长纳尔逊·洛克菲勒任命乔治·泰勒率领一个委员会研究新的立法,以平衡公共雇员和公众的利益。泰勒起草了"公共雇员法"(Public Employee Law),该法被称为 1967 年"泰勒法案"。《泰勒法案》规定:禁止所有公共雇员参与罢工,罢工者每罢工一天将被扣除两天的工资;以调解和事实调查作为罢工权的替代,向调解员和事实调查员提供资金。《泰勒法案》后来成为其他州关于公共雇员立法的模型。

ADR 既可以作为解决罢工的手段,又可以替代罢工更积极平和地解决存在的问题,促使很多学者和州政府委员会进行深入研究,更多的 ADR 形式被创制出来。就公共雇员的角度来看,ADR 是罢工的替代形式,而从州政府的角度来看,ADR 是解决公共雇员纠纷的方式。各州提供的 ADR 程序既包括传统的 ADR,例如谈判、调解、仲裁,也有一系列新型混合 ADR,例如见面协商或讨论(一种谈判的有限形式)、有建议或无建议的事实调查、冷却期、二选一仲裁(即最终报价仲裁)、有约束力的实情调查、有约束力的调解、无约束力的仲裁等。[①]

---

　　① BARRETT J T, BARRETT J P. A history of alternative dispute resolution: the story of a political, cultural, and social movement[M]. San Francisco: Jossey-Bass, 2004:145.

各州对公共雇员劳动关系的研究引发了很多讨论，例如有人主张要保证政府的权威，即政府不能在 ADR 程序中放弃任何权威，尤其是仲裁，还有如何更有效地解决公共雇员纠纷。很多工业较为发达的州，如纽约州、马萨诸塞州等，很早就成立了为私营部门中劳资纠纷提供调解的机构，有些还提供更多的 ADR 机制。随着公共雇员纠纷愈演愈烈，很多州通过立法设定公共雇员权利的法定基准，并扩大了这些 ADR 机构的权力，使其可以向公共部门提供 ADR 援助。还有一些州通过立法创建了新的劳动关系机构来专门处理公共雇员纠纷。例如，在纽约州有一个长期存在并拥有固定工作人员的调解机构，该机构的主要工作是处理私营部门的劳资纠纷，公共雇员工会化之后，该机构的调解范围被新立法扩大到公共雇员纠纷。面对公共雇员工会这种新类型的工会，还有《泰勒法案》禁止罢工的新规定，该调解机构很多经验丰富的劳资纠纷调解员对私营部门劳资纠纷 ADR 模型能否适用于公共雇员纠纷，以及如何应用于公共雇员纠纷产生了很大疑问，不确定应如何在没有罢工威胁及不受限的谈判主题下解决纠纷。这种疑问并不单单存在于各州的公共雇员纠纷解决中，随着 ADR 适用范围的扩大，如何将私营部门劳资纠纷解决中获得的经验和已经建立的模型应用于新领域，以及这些经验和模型能否在新领域中适用，成了广大 ADR 从业者面对的一个难题，引起了广泛的思考和研究，对这一问题的思考与实践也成为这一阶段 ADR 发展中的一个特点。

尽管各州的研究是分别进行的，立法等措施的覆盖范围也在一州之内，但公共雇员纠纷属于全国性问题，因此联邦劳工部创建了公共雇员劳动关系办公室①，为各州政府及公共雇员组织提供援助。公共雇员劳动关系办公室公开发行了公共雇员劳动关系出版物清单，总结了每个州与公共雇员相关的法律框架，包括可用的 ADR 程序，举行与各州分享信息的会议和 ADR 培训会议，还提供咨询及其他援助。

1961 年约翰·肯尼迪总统任命劳联—产联的法律总顾问阿瑟·戈德堡为劳工部长。戈德堡有着丰富的劳资谈判经验，并且还是 ADR 的坚定支持者，曾经多次调解工人罢工。戈德堡说服肯尼迪运用总统的行政权为联邦雇员和美国政府参与的集

---

① **公共雇员劳动关系办公室**：Division of Public Employee Labor Relations。

体协商建立一个框架。1962 年,肯尼迪总统发布了第 10988 号总统令,这条命令虽然内容有限,但终于涉及联邦公共雇员的集体谈判权,意义重大。联邦政府机构第一次被要求与其雇员进行谈判,虽然只局限于很少的议题,并且任何协议的达成都要经过政府机构负责人的审查和批准。一些重要议题仍然不允许自由谈判,例如报酬、福利、机构任务、预算,以及在招聘、解雇、晋升和调动方面所有的管理权。这条总统令也没有规定在遇到谈判僵局时使用什么纠纷解决措施,调解等常用的 ADR 形式都被没有被提供。一些联邦部门早期的协议曾规定在自愿的情况下,可以使用调解和事实调查来解决可能产生的纠纷,一些协议还指定由 FMCS 的调解员来向联邦雇员提供调解服务。然而这些做法和经验并未被第 10988 号总统令吸收。这条总统令规定了协商申诉程序,但只提供咨询性仲裁。仲裁裁决通常是终局性的并具有约束力,然而各级政府都宣称向第三方(例如仲裁员)放弃任何权威,都是违背宪法赋予它们的主权,因此咨询性仲裁,这种改良型的 ADR 成为联邦政府公共雇员劳动关系的特有形式。肯尼迪的这条总统令尽管作用范围有限且缺乏力度,但被视为联邦公共雇员工会化运动发挥作用的开端。联邦公共雇员工会化使 ADR 的使用范围显著扩大了。

　　联邦公共雇员力量的继续增强,促使后来的尼克松总统在 1969 年 10 月发布了一个替代肯尼迪总统令的行政命令,即第 11491 号总统令。尼克松总统的政治立场使其对工会的态度并不友善,颁布该命令是为了平息对肯尼迪总统令的抱怨,同时阻止国会想要通过一个更彻底的联邦雇员法的运动。第 11491 号总统令对前一个总统令的缺陷进行了弥补,扩展了其适用范围,增加了一些程序方面的细节,以应对人们的不满。新法令增加了可以谈判的主题,授权 FMCS 为谈判僵局及其他情况提供调解,成立联邦劳动关系委员会①来制定政策和管理计划。此外,还改变之前仲裁的咨询性质,确认仲裁裁决具有约束力,对裁决不满可以向联邦劳动关系委员会提起上诉。

　　联邦政府对联邦公共雇员的权利及纠纷解决方式的规定,始于第 10988 号总统

---

① **联邦劳动关系委员会**:Federal Labor Relations Council。

令,经过第 11491 号总统令,一直到 1978 年立法,即《公务员改革法》(Civil Service Reform Act of 1978),才最终解决。《公务员改革法》本质上把第 11491 号总统令转换为法规,其他只有非常小的改动,其中有关联邦公共雇员的权利及 ADR 的规定,时至今日也没有太大的变化。另外,1980 年《纠纷解决法》(Dispute Resolution Act of 1980),也是鼓励联邦政府和州各级政府使用调解、仲裁等 ADR 手段解决与其雇员之间的劳动纠纷。

如同铁路工业在私营劳资纠纷解决中的特殊情况,公共部门中也有特殊情况。在 20 世纪 60 年代初期公共雇员尚普遍缺乏工会支持时,邮政服务业几个大工会已经包括了全部邮政工人。加入工会的传统以及同事普遍是工会成员的压力,使邮政工人几乎都会选择加入工会。由于法律没有规定联邦公共雇员集体谈判权,邮政工会直接通过创建大型游说集团来对政治造成影响,以谋求自身利益。到 20 世纪 60 年代中期,美国邮局面临机构臃肿、设施落后、赤字增加、工作效率低下等诸多问题。1968 年总统委员会建议对邮政系统进行重大改组,推荐邮局私有化。联邦政府向国会提交了重组法案并以国会将来通过的法案作为邮政工人工资变动的依据。邮政工会习惯于通过自身强大的游说来直接与国会交涉工资和福利问题,因此对重组法案很抵制,并且由于工资法案在国会中推进缓慢,工人的工资长期得不到增加,形势逐渐紧张起来。因为之前几乎没有联邦雇员罢工的先例,所以人们低估了邮政工人罢工的可能性。1970 年 3 月,一场未经授权的罢工从纽约邮局开始,进而扩展到其他地方。9 天里,邮政罢工在全国范围内爆发,严重影响了邮件传递,在罢工的高峰期有 20 万人参加。

由于这次罢工是非法的,邮政工会与邮局之间没有建立协商关系,FMCS 拒绝参与调解,劳工部派出比尔·尤塞瑞调解纠纷。尤塞瑞很清楚,要解决眼前的危机,互相指责或者惩罚罢工者是行不通的,他说服管理方和工会就工资和重组的问题展开谈判。作为谈判开始的条件,工会同意敦促其成员回到工作岗位上,尽管罢工没有完全结束,但罢工人数大大减少了。经过几个星期的调解,1970 年 4 月 2 日尤塞瑞和当事各方宣布达成协议,没有罢工惩罚,工会以谈判方式参与美国邮局的重组,此外邮政工人的工资福利等问题也得到了解决。1970 年 8 月 12 日,邮政重组法案由总统签署生效,美国邮局转为半私营的美国邮政服务公司,法案禁止罢工,代之以 ADR 方式解决纠纷,并授权 FMCS 在当事方出现谈判僵局或其他争端时,可以运用调解、事实发现和仲裁等方式参与解决纠纷。

3.3.2　农业和医疗机构中 ADR 的应用

3.3.2.1　农业工人

除了公共雇员,农业工人也被《塔夫脱—哈特利法案》排除在可以成立工会和集体谈判的法律保护之外。农业工人的状况与没有法律保护时期的公共雇员相似。在公共雇员工会化的同时,农业工人也希望成立自己的工会,但由于农业具有季节性的特点,农业工人具有很大的流动性,会随着农作物不同的丰收时间而不断到新的地方工作,很难保持长久性联系,所以工会的成立面临很大困难。农业工作周期较短的特点也使雇主可以很容易换掉持不同要求的工人,并且可以用假的承诺拖延时间直至工作完成,这些都是不利于农业工会成立与发展的因素。

在很长一段时间里,农业工人的工资很低而且工作条件恶劣,加利福尼亚州的墨西哥移民劳动者在其中很有代表性。凯撒·查韦斯是墨西哥裔美国农场工人中的一员,他在 20 世纪 50 年代后期开始组织周围的农场工人。在 1962 年,他成立了美国农业工人工会①,带领工人争取工会权利。他们的行动遭到了农场主的强烈抵抗,彼此间的冲突甚至让政府出动了警察。

面对这种情况,借鉴甘地和马丁·路德·金的做法,查韦斯决定使用非暴力形式的抗议,他呼吁全美国一起抵制加利福尼亚州的葡萄。查韦斯的抗议活动逐渐得到消费者、学生、民权组织和其他工会的支持。随着罢工的扩大和葡萄抵制的影响,1969 年加利福尼亚州州长请罗纳德·霍顿来调解纠纷。霍顿曾经参与过一系列极为复杂的纠纷,是富有经验的劳资纠纷调解员和研究者,在后来还成为调解和冲突解决中心的主管。由于农业工人的劳资纠纷解决不管在联邦还是州的法律上都是一片空白,霍顿只能通过与各方的谈判来就纠纷解决达成协议。经过投票等一系列工作,

---

① 美国农业工人工会:United Farmer Workers Union。

谈判最终达成协议,即当纠纷产生时,有 30 天的谈判期,谈判中未能解决的问题由仲裁解决,谈判各方都受仲裁裁决约束。由此,霍顿的调解成功结束了葡萄抵制活动。

霍顿对葡萄抵制的成功调解,显示了农业劳资关系未来发展的趋势。农业工人得到公众的支持,争取权利的行为将不断发生,而农场主害怕大规模罢工和抵制的威力,使用罢工方式来争取权利使双方都付出了过于昂贵的代价,承受了巨大的损失,而且这种损失的程度还无法预测。正因如此,霍顿才能推动双方达成调解协议。农业工会获得了争取权利的长效机制,农场主也可以与农业工人分别制定地方协议而非全行业统一协议。与公共雇员工会化所带来的结果不同,农业工人虽然未能争取到法律的支持,但确实迈出了以 ADR 解决纠纷的第一步,而实现第一步之后,前进的脚步就不可能再停下来了。

这次成功调解葡萄抵制的调解者霍顿虽然对农业一无所知,但可以很快地从当事各方中学习足够的知识来对 ADR 在新领域中的应用作出实质性的推进。他还曾撰文,以自己的经验来论证在一个纠纷领域中有经验的 ADR 从业者如果保持积极性和开放性能有效地工作于多个领域。[①]

20 世纪 70 年代,石油禁运等美国外部环境的变化对农业生产和农业工人的影响加深,密歇根州尝试通过立法建立农业中的 ADR 机制,以预防并解决纠纷。1973 年《农业市场和交涉法案》(Agricultural Marketing and Bargaining Act)与州原来的劳动管理法平行,给农业工人、农场主和下游工业加工商和经销商提供了一个谈判的场所。当事各方就农产品的销售进行谈判,并使用调解和仲裁作为解决分歧的方式。农业 ADR 在农业工人劳资关系及农业市场中更进一步发展起来。

3.3.2.2　医疗工作人员

在 20 世纪 70 年代早期,美国非营利性医疗机构中工作人员的境遇与营利性医疗机构的工作人员形成了强烈反差。在民权运动的推动和工会的努力下,联邦和州政府开始关注低收入工人以及工人在权利方面的差别等问题,非营利医疗机构工作

---

① RONALD H. Analyzing the explosion[C]// SPIDR. In ethical issues in dispute resolution: proceedings of the SPIDR eleventh annual conference. Washington, D. C. : SPIDR, 1983.

人员的情况受到了关注。

1974 年,国会修正了《塔夫脱—哈特利法案》,将非营利性医疗机构和其他私人卫生保健机构囊括到法案覆盖范围内。由于医疗行业中健康和安全的特殊性,新的修正案要求在产生纠纷时使用专门的 ADR。当争议各方间的谈判进入僵局时,必须使用调解。如果纠纷经过调解没有得到解决,则交由特设的调查委员会(BOI)处理,BOI 由 FMCS 主管在工会罢工前指定设立。如果纠纷经过了调解和 BOI 仍然没有解决,则可以选择罢工,在罢工得到同意的情况下,需要提前 10 天通知雇主。这一系列程序显示出医疗机构同《塔夫脱—哈特利法》覆盖的其他行业之间的区别,其他行业使用 ADR 是自愿的,而医疗机构则是强制性的。

BOI 的设置是一种新的尝试,该程序通常由一个仲裁员独立构成,通过举行听证会等,在 15 天内提交无约束力的调查报告。BOI 提交的报告如果没有被各方接受,则将被用作进一步谈判和调解的材料。为了使 BOI 程序尽可能发挥作用,FMCS 调解员非常重视 BOI 的报告。经过对 BOI 的试验和长期观察,FMCS 发现单独与调解相比,BOI 的效果并不明显。FMCS 在这一阶段不断做出新的尝试,考察新型 ADR 及其运行效果。

3.3.3　私营部门中的后三部曲系列判例

ADR 在劳资纠纷中的适用范围进一步扩大,私营部门作为过去几十年间劳资纠纷 ADR 发挥作用的主阵地可谓是传统领域了。在这一阶段,私营部门中的 ADR 也出现了新的变化,最具代表性的是与"钢铁三部曲"案例相对应的"后三部曲"案例。后三部曲是在钢铁三部曲之后的一系列案例。通过这些案例,劳资谈判协议中仲裁条款的适用范围进一步拓展,仲裁协议的影响不断增强,这主要表现在仲裁协议的管辖权在当事人类别与协议有效时间两方面。

当事人类别方面主要是指由于买卖、兼并或谈判导致雇主发生变化的情况,最著名的案例是约翰·威利图书公司诉利文斯顿镇案①。国际科学百科全书公司与 65

---

① 　376 U. S. 543 (1964). John Wiley & Sons, Inc. v. Livingston.

个区零售、批发和百货公司联盟达成劳资协议，之后国际科学百科全书公司与威利图书公司合并，不再作为一个独立实体继续经营，而原来的员工继续受聘于威利公司。威利公司比国际科学百科全书公司更大，并且与原来的工会没有协议。工会宣称，虽然两个公司合并了，但它仍然代表原来的员工，并且要求威利公司承认这些员工应有的权利，包括资深员工的特别权利和解雇费。威利公司不承认工会的地位，因此拒绝接受其提出的要求。工会以威利公司违反《塔夫脱—哈特利法案》第301条为名将其告上法庭，要求强制仲裁。联邦最高法院宣称，决定劳资谈判协议的仲裁条款在公司合并之后是否继续生效的是法院而非仲裁员，仲裁条款在双方合并后具有法律效力并继续约束继任的雇主。但法院这项决议的根据并不是很清楚，协议中没有关于继任公司的相关条款，威利公司也一直不同意仲裁。联邦最高法院认为，支持仲裁的条款不能因为威利公司没有签署合同就被推翻，因为仲裁不能总是随着公司结构的变化而变化。举例来说，如果"企业机构中不存在身份的实质存续性"或工会自愿放弃仲裁权利，那么仲裁责任也就相应地不存在了。六年之后，这一纠纷还是走上了仲裁的道路，仲裁员需要判断该案的企业机构中是否"存在身份的实质存续性"。合并之后，国际科学百科全书公司的员工已经分散在威利公司的各个岗位，与威利公司其他员工混在一起。由此，仲裁员认为国际科学百科全书公司的单独身份已经不存在了，因此其与工会的合同对威利公司不再具有约束力。其后联邦法院将实质存续性原则应用到其他案件中，得出了前公司在并购后所占比例、前公司员工在并购后公司所占百分比、并购后前公司是否单独经营等较为详细的标准。

之后联邦最高法院对此类案件的态度发生了微妙的变化。在 NLRB 诉伯恩斯国际安全服务公司案[①]中，联邦最高法院提出，如果前企业员工构成新企业劳动力的主体，那么继任公司就需要与代表前企业员工的工会谈判，然而继任公司不受前企业劳资谈判协议的约束。尽管联邦最高法院试图将威利案定义为301条款管辖的案件，而伯恩斯案为一起不当劳动行为案，但伯恩斯案其实已经对威利案的判决提出了质疑。伯恩斯案中继任公司不受前企业合同的限制，这就与威利案中所认定的只要

---

① 406 U. S. 272 (1972). NLRB v. Burns International Security Services，Inc.．

符合实质存续性原则,继任公司就受到原劳资谈判协议中至少一项重要条款限制的说法相违背。此时联邦最高法院对 301 条所适用的案件与不当劳动行为案件之间的界限界定仍然很模糊,在其后的霍华德·约翰逊公司诉宾馆和餐馆员工案[1]中,联邦最高法院仍然忽略了两者的区别。霍华德·约翰逊购买了一家汽车旅馆,前企业的员工只构成新企业员工的小部分,与根据 301 条而提请仲裁的威利案类似,但联邦最高法院认为即使如此仍然要参考伯恩斯案。尽管伯恩斯案和霍华德·约翰逊案并没有改变威利案的判决,但这两个案件在实际上已经破坏了威利案所存在的基础。在联邦最高法院对威利案的判决中,仲裁条款在企业合并后仍然具有法律效力的前提是至少有一部分劳资谈判协议规定的实体权利在合并之后仍然具有效力。而后两个案件的判决显示,当继任公司接管前公司后,劳资谈判协议自然失效。如此一来实践中的结果是,继任公司可能被迫卷入一个无意义的仲裁中,仲裁员可能认为劳资谈判协议中的实体权利在合并后就不存在了,因为两个企业之间缺少实质存续性,并且即使这种实质存续性确实存在,但继任公司不受之前劳资谈判协议的约束,这些实体权利依然无效。

　　威利案还涉及另一方面,即协议有效时间的管辖权问题。威利案中的工会在劳资谈判协议期满的前一周提请仲裁,而它要求的赔偿却可能延迟到协议终止日期之后,这就涉及劳资谈判协议终止后仲裁效力的问题。事实上,这牵扯到很多问题,包括仲裁是否必须在协议终止前实施,纠纷内容是否必须包括协议终止之前赋予当事人的权利以及仲裁员是否可以在协议终止后做出继续协议权利的判决,等等。联邦最高法院将这一问题按照权利的积累来处理,就避免了直接面对协议终止的问题,但工会要求的是权利的继续而不仅仅是已积累权利的执行问题。由于工会的要求具有可仲裁性,仲裁员需要确定当事人双方之前是否就工会要求的权利积累达成协议,但仲裁员对当事人意向的看法往往具有局限性,他们认为实体权利在协议终止后同样失效。联邦最高法院认为诺尔德兄弟公司诉当地 358 号面包糖果店工人联盟案[2]也

---

① 417 U. S. 249 (1974). Howard Johnson Co. v. Hotel & Restaurant Employees.

② 430 U. S. 243, reh. denied, 430 U. S. 988 (1977). Nolde Brothers, Inc. v. Local 358, Bakery & Confectionery Workers Union.

属于协议终止后仲裁。当事人达成的劳资仲裁协议包含关于离职金的条款。协议期满后，雇主关闭了工厂并拒绝了员工要求的关于离职金的仲裁。联邦最高法院认为，尽管协议期满但这一纠纷仍具有可仲裁性，纠纷当事人有一方不同意仲裁，法院不应强制仲裁，但可以采用钢铁三部曲案例中的做法，即除非有明显证据证明纠纷不在仲裁协议规定的范围内，否则不应该剥夺仲裁的要求。结果显示，可仲裁性可以强化仲裁系统，并能将联邦司法从那些琐碎的纠纷中拯救出来。

　　除此之外，还有一批联邦最高法院的判决增强了仲裁协议的影响。从当地 174 号卡车司机工会诉卢卡斯面粉公司案①开始，联邦最高法院通过使当事人明白他们可能没有考虑或预见的后果，来增加仲裁协议的重要性。卢卡斯公司认为，不罢工条约应当作为仲裁协议的衍生，如果工会就某一纠纷发起罢工，而这一纠纷是其原本同意通过仲裁来解决的，那工会就需要对罢工的损失负责，否则可仲裁性就可能剥夺雇主向法院提请劳资协议的损害赔偿的法定权利，如果协议允许雇主就索赔提请仲裁，那么法院可将其作为 301 条下损害赔偿诉讼受理并可能通过仲裁来解决。经过对一系列案件的反复研究，最后联邦最高法院通过博伊斯市场公司诉当地 770 号零售店员案②确定，在当事人打算强制申诉仲裁时，如果员工因为一个双方协议中同意仲裁解决的纠纷发起罢工的话，那么联邦法院可以以违反不罢工条款的名义来禁止罢工，而获得禁令的条件是雇主愿意执行仲裁，并且满足通常情况下执行禁令的公平要求。随后的捷威煤炭公司诉 UMW 案③扩大了博伊斯市场公司案的影响并对提出了应用中的限制条件。该案中的劳资谈判协议中包含强制仲裁条款，但不包括明确的不罢工内容。在卢卡斯案中，联邦最高法院规定，不罢工条款应当是强制仲裁条款的衍生，如果违反不罢工条款，工会就得对罢工带来的损失负责。捷威案则将其转化为禁令，从此之后工会同意强制仲裁条款也就被认为是同意了不会因为该条款管制的事情而罢工，违反了这一协议的罢工可被禁止。同时，联邦最高法院也通过水牛公司诉美国钢铁工人协会案对博伊斯案加入了额外的限制，即第三方谈判机构在和雇主签

----

① 369 U. S. 95 (1962). Teamsters Local 174 v. Lucas Flour Co. .
② 398 U. S. 235 (1970). Boys Markets, Inc. v. Retail Clerks Local 770. 2.
③ 414 U. S. 368 (1974). Gateway Coal Co. v. UMW.

订新协议时发起的声援性罢工,不属于禁止罢工的范畴。联邦最高法院认为无权对声援性罢工下禁令,因为这类罢工不属于仲裁范围,其既没有阻碍仲裁过程,也没有剥夺雇主辩护的权利,它是工会承诺对可仲裁纠纷不予罢工的保障。如此一来,联邦最高法院在推崇仲裁的同时帮助雇主的协议权利免受罢工的威胁,同时也预防了劳动禁令的滥用,使博伊斯案的判决更加无懈可击。

总体来说,后三部曲案例极大地扩展了钢铁三部曲案例的影响,表面上法律对仲裁协议的限制更多了,却给了这些协议史无前例的力量。不管是有意还是无意,在国会 1947 年颁布 301 条款时,申诉仲裁就开始飞速发展,其在现实中的作用使联邦法院不仅改变了对仲裁的敌对态度,其自身也成为推动仲裁发展的主要力量之一。

3.3.4　劳资 ADR 的形式与理论发展

谈判是劳资双方就彼此意见进行协调以避免罢工的常用方法,在谈判进入僵局时,传统上一般使用调解来解决。申诉仲裁是将违反劳动协议的行为交由仲裁来解决。私营部门中很少使用仲裁来解决谈判僵局,因为谈判者们不愿意让外人来决定如此重要的问题。20 世纪 50 年代晚期的"钢铁三部曲"大大提高了仲裁的地位,并增加了对申诉仲裁的使用。1973 年,钢铁部门在对利益仲裁的使用上又有了重大突破。

为了应对罢工并维持稳定的钢铁供应以应对日常销售,钢铁行业开始采用新的策略。钢铁公司在与钢铁工会谈判之前囤积钢铁以避免谈判破裂调解失败后罢工的损失,如果没有罢工,和解达成之后为减少库存,雇主会立刻裁员,工会成员们因此感到这是对没有罢工就达成和解的惩罚,如此一来,罢工就成为必须的选择。双方陷入一个死循环。面对这种进退两难的局面,钢铁行业和美国钢铁工人联合会达成了一项史无前例的协议,即将任何 1974 年谈判没能解决的问题交由具有终局约束力的仲裁。通过将问题交给一个公正的仲裁程序,劳资双方都觉得他们能得到一个公正的结果,工会可以不依赖罢工,资方也不用裁员。

　　这一项协议被称为实验性谈判协议（ENA）①，有效期到双方合同到期的前一年。ENA 制定了一个严格的时间表来控制集体谈判。谈判在 1975 年 2 月 1 日开始，在 4 月 15 日结束，所有没能解决的问题将被提交给 5 月 10 日开始的仲裁，而仲裁裁决将于 7 月 10 日作出。任何合同条款和其他安排未能在双方对仲裁裁决的执行中实现的，将通过 7 月 31 日的仲裁解决，并在 8 月 1 日生效。② 这个透明的时间表将排除意外，保证纠纷得到解决，促使双方放弃采取惩罚性措施打击对方，真正认真进行合作来解决纠纷。ENA 在 1975 年钢铁部门的第一次使用中表现出色，双方对新的纠纷解决程序感到很满意，并在 1977 年和 1980 年的谈判中再次使用。

　　伴随着 ADR 在劳资纠纷解决实践中的发展，有关 ADR 尤其是仲裁与法律的关系、ADR 从业者的素质等方面的讨论进一步加深，对这些问题的讨论推动了劳资纠纷领域中 ADR 理论的发展。

　　第一个讨论涉及的是仲裁员是否应该尝试在仲裁过程中运用外部法律的问题。当时几乎所有仲裁员都认为可以使用成文法帮助解决纠纷，并且在当事双方授权仲裁员的情况下，仲裁员能够解决法律问题。以芝加哥大学法学教授伯纳德·梅尔策为代表的反对派认为，仲裁员是协议代理人，而非法令规章的代理人，在仲裁员能力方面，很多仲裁员没有受过法律培训或者虽然受过培训但不足以了解所有相关的法律权威，故缺乏相应的能力，而当事人授权则超出了仲裁员的权力范围。支持者大卫·费勒教授从仲裁制度角度出发，认为即使双方当事人授权仲裁员决定法律问题，但仲裁本身可能会受到伤害。法院遵从仲裁员的意见是因为他们相信仲裁不只是司法解释的替代，更是"工业自治一个完全不同的程序的顶峰"，如果仲裁员不承担此角色而开始解释或应用法律则背离了其使命。只有仲裁员放弃对有争议的外部法律问题的裁决，才能维护仲裁的自主权。赞同派密歇根调解委员会主席罗伯特·豪利特认为，仲裁员应充分考虑影响申诉的所有法律问题，所有协议都应遵循法律和习惯法规定，而非律师的仲裁员可能比法院的法官更了解劳动法，作为律师的仲裁员则更有

---

① 　实验性谈判协议：Experimental Negotiating Agreement，简称 ENA。

② 　BARRETT J T, BARRETT J P. A history of alternative dispute resolution: the story of a political, cultural, and social movement[M]. San Francisco: Jossey-Bass, 2004:145.

力,如果仲裁员忽视法律,其裁决会出现严重错误,并最终导致二次诉讼。另一个赞同派理查德·米顿索虽然不同意豪利特的观点,认为仲裁员从合同中而非外部法律获得权力,如果仲裁员就法律问题进行裁决,法院和其他机构就不会像现今那样遵从仲裁员的裁决,但在一些案件中,仲裁员应该遵循法律而非合同。他认为一些仲裁员有能力对法律作出解释,如果协议涉及非法行为,仲裁员应拒绝这种案件。虽然争论中存在不同意见,但仲裁员在一些问题上达成了共识。几乎所有仲裁员都一致同意外部法律对仲裁产生的影响,同时在协议没有对问题进行说明的情况下,仲裁员不得考虑一方当事人提出的法律问题,然而在当事方能证明某种行为需要诉诸法律时,大多数仲裁员还是偏向法律,即使仲裁员更偏向合同也不能让一方当事人违背法律。①

　　第二个问题是关于 ADR 从业者的素质。1964 年在耶鲁大学法学院的一次演讲中保罗·海斯法官猛烈攻击劳资纠纷中的仲裁体系,他强调大多数仲裁员不具备值得联邦最高法院信任的能力,很多仲裁员缺乏职业道德,为了维持自己长期的地位,在裁决时采取折中策略,以不正当手段操纵仲裁裁决,以掩盖劳工和雇主之间的非法协议。NAA 的前任会长索尔·沃伦对海斯的批评作出反击,他指出劳动仲裁是特殊的领域,由仲裁员监管,许多仲裁员重复为同一当事人服务,但当他们为新的当事人服务时,其专业背景能帮他迅速抓住并理解普通人所不能理解的问题。仲裁员的能力经过了市场的考验,处于纠纷解决市场中的当事人可以根据自己的判断与仲裁员自由订立服务协议,而这是法官所不具备的。并且如果一个仲裁员为避免伤害任何一方而采取折中策略,那么当事双方可能会立刻解雇此人。与此同时,NAA 也开始将注意力放到仲裁员可能存在的不足上,仲裁机构在筛选专家组候选人时更加严格细致。之后,海斯批评的影响逐渐转淡,含有仲裁条款的协议仍然在不断增加。

3.4　ADR 在实践中的创新

　　随着 ADR 发展路径的增加,其发挥作用的领域大大扩展了,这一方面使原先在

---

① NOLAN D R, ABRAMS R I. American labor arbitration: the maturing years[J]. University of Florida law review,1983,35(4):615－621.

ADR 领域中具有代表性的机构，如 FMCS、AAA，拓展了业务范围，在实践中发展出 ADR 新技术；另一方面也吸引了一些新的参与者，例如联邦和州政府机构、法院、律师协会、大学、非营利性组织，还有大量的从业者，这些新参与者带来了新的理念并踊跃地运用于实践，与原来的参与者一起积极地推动着 ADR 的发展。ADR 典型机构的新发展和新参与者的实践，对这一时期 ADR 的发展有着鲜明的影响。

3.4.1　FMCS：纠纷解决的技术创新

　　FMCS 是根据 1947 年《塔夫脱—哈特利法》案建立起来的独立于政府的服务机构，其前身是劳工部中的 USCS。FMCS 的法定管辖范围被《塔夫脱—哈特利法》限制为州际贸易间私营部门的劳资纠纷案件，小企业工人、公共雇员、农业工人还有医疗机构的工作人员都被排除在外。民权运动促使 FMCS 将触角伸入劳资纠纷以外的领域，鉴于对骚乱的担忧与对和平环境的追求，国会并没有对 FMCS 超出自身法定管辖范围的行为提出疑问，FMCS 的实际工作范围扩大了。

3.4.1.1　将劳资纠纷解决技术运用于新纠纷领域

　　针对 20 世纪 60 年代公共雇员纠纷的增长，FMCS 增加了一个特设政策，即在当事方或政府公务人员提出请求时，为其提供调解。很多 FMCS 的调解员不愿意参与公共雇员纠纷，即使尼克松的 11491 号总统令授权 FMCS 为公共雇员谈判僵局或其他纠纷提供调解。因为公共雇员纠纷能够谈判的主题有限并且他们没有法定的罢工权利，所以 FMCS 的调解员认为这些工作很无聊且缺乏挑战。如果说公共雇员纠纷还没有使一部分 FMCS 调解员看到其使命的变化和即将遇到的挑战，那民权运动带来的大量各式各样的纠纷则重重冲击了 FMCS 成员的传统思想。新立法的出现，社会环境的改变，对整个社会不安状态的担心，以及 FMCS 积极谋求自身发展的意向都将 FMCS 推向了纠纷解决的前沿阵地，它的调解服务扩展到劳资纠纷以外的广阔领域，劳资纠纷 ADR 模型被尝试应用到新领域。

　　1974 年，FMCS 的主管比尔·尤塞瑞带领团队做了一个 FMCS 发展计划。计划中回顾了该机构及其前身 USCS 60 年来的发展历程，提出在过去 FMCS 发展和改善了谈判、调解和仲裁技术，在未来将继续如此，并将经验与更多人分享。计划中主要内容是关注 FMCS 在劳资纠纷中的传统角色，但部分内容显示了 FMCS 的野心，即扩大 FMCS 的纠纷解决范围，使其实践超出劳资纠纷领域。该计划宣称 FMCS 的使命是：发展纠纷解决的艺术、科学和实践。①

　　为了实现新目标，FMCS 创建了技术服务办公室（OTS）②。OTS 以华盛顿地区为试点，测试劳资纠纷解决技术在新兴纠纷中的应用。结果，OTS 成功调解了一个华盛顿地区黑人消防员和白人消防员之间的种族纠纷，以及弗吉尼亚州阿灵顿郡教师和保管员之间的种族纠纷。除了试点项目，OTS 向数量众多的联邦机构提供谈判和调解培训，包括社区关系服务、联邦调查局、协助执法管理部门、平等就业机会委员会、劳工部的退伍军人就业委员会、健康与人类服务部门的民权办公室、住房和城市发展部门等等。OTS 还帮助一些部门建立了纠纷解决程序，例如环境办公室的能源部门、总统办公室的环境质量理事会、商务部的科学和技术办公室、环境保护署的标准和法规部门等等。③ 其中较为典型的例子是 OTS 对联邦公路管理局的培训。20世纪 70 年代早期，联邦公路管理局请求 FMCS 为其最难做的工作寻找解决办法，即获得公路建设所必需的土地。OTS 通过与弗吉尼亚州和马里兰州的州公路办公室会面，了解到工程师们往往以工程原则为最高准则，所以经常毫不体恤地向土地所在的社区提出征用民居的要求，以至于遇到了很大阻力，经常出现纠纷。OTS 对州公路工程师进行了一些谈判方面的培训，使他们能更人性地理解和解决征用土地过程中出现的问题。在为联邦机构提供培训的同时，FMCS 也为一些民间组织提供培训。例如，民权运动带动了消费者对自身权益的维护，全美住宅建筑商协会发现自己的成员越来越多地面对诉讼或者消费者的抗议，于是该协会创立了"HOW"④，为本行业提供调解和仲裁培训。FMCS 向该组织提供了多年培训，这一过程也加深了 FMCS自身在新兴纠纷领域中的认识和经验。

---

　　①　BARRETT J T, BARRETT J P. A history of alternative dispute resolution: the story of a political, cultural, and social movement[M]. San Francisco: Jossey-Bass, 2004: 168 - 169.
　　②　*技术服务办公室*: Office of Technical Service, 简称 OTS。
　　③　BARRETT J T, BARRETT J P. A history of alternative dispute resolution: the story of a political, cultural, and social movement[M]. San Francisco: Jossey-Bass, 2004: 169.
　　④　HOW: Home Owners Warranty。

　　从几个典型案例中可以看出 FMCS 将劳资纠纷 ADR 模型应用于新领域的努力。第一个是 1974 年卡车司机罢工案。由于石油输出国组织的石油禁运，1974 年美国发生了汽油短缺，汽油短缺引发的价格上涨降低了个体卡车司机的收入，也削弱了他们工作的动力。他们认为政府的价格调节软弱无力，于是选择罢工。美国全部商品的 85% 平时由个体卡车司机运输，所以罢工迅速造成了全国性的影响，而且针对没有参加罢工的卡车司机的暴力活动也在增加。面对这种情况，FMCS 主管尤塞瑞被任命为总统特别助理，负责调解这次罢工。这并不是典型的 FMCS 案件，因为没有涉及劳资纠纷，但尤塞瑞非常重视这一次的调解，认为是对新领域的探索。个体卡车司机被许多分散的工会组织所代表，这些组织希望能游说联邦制定一个对卡车司机友好的法规，对卡车司机而言，燃料上涨已经成为一个影响到生存的问题。越来越多的卡车司机选择罢工，制造业由于货物无法运输开始裁员，商品供应也中断了。调解员面临的压力不断增大，尤塞瑞将司机们召集起来开会，经过多次调解，终于达成了 14 点联邦计划，结束了罢工。这是 FMCS 对非传统劳资纠纷的一次成功调解。

　　第二个案例是霍皮人-纳瓦霍人居留地案。在美国最大的印第安居留地——霍皮人-纳瓦霍人居留地中，两个部落为土地的利用而纠纷不断，法院和美国印第安事务局(BIA)①一直没能将纠纷完全解决，1974 年国会指令 FMCS 来调解相关纠纷。FMCS 聘请比尔·西姆金作为这个项目最重要的调解员，西姆金曾在 FMCS 工作将近 8 年，是任职时间最长的主管。西姆金发现调解中最困难的问题是印第安人的墓地，印第安人认为墓地是神圣的，而谈判中对土地边界的划分常常不是分割了墓地就是分割了部落，鉴于此，虽然非常不情愿但一些墓地不得不搬迁。国会为这次调解拨款 50 万美元，并为其他机构协助搬迁以解决纠纷提供了另外 50 万美元。经过 9 个月的工作，原则上所有的问题都达成了协议，联邦法院命令执行该协议。由于在执行中又有一些问题冒出来，部落和法院要求调解工作继续进行，在接下来的一年中西姆金继续跟进该项目，对出现的问题加以解决。最终这个长期存在的纠纷终于通过调解获得了解决，法院、部落以及 BIA 都对这次调解评价很高，这进一步证明 ADR 是

---

　　① 美国印第安事务局：Bureau of Indian Affairs，简称 BIA。

解决复杂纠纷的利器。诉讼、法律、行政命令、法院裁决，往往只能解决非常狭窄的一部分问题，而调解允许各方充分表达他们的诉求，能更好地释放他们的愤怒并澄清误会，从而更易制定出可行的解决方案。这次的成功调解使 FMCS 赢得了印第安部落的信任，1975 年拉苏族请 FMCS 帮助解决选举纠纷。尽管 FMCS 此前没有相关经验，最终在 NLRB 的帮助下还是成功解决了问题。

3. 4. 1. 2　预防性调解的创制

1973 年的 11710 号总统令创建了工业和平国家委员会①，该机构负责研究美国的工业关系并提出改进建议。主要的工会和资方代表都参加了相关会议。委员会最后的报告赞赏了 FMCS 在劳资纠纷中的调解和预防性调解工作，建议提供资金支持，并提议劳工部提供谈判中所需要的劳方和资方的数据。

FMCS 一直致力于帮助劳资双方改善相互之间的关系，并发展出一种预防性调解程序。预防性调解与传统的调解不同，是在纠纷发生前由劳资双方共同使用，提前解决彼此的不满和存在的问题，还能帮助劳资委员会改善双方在劳动协议条款方面的沟通，预防问题并解决问题。

FMCS 在 1975 年引入了一种新型预防性调解程序，即"客观关系"（RBO）②。该程序由两个调解员创制，通过培训使劳资双方具有检查彼此关系的能力，进而制定进一步改善关系的计划。这种程序特别适合关系不佳的劳资双方，经常使用可以避免很多纠纷的发生。RBO 的高成功率使其迅速成为 FMCS 预防性调解中最常使用的程序，并成为一种优秀的 ADR 模型。

1978 年，国会通过了《劳资合作法案》（Labor-Management Cooperation Act of 1978），要求 FMCS 支持劳资委员会项目的开展。劳资委员会（LMC）③通过提供一个固定场所使劳资双方代表有机会分享彼此的信息，并在非正式的场合下解决问题，而不是在问题爆发后在特定场合下彼此敌对，以劳资谈判或申诉程序来解决。LMC

---

① 　工业和平国家委员会：National Commission for Industrial Peace。
② 　"客观关系"：Relationships by Objectives，简称 RBO。
③ 　劳资委员会：Labor-Management Committee，简称 LMC。

是一种预防性程序，可以预测问题，在问题扩大化之前解决，并且有助于扭转一些被动或不利的境况。为了鼓励这些旨在培养劳资合作的机构，劳资合作法案通过FMCS 为各级 LMC 提供资金支持。LMC 项目在改善劳资关系方面获得了巨大成功，提高了企业生产率和士气，并为劳资双方的沟通提供了更好的方式。LMC 项目在促进社区发展方面也发挥了积极作用，例如通过开展培训和合作会议，LMC 可以改变社区在劳资关系方面的坏名声，从而吸引更多企业入驻，为该社区的发展赢得更多机会。

3.4.2　SPIDR：ADR 从业者的专业性与多样性

"民间力量对于 ADR 运动的推波助澜是美国 ADR 发展的一个主要特色。民间既是 ADR 的提供者、鼓动者、理论研究者和技术发展者，也是资金提供者，同时还是ADR 的消费者。"[1]早从 20 世纪 20 年代的美国仲裁协会的成立开始，民间力量就扮演了重要的角色。到 20 世纪 60、70 年代，更多的民间组织成立了，纠纷解决专业人员协会(SPIDR)[2]是其中的典型代表。SPIDR 的建立、发展，以及成员的增长和变化都展示了 ADR 向其他新兴纠纷解决领域扩张的趋势。

在美国，大部分专业都有相应的协会，以满足本行业从业者对培训、知识更新和专业推广的需要。ADR 从业者在很多年前就已经有具备如此功能的组织，例如，国家仲裁员研究院和美国仲裁协会是针对仲裁员专业需要的组织，FMCS 是针对联邦调解员的组织，劳动调解代理协会（ALMA）[3]是满足州和地方调解员专业需求的组织，但这些组织的章程都将其成员限制在传统纠纷解决领域内。随着民权运动的发展，种族、社区、校园冲突持续不断，新的纠纷类型层出不穷，公众对冲突的关心和担忧不断加剧，一些劳资纠纷解决者开始对新型纠纷表现出兴趣，有一些人撰文建议把

---

　　① 项冶萍，罗长青，费文婷，等.美国 ADR 对完善我国非诉讼纠纷解决机制的借鉴意义[J].政府法制研究，2007(9)：9.

　　② 纠纷解决专业人员协会：Society of Professionals in Dispute Resolution，简称 SPIDR，成立于1972 年。

　　③ 劳动调解协会：Association of Labor Mediation Agencies，简称 ALMA。

劳资纠纷解决模型应用于新型纠纷领域，一些组织开始了在新领域的尝试，例如 NCDS 和 CMCR。尽管表现出兴趣的人数很有限，但这是一种开始。

大卫·坦茨曼，一个 FMCS 资深调解员，一直希望能在劳资纠纷调解者中间建立一个类似国家仲裁员研究院的组织。国家仲裁员研究院通过严格的同业互查来限制劳资仲裁员获得会员身份。为了实现目标，他不断请求 FMCS 的支持，他相信如果没有专业的组织，调解永远也到不了专业的地位。1971 年，坦茨曼的主张终于获得了当时 FMCS 主管柯蒂斯·坎特的支持，据说当时 FMCS 内部的调解员正在工会化，为了让外部的专业组织减弱工会化的效果，坎特支持坦茨曼对建立一个专业组织进行可行性评估。坦茨曼还获得了纽约公共就业委员会和劳动调解代理协会主管罗伯特·赫斯比的支持，赫斯比开始利用自己的组织能力及可以支配的资源建立新组织。由于工作在 ADR 的新兴领域，赫斯比希望新组织能够对所有 ADR 从业者开放，不管是在传统领域还是在新兴领域工作。赫斯比成立了一个工作组，专门为新组织编写计划，随着计划的不断修订，新组织得到越来越多从业者的支持。在 1972 年，SPIDR 成立了。

作为 SPIDR 的主要发起人，赫斯比对会员要求的意见最终成为 SPIDR 的规定。他将会员分为两类：普通会员需要三年的全职纠纷解决经验，准会员针对那些经验较少但对纠纷解决有兴趣的人，会员资格对整个纠纷领域开放，不仅包括劳资纠纷等传统领域，还包括新兴领域。在 1972 年 SPIDR 成立时，创社会员有 146 人，主要是男性并且大部分人的关注点是劳资纠纷，但同时也包括 4 名女性和 4 名非劳资纠纷从业者。赫斯比被选举为 SPIDR 的第一任主管。

1973 年，SPIDR 在弗吉尼亚州的莱斯顿举行了第一届年会，有两百名 ADR 从业者参会。会议议程以劳资纠纷为主，公共雇员的劳资纠纷领域是这一届年会的关注点。虽然新兴领域的 ADR 从业者没有得到太多关注，但赫斯比在年会的欢迎词中说到，SPIDR 的会员数在一年中飞速增长，其中包括很多非劳资纠纷 ADR 从业者。他希望能承认这些新参与者的会员身份，并鼓励他们通过 SPIDR 的年会学习劳资纠纷 ADR 技巧，他相信劳资 ADR 模型是久经考验的，一旦被充分理解，也可以适用于新兴纠纷领域。到 1974 年的年会，已经有两个非劳资纠纷 ADR 议程。改变的过程虽然缓慢,但一直在前进并贯穿了整个 20 世纪 70 年代。对劳资纠纷的完全关注在逐渐减弱,开始转移到劳资纠纷内部的新兴 ADR 领域,例如公共雇员纠纷。到 20 世纪 80 年代,新兴纠纷领域得到了 SPIDR 会议的更多关注。随着会议议程的慢慢转变,十年间 SPIDR 的会员构成由劳资纠纷从业者占大多数变成新兴纠纷领域从业者占大多数。SPIDR 的主管萨姆·萨科曼曾经是一个资深的 FMCS 调解员,在他1981 年的就职演说中提到只有大概 10% 的 FMCS 调解员同时也是 SPIDR 的会员。许多劳资纠纷从业者在 20 世纪 70 年代末从 SPIDR 退出,投身到与其工作领域更密切的 FMCS、AAA、NAA 和 ALMA。

ADR 从业者的多样性发展反映着 ADR 发展路径的拓展,到后来,环境纠纷、婚姻家庭纠纷、反歧视纠纷,每一个 ADR 实践领域都在 SPIDR 中发展出了一个部门,在年会中有自己的研习会。多样性还表现在 ADR 从业者的变化上,妇女、少数族裔、年轻人在 SPIDR 中的比例不断提高。面对会员中的这些变化,SPIDR 对会员资格认定、会员道德准则等问题做了更深入的研究,并拓宽了培训主题。

在 20 世纪 80 年代,SPIDR 在非劳资纠纷领域基本上占据了主导地位。非劳资纠纷领域的成员远远超过从前占主流的劳资纠纷领域的成员,劳资纠纷从业者虽然仍具代表性,但已经成为少数派。SPIDR 的年会议程反映出 ADR 在非劳资纠纷领域的发展,会议发言者谈到环境调解、电话调解、邻里司法中心、家庭和消费者调解、房屋建筑仲裁等议题。为了应对日益多样的纠纷实践,SPIDR 创建了专业纠纷领域的实践部门,例如劳资纠纷部门、婚姻家庭部门、环境纠纷部门等,后来 SPIDR 的实践部门增加到 13 个,除此之外还有大量专门委员会。在 ADR 发展领域越来越宽广,从业者不断增加的情况下,SPIDR 开始研究行业伦理方面的问题,包括从业者资格和认证标准、政府监管和规定等,SPIDR 投入大量人员并召开研讨会来讨论这些问题。SPIDR 对这些问题的关注对 ADR 在美国的发展至关重要。

3.5　本章小结

20 世纪 60、70 年代是美国 ADR 发展极其重要的时期。在这一时期,联邦政府改革与民权运动大大拓展了社会主体所拥有的权利,从妇女平等保护权到包括失业救济、公共住宅、公共就业与政府合同在内的福利社会当事人权利,从个人隐私权到环境资源利益权等都成为受到法律保护的权利。民权运动在美国社会中掀起的波动和骚乱以及由此而引发的纠纷,固然是以法院为代表的正式性司法所无法解决的社会难题,而民权运动所推动的美国一系列民权法案的制定,及随后反歧视法律体系的构建,使涌入法院的纠纷数量大增,纠纷覆盖的范围和种类远非昔日可比,也形成了对法院能力的巨大挑战,这些都促使着 ADR 参与对这些纠纷的解决。一些专门机构被联邦政府建立起来,使用 ADR 机制解决类似就业歧视、性别歧视一类的案件。而像环境纠纷这样涉及面广、专业程度深、解决耗时长的纠纷类型,法院更是束手无策,使用 ADR 来解决成为必须的选择。综合以上因素,ADR 迎来了前所未有的发展期。

ADR 的发展主要体现在三个方面。

第一,ADR 在传统领域中有了新发展,最典型的是在劳资纠纷领域。首先,大部分从前未被《瓦格纳法案》和《塔夫脱—哈特利法》覆盖的领域,被纳入可采用 ADR 解决劳资纠纷的范围内。过去在劳资纠纷中获得的经验和 ADR 模型被尝试应用到新型劳资纠纷中。其次,在传统的私营劳资纠纷领域中发展出了 ADR 的新形式,例如钢铁部门的实验性谈判协议(ENA)。

第二,ADR 的发展路径扩大到包括反歧视纠纷、环境纠纷、囚犯申诉等在内的新领域。20 世纪 60 年代一系列民权法案以及其后的各种反歧视法案赋予了少数族裔基本人权,ADR 在涉及种族、民族、性别、宗教、国籍、年龄、身体状况等反歧视纠纷中起到了积极作用。到了 20 世纪 70 年代,ADR 已经发展到环境纠纷和囚犯申诉领域,这些领域中的大部分案件在采取法院行动之前都会接受某种形式的 ADR。ADR 从业者在劳资纠纷和商业纠纷中获得的丰富经验,也在这一时期被尝试应用到新兴纠纷领域中。

第三,随着 ADR 发展领域的扩大,新的参与者不断加入进来,旧的典型机构也不断拓展自身的业务范围。老牌的典型机构,例如最具代表性的 FMCS 和 AAA,发展和完善了 ADR 技术,并积极投身于如何将传统的劳资纠纷解决模型应用于新兴领域的研究。新成立的 SPIDR 则推动了 ADR 从业者的多样性和专业性发展。

第 4 章　美国新型 ADR 的变革（20 世纪 70 年代中期至 80 年代）

　　经过了上一个阶段的蓬勃发展,20 世纪 70 年代中期美国 ADR 进入全面发展与重大调整的时期,一直持续到 20 世纪 80 年代末,这一时期被弗兰克·桑德教授称为"ADR 的警戒期"①。以律师和法院为代表的法律界积极参与到 ADR 领域中,并推动了制度方面的变革。以合作性问题解决理念为代表的新的纠纷解决理念渗入 ADR 的各个领域,推动着 ADR 理念的变革。有关 ADR 的学术研究不仅有各种专家学者的积极参与,一些大学还开设了专门的 ADR 课程,对于 ADR 的认识和争论进入了新的阶段。这一时期 ADR 从制度到理念各方面都发生了显著变化,变革的开端始于著名的 1976 年庞德会议。

4.1　"接近正义"运动与纠纷解决文化的转变

　　由于商业纠纷解决的自发性和联邦法院在劳资纠纷中的无力,新型 ADR 有了最初的两条发展路径,随着 ADR 在 20 世纪 60、70 年代的扩大发展,越来越多的新参与者加入这一领域,既有律师、专门从业者等个人,也有公司、律所、协会等营利和非营利性组织。ADR 的影响持续扩大,随之而来的是社会对 ADR 关注的提升,专家学者对纠纷解决、ADR 与诉讼关系的研究不断加深。ADR 的发展,引起了普通法世界中纠纷解决文化的转变。

---

　　① SANDER F E A. The future of ADR[J]. Journal of dispute resolution,2000(1):4.

4.1.1　"接近正义"运动下的民事司法改革

"接近正义"运动中"接近正义"（Access to Justice）的概念,在历史上曾经发生过几次重大的改变。18 至 19 世纪,自由资本主义在各大资本主义国家占据主要地位,美国的民事诉讼程序体现的是当时流行的个人主义哲学对权利的强化。司法保护请求权的基本含义是当事人有权在个人的合法权利受到侵害时提起诉讼并进行相应的攻击防御。司法保护请求权被认为是一项自然权利,属于天赋人权而非国家授予,因此不需要国家的积极干预,只要国家能保障避免他人的阻挠干扰,权利就可以自行实现。在这样的理念下,国家以一种较为消极的态度来面对司法实践中的问题,法学研究也不太关注司法体制内的现实问题。随着自由资本主义向垄断资本主义进而向国家垄断资本主义发展,社会活动和社会关系不再以个体为中心,而是向集体转化,人权的内涵也随之发生重大改变。个人主义的自由竞争权利观开始向强调社会主体的社会权利和社会义务转化。劳动权、健康权、受教育权、财产安全权等被囊括进人权的范畴中,同时人们普遍认识到国家应当采取积极的措施以确保所有人的基本社会权利都能够实现。与此相应,国家不断赋予社会主体各种新的实质性权利和实质的司法保护请求权,社会主体的诉讼能力不断提高。"当现代平等主义的法律体系已经不再仅仅满足对权利的宣示,而是将确保权利的实现作为己任时,有效的司法保护就成为人们最基本的诉求——最为基本的'人权'。"[①]然而随着公民等各种诉讼参与者诉讼能力的提高,诉讼数量剧增,对诉讼昂贵、诉讼迟延、诉讼门槛过高等的表达也随之增多。

有一些数据可以非常明显地体现这一时期诉讼数量的变化。根据波斯纳对联邦法院的研究,1960 年是美国联邦法院案件负担的一个分水岭,在此之前随着美国人口的增长和内战后联邦政府权力范围的扩展,联邦法院的案件负担虽然有所增长,但速度平淡无奇。"1904 年（该年是联邦地区法院的案件数量有统计数据的第一年）和

---

① 罗伯茨,彭文浩. 纠纷解决过程：ADR 与形成决定的主要形式[M]. 刘哲玮,李佳佳,于春露,译. 2 版. 北京：北京大学出版社,2011：62.

1960 年之间,案件数量从 33 376 件增长到 89 112 件,以复合增长率计算,每年的增长率只有 1.8%。尽管没有有关 1904 年以前提起的联邦案件总数的统计数据,我们(从 1874 年第一次开始发布的司法部长的报告中)确实清楚的是,1904 年联邦法院中提起的私人民事案件实际上比 1873 年还要少。"①美国在 20 世纪 20、30 年代曾经由于禁酒令而使案件负担急剧增长,禁酒令的结束使案件负担发生了大规模的减少。在 1934 年,前一个时期由于禁酒令而导致的案件的暴增和暴减在此时结束,在联邦地区法院提起的民事和刑事案件只有 70 111 件。而从这一年到 1960 年,刑事案件的数量从 34 152 减少到了 29 828 件。从 1934 年到 1960 年,所有增长都来自民事案件,其数量从 35 959 件增长到 59 284 件,年均复合增长率是 1.9%。就全部民刑事案件而言,增长率是 0.9%。设立联邦上诉法院的第一年即 1891 年,在上诉法院提起的案件总数是 841 件,1934 年增长到 3 406 件,年均复合增长率是 4.5%,1960 年在上诉法院提起的案件总数只有 3 889 件,从 1934 年到 1960 年,增长率回落到 0.5%。就联邦最高法院而言,从 1934 年到 1960 年,收到的复审申请数量从 937 件增加到 1 940 件,年均复合增长率是 2.8%,但联邦最高法院的实际判决并没有增加,反而降低了,从 156 件降低到了 110 件。由于 1925 年的《司法法案》大幅度缩小了联邦最高法院的管辖权,所以 1934 年与之前一个阶段的比较并不太具有代表性。

与此相对比,在 1960 年到 1983 年这段时期内,联邦地区法院的案件数量增加到原来的 3 倍多,达到了 277 031 件,年均复合增长率达到了 5.6%,是前一个时期的 6 倍。并且这一时期民事案件比刑事案件的增长快得多。刑事案件从 1960 年的 30 314 件增长为 1983 年的 66 637 件,而且这还是包括了联邦囚犯和州囚犯在定罪后的诉讼和民权诉讼的广义上的刑事案件。民事案件则从 48 886 件增长到了 210 503 件,增长了 330%。联邦地区法院的案件数量增长已经很剧烈,然而更令人吃惊的是,联邦上诉法院案件数量从 1960 年的 3 765 件增长到了 1983 年的 29 580 件,增长了 686%,年均复合增长率高达 9%,是上一个时期的 18 倍。②

---

　　① 　波斯纳.联邦法院:挑战与改革[M].邓海平,译.北京:中国政法大学出版社,2002:59-61.

　　② 　所有数据均来自波斯纳《联邦法院:挑战与改革》一书第三章"案件负担的增长"。波斯纳.联邦法院:挑战与改革[M].邓海平,译.北京:中国政法大学出版社,2002.

　　"尽管无法认定增长率的变化就是从 1960 年开始的,但很明显的是,从 1958 年到 1962 年的这段时期(1960 年是其中间点)确实是一个重大的转折点。在这段时间以前的很长时间中,地区法院的案件负担增长是缓慢的,上诉法院案件负担的增长则几乎为零。在 1960 年左右案件负担突然急剧增长,随后,正如我们所看到的,上诉法院的案件负担就进入了长久的、目前尚未结束的快速增长期。"[①]虽然案件数字或许并不能完全说明法院的案件负担问题,但确实可以看出这一阶段诉讼的暴增。相较而言,庭审数量可能更能显示法院工作负担的变化情况。1960 年联邦地区法院完整的庭审数量是 10 003 件,刑事庭审是 3 515 件,民事庭审是 6 488 件。到 1983 年,庭审总数翻了一番达到了 21 047 件,其中刑事庭审 6 656 件,民事庭审 14 391 件。而且从 1960 年到 1983 年,庭审的平均时间长度从 2.2 天延长为 3.1 天,增长了 40%。从庭审总数和庭审平均时间长度相乘的结果可以看出,自 1960 年开始,联邦地区法院的庭审日数量差不多增长了 3 倍,超过了同一时期地区法官数量的增长。以人均计算,每个地区法院需要处理的向法院提起的案件数量从 341 件增加到了 487 件,而且许多未进入庭审的案件也需要法官花费很多时间来处理。[②] 类似的情况也同样出现在联邦上诉法院。

　　地区法官应对不断加重的工作负担的办法之一就是,"使诉讼当事人更难获得庭审,因为庭审花的时间比庭审前解决花的时间要长。法官通过更宽松地批准驳回起诉动议和简易判决动议,对当事人施加压力让他们在庭审前解决案件,通过这样的方式来做到这一点"[③]。如此一来,诉讼延迟、诉讼昂贵、诉讼门槛过高等的抱怨也必然随之增多。有关这些抱怨的表述与"接近正义"运动成为这一时期为人所讨论的内容,公众希望对审判程序进行改革,通过非正式的程序来实现更便捷、更容易为人民所获得的纠纷解决方式是直接目标。

　　这些抱怨与希翼在 20 世纪 70 年代逐渐演变为对现有纠纷解决文化以及法律职业的反思。有学者尖锐批评美国的审判制度和法学院的教学和科研方式,例如,博克

---

①　波斯纳.联邦法院:挑战与改革[M].邓海平,译.北京:中国政法大学出版社,2002:59-69.

②　波斯纳.联邦法院:挑战与改革[M].邓海平,译.北京:中国政法大学出版社,2002:72.

③　波斯纳.联邦法院:挑战与改革[M].邓海平,译.北京:中国政法大学出版社,2002:72.

提出，"在公正和效率上美国引以为豪的法律制度，尽管运作成本是世界上最昂贵的，却依然不能维护所有公民的权利"。法学院过于教育学生要像"法律人一样思考"，以法律为武器进行战斗，而对社会中越来越多的新型机制视而不见，如 ADR。法学院对让学生学习沟通技巧以和平的方式达成和解妥协方面太过轻视，而这些技巧可以从一开始就帮助当事各方解决各种各样的问题，从而可能避免诉讼的发生。现有的法律从业者从在法学院时就对某些问题学习和训练不足，例如如何创立简便的规则，如何适用低成本的法律程序，如何更好地运用法律来保护穷人和中产阶级的利益。这些缺陷使得法律从业者无法全面地回应社会大众的法律诉求，而可能在这个越来越具有开创性和合作性的社会里失去领导地位。最后他提出："在下个时代，最大的机会将在于如何根据人们的需要进行合作和妥协，而不是挑动他们去竞争和对抗。如果律师们无法促成和解，并设计相关机制来确保其实现，那么他们将失去在社会中最具有建设性的中心位置。"①

基于种种对审判制度的反思和对 ADR 机制优越性的发掘，1976 年，一场讨论"大众为什么会对司法行政不满"的国家会议召开，为了表示对 70 年前罗斯科·庞德所作"公众对司法不满之原因"演讲的纪念，会议特地选定在当年庞德演讲的地方密苏里州圣保罗市召开，并将这次会议称为庞德会议。这次会议由当时联邦最高法院首席大法官沃伦·伯格主持，有来自美国各地的数百名法官、学者和律师参加。这场会议后来被视为美国 ADR 历史上的标志性事件，被奥尔巴克视为"非正式替代性措施合法化的决定性时刻"。

会议的核心议题是面对日益严重的诉讼危机，法院和司法行政应该如何改进。首席大法官沃伦·伯格呼吁参与庞德会议的律师积极检查和讨论司法系统低效的原因。在发布会上，首席大法官发言表示支持在司法系统使用更多的 ADR。在会议中，与会者讨论了《联邦民事诉讼规则》(Federal Rules of Civil Procedure) 第 16 条，鼓励法官使用审前会议来确定能有效处理案件的程序，并且法官可以在审前会议积极

---

① 罗伯茨，彭文浩. 纠纷解决过程：ADR 与形成决定的主要形式[M]. 刘哲玮，李佳佳，于春露，译. 2 版. 北京：北京大学出版社，2011：59.

督促当事各方考虑使用 ADR。

　　会议上讨论了 ADR 的几种基本形式，包括谈判、调解和仲裁，还有更多律师们经常使用的形式，包括和解会议、小型审判、简易陪审团、早期中立评估。参与者还考虑了 ADR 与法律配合的形式，例如哈佛大学弗兰克·桑德教授在他的演讲中提出，反对用一套一成不变的诉讼程序来应对所有的纠纷，法院并不仅仅是一座法院大楼，而应当是一个纠纷解决中心（Dispute Resolution Center），在书记官的辅助下，当事人被引导选择最适合其案件类型的一种或一系列纠纷解决方式，"多门"法院（Multi-Door Courthouse）的概念由此被提出。"多门法院是一个多元化的纠纷解决中心，它基于以下的理念：设立在任何特定案件中使用一个或者另一个纠纷解决程序总是有利有弊。因此这样一个全面的司法中心拥有许多可以让当事人进入某个恰当程序的大门，而不是仅有一个通往法庭的'门户'。"①在这次会议上，弗兰克·桑德教授第一次使用了"ADR"的概念。

　　庞德会议最终达成了两点共识：一是加强法院管理，扩充法官权限，倡导法官对诉讼的管理义务；二是鼓励法院进行 ADR 实验。这次会议被视作法院附设 ADR 制度建立的开端，伴随着美国民事法律体制与程序的改革，ADR 开启了一段新的旅程。

　　庞德会议之后，ADR 运动在美国全面展开。庞德会议使 ADR 获得了几乎整个法律界，从法院到律师再到法学学者和研究人员的肯定。在这次会议中，ADR 并不仅仅是获得了一个统一确切的称呼那么简单，它预示着将有一大股势力（法院和律师）入驻这一领域，并将长久驻扎下去，意味着 ADR 从一切或明（各种频繁使用 ADR 的纠纷领域）或暗（被诉讼所掩盖的大量存在于审判前的和解）的存在场所，一跃到了一个全国瞩目的位置，作为一种缓解司法和诉讼压力的机制被寄予厚望，具有了应用于所有纠纷类型的可能性。

4.1.2　合作性问题解决理念的出现

　　二战后，美国成为世界超级大国，其商品生产和服务在世界范围内遥遥领先。然

---

　　①　戈尔德堡，桑德，罗杰斯，等. 纠纷解决：谈判、调解和其他机制［M］. 蔡彦敏，曾宇，刘晶晶，译. 北京：中国政法大学出版社，2004：390.

而,长期的"滞胀"和国外不断增加的竞争越来越将其推向世界消费者的角色。由于"滞胀"的影响,美国企业利润率不断下降,大公司对劳工发动大规模的攻势。卡特和里根两届美国政府在减少和取消对企业活动管制的同时,加强了对劳工的管制。非工会化企业不断出现,工会工人在企业中所占比例大大下降,例如著名的西屋电气,从 1982 年 82％的工人是工会成员,骤降到 1990 年的 10％。这大大影响了劳工运动,而劳工运动是多年来 ADR 合法性和威望的主要来源之一,这些变化产生了多米诺骨牌效应,对 ADR 产生了一连串的影响。

多年以来,劳资关系都在一个固定的模式下运行,一般是由工会提出要求,劳资双方通过集体谈判对要求进行讨论。在美国经济不断发展的时期,雇主们可以通过提高价格来满足工会提高薪酬、福利和改善工作条件的要求。集体谈判的模式以及雇主满足工会要求的做法,将使劳动成本增加,但由于是全行业的提高,竞争对手的劳动成本也一起增加了,所以对雇主来说影响并不太大。这种模式持续运转着,虽然有摩擦但构成了劳资关系的基调。然而随着与国外竞争的加剧、联邦政府对企业管制的放松、非工会竞争者对工资—利益标准的忽视等一系列情况的出现,这种模式逐渐开始瓦解,从 1981 年的空中交通管制员罢工案可以明显看出这一态势。

空中交通管制员专业组织(PATCO)①是代表一万两千名受雇于联邦航空管理局(FAA)②的联邦空中交通管制员的工会组织。这些空中交通管制员是训练有素的专业人员,控制着世界上最繁忙的航空交通系统。1981 年 6 月中旬,FMCS 协助 PATCO 的领导人和 FAA 管理层就新的劳资协议展开协商。在随后的投票中,PATCO 否决了这项协议。7 月中旬,当事双方通过调解来解决技术选择、退休计划、薪酬水平、病假累计、缩短工作时间五个方面的分歧。工会坚称如果两天之内达不成协议就宣布罢工。最终各方没有就分歧达成协议,工会宣布罢工,引发了全国范围内旅客和货物的滞留。里根总统警告工会,雇员如果在 48 小时内没有返回工作岗位将被解雇。在最后期限过去之后,FAA 解雇了所有罢工者,被解雇者占到了职员总数

---

① 空中交通管制员专业组织:Professional Air Traffic Controllers Organization,简称 PATCO。

② 联邦航空管理局:Federal Aviation Administration,简称 FAA。

的很大一部分。在短短数天之内，军事控制和 FAA 的管理使航空交通接近正常。

里根总统果断结束罢工的做法受到商人和旅行者们的广泛称赞，宣示着政府对工会态度的改变。PATCO 在这次罢工中做了几个错误的判断，他们认为其他工会将会支持这次罢工，但是没有；其工作人员的专业性是不可取代的，现实证明不是；里根作为有史以来第一个曾经做过工会领袖的人当选总统，会同情工会，这也判断错误。空中交通管制员罢工的失败，代表着一个标志性的转变，即劳资关系进入一个新时期，工会在劳资关系中的地位显著下降了。总统解雇罢工者的做法在过去被认为是不可接受的，但在美国经济陷于"滞胀"的泥沼中不可自拔，又面临剧烈的国外竞争的情况下，工会似乎成为国家经济问题的一部分，而非解决问题的方案，一些原本不可接受的做法迅速成为可接受的。

除了在 1981 年空中交通管制员罢工案中表达自己的立场，里根总统在 1983 年任命一位共和党人进入 NLRB。NLRB 的职责是为集体谈判制定和强制执行正式规则，通过对提交委员会的案件作出决定来保持劳资关系里的公平。新加入的共和党成员使共和党多数派取得了 NLRB 的控制权，随后立即开始改变 NLRB 的政策和先例。NLRB 作出决定同意雇主拒绝向工会提供关于谈判的相关信息的做法，NLRB 的工作重点从追求稳定的劳资关系转移到加强竞争的商业考虑上。NLRB 的决策为雇主提供了更多支持，使其可以事先单边决定谈判的主题，在过去这需要在谈判之前通过双方协议来共同确定。

原来在劳资关系中通行的集体谈判模式在 20 世纪 80 年代有了新的含义，工会的战略从以前的"越来越多"和急于从谈判桌上赢得新的权益，变为尽可能地远离谈判桌来保住已经获得的权益。此外还开发出了新的工会策略，如就业保障，即通过同意雇主削减工资来换取一定比例的工人不被解雇的承诺。就连曾经是美国最强大的工会的美国钢铁工人联合会，也不得不以放弃加薪来换取其他权益。劳资谈判中翻天覆地的变化包括更低的工资、新雇员更少的福利、解雇罢工者、停工等。

美国经济衰退带来的减产、裁员和失业率上升也加重了工会的负担，而无工会环境概念在管理圈中的流行，使工会陷入更加痛苦的境地。过去工会组织者宣称，管理不善是工人加入工会的最大原因。20 世纪 80 年代，开明的管理措施流行起来。还有大量的企业顾问和律师,从劳资谈判协议中吸取了经验,他们认为由一个包括多种 ADR 形式的申诉程序来处理工人问题将会比工会代表更有效。企业不断增加相应机制,并以提供更好的工作条件来鼓励员工参与。一些州法院开始实行雇佣自由意志原则,意即那些不受法律和劳资协议保护的员工将被认定为自由员工,听凭雇主的处理。这些情况使 20 世纪 80 年代工会的人数急剧下降,在 80 年代初有 2 010 万工会成员,据美国劳工统计局统计,大约占到全部工人的 23%;而到 1990 年,工会成员已经下降到 1 670 万,占全部工人的 16%。[①] 由于成员数量的急剧下降,很多工会为了降低成本和开销,减少了员工、会议和报纸,一些老资格的工会也不得不克服长期以来的竞争关系而合并在一起,以为其成员提供足够的服务。

劳资关系的变化如此之大,以至于工会、劳动者和雇主必须做出反应,问题是这种变化到底是暂时的还是永久的。工会面对自己地位下降的命运最初的反应是愤怒、怀疑和沮丧。虽然集体谈判并不容易,但在二战之后很大程度上已经制度化了,并且是提高工会和非工会成员生活水平的主要手段。如今,集体谈判受到严重挑战,而工会束手无策。美国劳工联合会—产业工会联合会(AFL－CIO)在 20 世纪 80 年代提出许多对策,但都没能从根本上解决问题。事后来看,很明显劳资关系已经进入了新时期,工会需要对整个劳资关系重新考虑,但在当时很难认识到这一点,改变一点一点缓慢进行。对劳动者来说,婴儿潮一代在 20 世纪 80 年代成为劳动者中的主力,他们的受教育水平更高,对工作收入有更高的预期,对工作中的自我实现也有着更大的渴望。他们对工作的要求和期望非常明确,他们希望在工作中被更郑重地对待。对雇主来说,他们在 20 世纪 80 年代面临激烈的市场竞争,为了提高自身竞争力,他们必须重置劳资关系。有专家将这一时期雇主的反应分为三类:第一类是逃离,这些雇主将企业迁离原先所在的城市,到无工会环境中,在新的地点自由地重新开始;第二类是战斗,这些雇主试图用强硬的手段改变工会和工人,采取威胁裁员或其他严厉的措施来迫使工会做出改变,以扭转一直以来的模式,战斗结果取决于他们

---

① BARRETT J T, BARRETT J P. A History of alternative dispute resolution: the story of a political, cultural, and social movement[M]. San Francisco: Jossey-Bass, 2004: 198.

所面对的不同工会所具有的力量和决心，目标可能是更容易实现也可能是更难实现；第三类是培养，雇主积极推动与工会的合作，包括向工会和工人推销想法并建立信任的关系，这是一个缓慢的过程，但是作用很强大，可以将所有利益相关者都纳入其中，将员工充分地吸纳到企业里。①

　　自二战以来，劳资双方曾有过一些适度的合作，例如共同的劳资安全委员会，还有共同参与社区问题等，但合作是例外而非常态。到 20 世纪 80 年代中期，劳资双方都意识到他们必须停止把对方当作对手，而应该面对他们共同的敌人：外国竞争者。美国公司开始研究日本与北欧的工作实践和劳资关系。大量日本企业采取新的经营方式，即将提出方针、监督生产的整个协同作业过程全部与职员联系起来，比如综合品质管理计划（TQM）②。美国很多大公司推出了工作和生活质量项目来推动整个组织内的合作，让组织内的各级劳资委员会来鉴定、促进和监督双方在各个方面的合作。结果出现了大量的新思想和新实践，一些尝试旨在改善劳资关系，研究如何一起工作等问题，提出建立联合伙伴关系和各个层面的劳资委员会；还有一些提出要改变工作方式，建立工作团队、自我管理式团队，让工人和管理层一起集思广益共同解决问题。这些思想和实践都有 ADR 的某些特点，因为目的都是帮助解决个人和团体以及个人和个人、团体与团体之间的冲突和矛盾。

　　基于此，历史上劳资双方相互之间一直缺乏信任，进入劳资关系新时期后，强大的压力迫使他们重新考虑彼此的关系，包括对 ADR 的重新考量。考量的重点是让ADR 更加深入劳资双方的关系，彼此合作解决纠纷。

　　此外，长期以来纠纷解决被认为是输或赢的命题，不管是在法庭上还是战场上总有输家和赢家，甚至在 ADR 的某些程序中，如调解和仲裁，当事双方也多是持着最大化己方利益而使对方利益最小化的态度。很早就有研究者提出基于利益（Interest-based）的合作性纠纷解决，例如玛丽·帕克·福利特，一个贵格会社会工作

---

　　①　WALTON R E, CUTCHER-GERSHENFELD J E, MCKERSIE R B. Strategic negotiations: a theory of change in labor-management relations[M]. New York: Cornell University Press, 2000: 121.

　　②　综合品质管理计划：Total Quality Management Program，简称 TQM。

者,致力于非正式教育和社区建设,在她的书中提到了基于利益的纠纷解决,她以应用心理学的洞察力和社会科学的调查来研究工业组织和冲突。[①] 其后,沃顿和麦克西 1965 年《劳资谈判的行为理论:社会互动系统的分析》一书,将基于利益的谈判和传统的集体谈判做了比较。这些早期的研究虽然非常有先见,但并没能真正引起人们的注意。[②] 1981 年,罗杰·费斯和威廉·尤里出版了《学着说是:没有让步的谈判协议》。[③] 这本书对合作性问题解决理念(Cooperation problem-resolution)的相关技巧进行了综合,对推广基于利益的谈判和双赢的概念做出很大贡献。两位教授否定了与谈判相关的传统的竞争性观念,提倡"有节度的谈判"(Principled Negotiation),即合作性问题解决,发现彼此的利益,提出对双方都有利的解决方案。大多数人对谈判等纠纷解的基本感受是对失败、被骗、失去和没能得到最好结果的恐惧。《学着说是》帮助持怀疑态度的公众相信在谈判中更加开放和诚实,不互相利用是可能的。这本书和企业界及劳资纠纷领域中的新思想是一致的,合作性问题解决从企业界出发,作为纠纷解决理念被应用到更广阔的领域。

4.2　美国有关 ADR 的民事司法改革

4.2.1　律师服务的重塑

　　ADR 解决纠纷领域的扩大,以及专业从业者与专业机构的出现,大大地刺激了法律界的律师们,他们向来认为自己是最主要的纠纷解决者,并且在现实中也确实占据了纠纷解决的垄断地位,然而 ADR 的蓬勃发展使他们感受到了巨大挑战。庞德会议上确定的鼓励法院进行 ADR 实验的发展方向,更加使他们觉得必须对整个行

---

　　① FOLLETT M P. The new state: group organization, the solution of popular government[M]. Whitefish: Kessinger Publishing, 2010.

　　② WALTON R E, MCKERSIE. A behavioral theory of labor negotiations: an analysis of a social interaction system[M]. New York: McGraw-Hill Book Company, 1965.

　　③ FISHER R, URY W. Getting to yes: negotiating agreements without giving in[M]. London: Penguin Books, 2011.

业的发展做出变革。早已经有人敏锐地意识到了这一点，很多律师转而成为 ADR 运动的推动者，在庞德会议上发表了重要演讲的弗兰克·桑德教授就是一位学院派律师，他还是第一位使用 ADR 概念并对其进行谱系整理的人。

对律师们来说，ADR 意味着一定程度上的角色转变，主要在两个方面："第一，专业化的客户管理系统让律师们不再受客户控制，而开始扮演专家的角色；第二，律师们开始喜欢主持调解，这将成为他们在许多案件中扮演的新角色。"①一些律师开始将 ADR 标签作为其实务工作中某些领域创新的标志。这些工作创新包括一些专门的技术性程序，它们让当事人重新回到决定过程，并且促进纠纷的及时解决。很多律师成为提供纠纷解决服务的志愿者组织和民营机构的发起人。除此之外，律师专业机构和律师事务所为了应对挑战，也重新考虑自己的态度并做出了一些改变。

美国律师协会(ABA)，是美国律师的专业组织。庞德会议后的第二年，ABA 成立了解决轻微纠纷特别委员会②，研究在刑事案件、轻罪案件和公民小额索赔法庭中使用调解的可能性，其研究被称为多门方法。随后该委员会建议进行多门法院试点项目。随着研究的深入，ABA 对 ADR 的兴趣越来越浓厚，ADR 在 ABA 中的地位也不断提高。在推出多门法院试点项目 6 年以后，1987 年 ABA 成立了争端解决常设委员会③。该委员会的目的是研究、试验、传播信息，适当地整合传统程序以外的纠纷解决方法。该委员会的设立充分说明了 ABA 对 ADR 的重视和热衷。1993 年，ABA 将争端解决常设委员会变为争端解决部④，该部门的使命是向成员和公众提供纠纷解决领域的创造性领导，发展和提供教育项目、技术援助和出版物，以促进纠纷解决，鼓励对纠纷解决服务的完善。ABA 争端解决部的成员很快增长到 6 000 人，并且还在继续增加。时至今日，该部门已经包括一个大型年会，几个规模较小的地区和专业会议，还有一份季度杂志。

---

① 罗伯茨，彭文浩. 纠纷解决过程：ADR 与形成决定的主要形式[M]. 刘哲玮，李佳佳，于春露，译. 2 版. 北京：北京大学出版社，2011：89.

② 解决轻微纠纷特别委员会：Special Committee on the Resolution of Minor Dispute。

③ 争端解决常设委员会：Standing Committee on Dispute Resolution。

④ 争端解决部：Section of Dispute Resolution。

　　ADR 运动改变了律师事务所一直以来展示的形象。在美国联邦最高法院首席大法官沃伦·伯格的推动下，美国律师协会开始喜欢 ADR，法学院开始教授 ADR，一些客户需要 ADR，律师事务所开始尝试重新设计一个对 ADR 友好的形象。律师们除了积极参与一些 ADR 程序，并在其中扮演传统的辅助人角色外，开始以中立者的身份参与纠纷解决，这既是对传统的律师实务惯例的极大背离，也代表了一种对法律界外部威胁的回应。许多律师事务所声称提供中立的 ADR 服务，然而其中涉及收费的问题。以第三方的形式工作报酬比通常的律师事务所开价要低，因而这项工作对律师事务所的吸引力不大，然而在一个 ADR 程序中代表客户的工作收费与律师事务所通常的开价一致，再加上为了避免利益冲突①，律师事务所更倾向于在一个 ADR 程序中以客户代表的身份出现，而且在谈判、调解以及仲裁中代表客户，对于律师事务所来说也是非常熟悉和容易上手的业务。此外，律师事务所采取的策略还包括增加事务所中的退休法官，由他们来提供 ADR 服务，退休法官的声誉通常可以吸引很多业务，并且让法官来处理其他选定的诉讼并不被视为利益冲突行为。

　　除了 ABA 和律师事务所做出的改变，私人纠纷解决公司也开始出现。司法仲裁调解中心（JAMS）②，是一家专门提供纠纷解决服务的公司，成立于 1979 年，由加利福尼亚州橘子郡的退休法官沃伦·奈特设立。奈特坚信，律师和客户都倾向于相信退休法官，因为他们当法官的经验和判断力可以使其更容易看出一个案件的优缺点，从而帮助当事人通过协商、调解或者仲裁找出可能的解决方案。到 20 世纪 80 年代中期，JAMS 声称其拥有最广泛的纠纷解决者名单，囊括了最多的退休法官和拥有丰富 ADR 经验的律师，并且纠纷解决率高达 90%。后来，JAMS 和 EnDispute③ 合并，联合成为 JAMS/EnDispute。该机构是美国最大的私人纠纷解决公司，有一个将

---

　　① 利益冲突，是指同一律师事务所代理的委托事项与该所其他委托事项的委托人之间有利益上的冲突，继续代理会直接影响到相关委托人的利益的情形。利益冲突行为，是指同一律师事务所或者同一律师已经或者拟代理的两个或者两个以上的委托人之间存在相悖的利益关系，但仍然接受委托代理的行为。以上内容参考《北京市律师业避免利益冲突的规则（试行）》。这两种情况都是律师事务所和律师必须避免的。

　　② 司法仲裁调解中心：Judicial Arbitration and Mediation Service，简称 JAMS，成立于 1979 年。

　　③ EnDispute 总部在美国东海岸，是一个非常成功的提供 ADR 服务的机构。

近 300 人的由退休法官和律师组成的全职纠纷解决者团队，开展的服务项目囊括了调解、仲裁、早期中立评估、小型审判、简易陪审团等几乎全部 ADR 类型，年均处理的案件数超过了 12 000 件。①

此外，还有成立于 1979 年的公共资源中心(CPR)②。该机构由一些《财富》评选的世界 500 强企业的法律顾问、先进的律师事务所以及优秀的法律学者建立，其目标是在公共和私人部门引领新的高质量的纠纷解决，并为纠纷解决的研究、教育、宣传提供资助。CPR 倡导"自我管理"的 ADR，即当事方在中立方提供的高质量协助下设法解决纠纷。CPR 大大推广了 ADR 在律师事务所和大企业的使用，加入 CPR 的机构必须承诺在对其他会员机构提起诉讼之前要尽可能地使用 ADR 来解决纠纷。

律师服务的重塑推动了法学院传统教学方式的转变。20 世纪 80 年代美国法学院开始设置 ADR 课程，根据美国律师协会 1983 年的调查，有 43 家法学院有 ADR 课程，约占到总数的 25%，到 1986 年，大部分的法学院已经提供 ADR 课程或者类似的科目，1998 年法学院认证标准正式建议将 ADR 放入课程中，ADR 成为美国法学院的标准科目。20 世纪 80 年代还有三所法学院提供 ADR 期刊，分别是密苏里/哥伦比亚纠纷解决杂志、俄亥俄州立纠纷解决杂志和哈佛大学谈判项目的谈判杂志。此外，还有大量的专业书籍纷纷出版，涵盖了从调解培训到 ADR 实践的各个方面。

4.2.2　法院附设 ADR 试点项目的成立

律师们急于重塑自身在纠纷解决中的形象，"对律师们处理纠纷的传统策略构成最大挑战的，并非当事人不再盲从，也非新专家的勃兴，而是法院的转变。普通法国家中的法院对审前程序的主导，以及其在和解上的积极态度，已经是一个普遍性的现象，这些变化有效地完成了案件的分流，使最后需要开庭审理完成判决的案件大大减少。"③

---

① 参见 http://www.jamsadr.com/aboutus_overview/，2023 - 3 - 14.
② 公共资源中心：Center for Public Resources，简称 CPR。
③ 罗伯茨，彭文浩.纠纷解决过程：ADR 与形成决定的主要形式[M].刘哲玮，李佳佳，于春露，译.2 版.北京：北京大学出版社，2011:89.

庞德会议对诉讼成本和诉讼迟延是引发公众对司法不满的主要原因的承认,确定了其后一段时间美国法院发展的基调,联邦法院对 ADR 的态度终于发生了彻底改变。联邦最高法院首席大法官沃伦·伯格被认为是 ADR 真正的朋友,他不仅在庞德会议上发表支持 ADR 应用的演讲,并在实践中利用每一个机会推动 ADR 在联邦法院系统中的发展。法院在纠纷解决中能动性的增强,推动了法院附设 ADR 的产生。

法院附设 ADR,又称司法性 ADR,采用与诉讼不同的专门程序,但又与诉讼程序存在某种制度上的联系,二者可以进行衔接,如法院附设调解、法院附设仲裁等。法院附设 ADR 虽然设在法院,但其与审判程序存在本质区别,解决纠纷的依据并不限于法律法规,当事人可自主选择其他社会规范,如地方习惯和行业惯例等,且在程序上更具有灵活性,简便快捷。参与纠纷解决的第三方多为社会人士或律师、退休法官、相关行业专家等专业人员,即使由法官来主持,法官也会强调自身不同于审判法官的身份。对于纠纷解决的结果,当事人可拒绝接受并向法院要求重新审理,即法院附设 ADR 通常并不具有终局性。此外,法院附设 ADR 又具有一定的司法性质,往往由法院来管理、监督和主持,并且在某些条件下可作为诉讼程序的前置阶段,其结果可被法院司法审查。

作为对庞德会议的回应,联邦法院启动了一系列试点项目,这些项目包括不同的法院附设 ADR 类型,主要有法院附设仲裁、法院附设调解、简易陪审团、早期中立评估等等。20 世纪 70 年代末到 80 年代末是这些 ADR 程序创新并比较各自功效的改革试验期。

4.2.2.1　法院附设仲裁

1951 年,宾夕法尼亚州根据立法决定将一定数额以下的案件由法院强制性地付诸仲裁处理,为美国法院附设仲裁的起始。1978 年,有三个联邦地区法院启动了预备强制仲裁项目,要求当事人在起诉前进行仲裁,除非能够证明仲裁是不合适的。随着法院附设仲裁(Court-annexed Arbitration)试点项目的深入,分别形成了加利福尼亚州北部地区法院模式和宾夕法尼亚州东部地区法院模式。

加利福尼亚州模式主要有以下程序:第一,当案件起诉后,法院会自行审查案件的可仲裁性,如果认定案件属于法定的可仲裁范围,则直接将案件移送仲裁。第二,在法院的审查过程中,当事人的代理律师需要向法院报告证据开示所需要花费的时间;在案件确定移送仲裁后,律师将从法院提供的名册里挑选一名或几名仲裁员组成仲裁庭。第三,仲裁的庭审将在律师办公室里举行,并由仲裁员主持,庭审过程中,当事各方均可对案件进行陈述并按照仲裁员的要求出示证据。第四,庭审结束后,仲裁员将作出裁决,如果裁决作出后的一定期限内当事各方没有要求重启审判程序,则成为终局裁决。第五,如果当事方重启审判程序,而未能通过审判得到比仲裁更有利的结果,将受到惩罚。第六,独任仲裁员的报酬为每天 250 美元,仲裁庭每人的报酬为每天 150 美元,皆由法院的行政管理办公室支付。第五点在实践中应用非常少,并在1989 年被废除。

　　宾夕法尼亚州模式的程序与加利福尼亚模式有所不同,主要表现在以下几个方面:第一,仲裁听审活动通常在法院内进行,除了可以出示证据外,还可以传唤证人。第二,如果申请重启审判程序的当事人没有充分参与仲裁程序,则其申请将被驳回,并且如果当事方重启审判的申请得到了批准,而未能在审判中获得更为有利的结果,将受到惩罚。第三,仲裁员的报酬是一个案件 100 美元,按件由法院行政办公室支付,特定情况下可以向当事人收取,如果案件持续时间过长,还可以向法院申请补贴。①

　　有数据表明,1978 年 2 月在宾夕法尼亚州东部联邦地区法院试行法院附设仲裁之后的 129 个月里,起诉的 71 588 起案件中有 17 006 起使用了这一程序,占到了民事诉讼案件总数的 24%,在 17 006 起案件里,有 15 779 件是一裁终局,只有 388 件申请了重新审理,大约只占到了总数的 2%。由于试点项目运行良好,宾夕法尼亚东部地区联邦法院扩大了仲裁的适用范围。根据联邦司法中心对宾夕法尼亚州东部地区仲裁计划的评估报告中,对 600 名案件曾经被指派参加仲裁的律师的调查显示,超过六成的律师表示相比于传统审判程序更喜欢仲裁,并认为仲裁花费的时间更少,成本

---

　　①　DAYTON K. The myth of alternative dispute resolution in the federal courts[J]. Iowa law review, 1991,76(5): 898 – 905.

也更低,超过九成的律师认为仲裁程序很公平公正,对仲裁计划很满意。①

　　一些学者也提出了不同意见,例如艾希尔认为不能强迫当事人使用法院附设仲裁,将法院附设仲裁作为当事人使用法官审判或者陪审团审判的先决条件是不恰当的,当事人拥有接受传统法院审判的权利。他认为从法院来看,使用强制性 ADR 的目的就是强制和解,而这有可能导致不平等的保护。他还认为强制性法院附设仲裁将当事人送入这样的程序中:"未达到宪法规定的正当程序最低标准;未达到最低的传统司法的公平标准;其证据开示的结果根本得不到现有证据开示规则的认可;最终,给当事人在随后的重新审判中有效地提出案件的能力带来致命的损害;以及消耗与强大的对手相比更加贫弱的当事人手中有限的资源。"②波斯纳认为法院附设仲裁所花的费用较多,因为其虽然比普通的审判花费低,但比一般的和解谈判要贵很多,如果强制性法院附设仲裁将每个符合要求的案件都发给仲裁解决,则那些原本无须法院附设仲裁就能达成和解的案件就要经历不必要的程序,增加当事人的开销,而法院附设仲裁节省的费用还不能确定。他还认为,法院附设仲裁在实际上将法院规定的最低案件争议额提高了。强制性法院附设仲裁一般规定一个数额,通常是 10 万美元,该数额之下的诉讼将自动进入仲裁,如果仲裁协议不成,再进入法院审判,提出请求额较小的当事人会觉得负担两种程序的成本太高,而请求额较大的当事人不太可能以仲裁裁决为终局性的解决,请求额中等的当事人面对两种程序的负担及可能的惩罚也会动摇继续提起审判的决心,这实际上将进入审判的最低案件争议额提高到了法院附设仲裁确定的某个点。③

4.2.2.2　法院附设调解

　　1979 年,华盛顿东部地区法院启动了调解项目,作为对庞德会议的回应。除了

————————

　　①　BRODERICK R J. Court-annexed compulsory arbitration:it works[J]. Judicature,1989,72(4):219 - 222.

　　②　EISELE G T. The case against court-annexed ADR program[J]. Judicature,1991,75(1):35 - 37.

　　③　POSNER R A. The summary jury trial and other methods of alternative dispute resolution: some cautionary observations[J]. University of Chicago law review,1986,53(2):387 - 389.

华盛顿东部地区法院之外,还有华盛顿西部法院和堪萨斯地区法院也设置了法院附设调解(Court-annexed Mediation)项目。

　　联邦法院对法院附设调解的尝试最早是在 1971 年的密歇根东部法院。其主要程序有以下特点:第一,可以调解的案件类型为当事方不包括美国政府的所有损害赔偿案件。此外,法官也可以酌情将一些案件移送调解,但必须得到代理律师的同意,如果律师反对,则不得将案件移送调解,法官选择移送的案件大多为人身伤害之类的简易案件或代理律师为新手的案件。第二,调解由调解员组成的调解小组主持,调解员多从当地调解法庭协会①的名册中选取。调解小组主要听取双方律师对案件主要事实和法律问题的陈述,并听审书面文件和照片,其他证据不予听审。第三,听审结束后,调解小组将分别与双方律师接触,结合双方意见后对案件进行评估,然后提出能被双方共同接受的和解方案。第四,调解结束后有 40 天期限,期限内当事方没有对调解方案提出异议,方案成为最终判决。如果提出异议,则由法院重启审判程序,但如果提出的异议未将和解方案的数额提高到 10% 以上,则会被处以罚金。第五,每个当事人需要向法院支付 75 美元调解费,其中一部分由当地调解法庭协会作为报酬支付给调解员,调解员的薪酬是每天 700 美元,需要调解 10 到 15 个案件。②

　　联邦法院将调解融于或附设于司法程序以及部分法院推行强制调解(Muscle mediation)的做法,引起了一些专家学者的讨论。讨论主要围绕法院附设调解的正当性,还有当事人的意愿、调解员的选任、调解员的报酬、法院对调解实施方式的责任等问题展开。例如,强制调解大多规定只有在法院基于充分的理由免除调解时,案件可以免于调解,否则必须参加作为前置程序的调解。法院对当事人免除调解申请的审查依据是合理事由原则,该原则是决定是否调解的唯一标准,需要随着制度的演进而提高合理性。调解员需要具备一定的法律素养和相关专业知识,并保证自身的中立性,有学者认为法院能否挑选出足够的合格调解员将受到特定地区中有经验的调解员数量以及所能够提供的报酬数额的影响。还有学者提出应针对当事人中的贫困

---

　　① 调解法庭协会:Mediation Tribunal Association。

　　② DAYTON K. The myth of alternative dispute resolution in the Federal Courts[J]. Iowa law review, 1991,76(5): 909 - 910.

人群做出相应措施,例如规定每个调解员接受一定比例的贫困当事人,而这些当事人可以根据实际收入情况按一定比例交纳调解费等。另外,所有使用调解的法院必须小心安排其对调解程序的司法控制,以平衡司法自由裁量权和调解程序所必需的自治性。对案件管理情况的追踪,对调解员资格的认定和对其报酬的控制,对调解协议的司法审查,以及对案件状况的记录和追踪等,都属于法院的司法控制问题,需要根据实践不断地研究和改进。此外,还有法院附设调解中的保密性问题,如果当事人达成协议,调解员必须向法院汇报这一情况,但不得透露其他信息。调解员的报告中需要列明事实的相关陈述以及双方达成的关于未来行为的协议,如果当事人没有达成协议,调解员提交的报告中也不应对任何一方带有偏见。①

4.2.2.3　简易陪审团

简易陪审团程序(Summary Jury Trial)在 1984 年由俄亥俄北部地区法院法官托马斯·莱布罗斯创立。具体程序有:第一,程序在案件正式开庭前在法院开始,由法官或治安法官主持,从常规陪审团名单中挑选六名陪审员组成陪审团,并有其他法院工作人员参加,审判程序为简化后的陪审团审判程序,通常不会超过一天。第二,当事人本人必须到庭,审理过程中,当事各方都有一个向法院短暂陈述案情的机会,可以通过书面或现场出庭的方式向法院提交证言。第三,审理结束后,陪审团将作出一项无约束力裁决,当事人根据裁决进行和解,如果和解成功,则案件结束,如果和解失败,案件即转回正式审判程序。②

简易陪审团审判是改良型的小型审判,与正式的审判最为接近。与前两者不同的是,启动简易陪审团程序的当事人希望得到更多有关陪审团可能做出的反应的信息,而不仅仅是小型审判中中立顾问所提供的预测。陪审团通常不会被告知其实际角色,直到最终做出裁决,这使他们能以认真负责的态度对待裁决任务。简易陪审团

---

① GRANAM L E. Implementing custody mediation in family courts: some comments on the Jefferson County Family Court experience[J]. Kentucky law journal, 1991, 93(81): 1112 - 1116, 1120 - 1124.

② DAYTON K. The myth of alternative dispute resolution in the Federal Courts[J]. Iowa law review, 1991, 76(5): 911.

程序中所使用的证据通常是证据开示中的证据，且这些材料在审判时可被采纳。陪审团经过仔细考虑做出裁决，当事人及其代理人可对陪审团的裁决以及其对特定证据及论点的反应提出问题，陪审团需做出回答。以上环节进行完毕之后，当事双方就和解展开谈判。如果达不成和解，该陪审团的裁决在诉讼时不可以被采纳。简易陪审团程序能够使当事人看到案件的实际走向，对新颖的或不同寻常的案件格外有效，因为在这些案件中，阻碍和解的最大因素即陪审团裁决的不可预测性，此外那些可能会迎来漫长审判的有着特别复杂的事实或法律问题的案件，也可能会倾向于使用简易陪审团程序。该程序也存在缺点，如成本过高，庭审时间较长。

简易陪审团程序推行后受到了很多质疑与批评，主要围绕着简易陪审团的裁决在多大程度上与传统陪审团的裁决相同，法官是否有权强迫当事人参加简易陪审团程序，以及陪审团是否可以被用来协助和解等问题。也有一些学者为简易陪审团辩护，认为简易陪审团本身就是一种以纠纷解决为目的并为其提供理性方法的和解工具，并且简易陪审团是真正的审判而非仅是模拟，其具有法律上的依据。例如《联邦民事程序规则》，还有 1984 年的美国司法会议在简易陪审团程序实施之前，"批准了将简易陪审团作为一种在持久的民事陪审团案件中促进公正、平等的和解的潜在有效手段进行试验性运用"[①]，所以法官有权使用陪审团来协助和解。如果当事人同意使用简易陪审团程序，法官应该满足其要求，当只有一方当事人同意参加，而案件又被认定为适宜使用时，法院管理判决日程表的内在权力允许法官可以命令双方当事人参加简易陪审团程序。

也有学者认为简易陪审团程序根本不是审判，而是一种和解机制。波斯纳认为，"简易陪审团不是真正的审判的替代品，而是推动当事人和解的种种方法的替代选择，而且是一个昂贵的替代品"。他认为简易陪审团的支持者就像高速公路工程师，认为解决拥堵的办法是修建更多更宽的公路，提倡以更多、更高效的机制来加速案件的流动并没有降低联邦司法服务的总需求。尽管简易陪审团程序被寄予厚望，然而

---

① LAMBROS T D. The summary trial: an effective aid to settlement[J]. Judicature,1993,77 (1): 6-8.

其即使遵循极其有限的适用条件也仍然存在不少问题,并且没能抓住改革的核心。①波斯纳的观点虽然是针对简易陪审团提出的,但实际上是针对所有法院附设 ADR 类型,他认为降低对联邦司法服务的总需求才是治本之策,比如提高当事人异籍案件的最低管辖争议额、提高起诉费、将一些法律职责交给州法院等。

4.2.2.4　早期中立评估

早期中立评估(Early Neutral Evaluation)在 1985 年由加利福尼亚州北部地区法院实行,由首席法官罗伯特·F. 皮克汉姆任命的律师和法官组成的特别工作组创制。该程序有以下步骤:第一,多在诉讼的早期阶段启动,在诉讼提起后的 150 天内,由法院告知当事人可以进行中立评估。以纠纷所涉领域的专家或资深律师为中立评估人。第二,当事人及其律师必须参加,当事人向中立评估人提出主张并举证,当事人的律师必须在评估正式开始之前准备好案件主要事实、法律适用和程序的相关书面材料。第三,评估正式开始后,争议双方就争议问题进行陈述和辩论,中立评估人根据双方的简要陈述作出评价,对双方证据和理由的优劣、胜诉的可能性、在正式审判中的责任分配以及可能判给的赔偿数额进行评定,中立评估人需要准备一份书面案件评估报告。第四,如果当事人在了解了自身的优势与劣势之后,倾向于通过和解解决纠纷,则中立评估人可以通过调解或私下会谈促进双方的进一步协商;如果当事人没有和解的意愿或者未能达成和解,则案件返回诉讼通过正式审判来解决。②

早期中立评估有以下特点:一是可以减少当事人的诉讼费用,"在把钱浪费在一盘散沙的证据开示之前就将严格的案件评估运用于诉讼程序"③。二是中立评估人代替法官主持评估,以其专业能力和公正性,作出有影响力并接近现实的评价,使当事人对各方请求的正当性、理由的强弱程度等做出判断,从而促进和解。"评估人应

---

①　POSNER R A. The summary jury trial and other methods of alternative dispute resolution: some cautionary observations[J]. University of Chicago law review,1986,53(2): 387 - 389.

②　DAYTON K. The myth of alternative dispute resolution in the Federal Courts[J]. Iowa law review, 1991,76(5): 912 - 914.

③　BRAZIL W D. Special masters in complex cases: extending the judiciary or reshaping adjudication? [J]. University of Chicago law review,1986,53(2): 407 - 409.

具备对法官来说不太合适的更坦诚、更独断的探查和裁判精神，因为法官可能随后要对重要的问题作出裁决。该计划的设计者也希望中立评估人能创造一个没有法庭那么正式和威严的环境。评估人不像法官，没有对案件的控制权，当事人可能会更坦率地讨论他们的目标和立场。"①

早期中立评估中也存在一些难题，例如找到合适的中立评估人就难度颇大。中立评估人的职责要求其既具备深厚的专业知识，又保证中立的态度，不能完全认同某一类客户或案件，再加上避免利益冲突，诸多限制之后合格的人选并不多，法学教授和退休法官是较为理想的人选。

一些研究者的报告显示，早期中立评估受到中立评估人个人的强烈影响。"早期中立评估的性质和结果更多依赖于评估人自身的变化而非其他因素，虽然他们行为受到了相对明确的指导原则的规范。……实践中的早期中立评估常常形态各异，有时甚至与任何一种程序都不像。大多数评价人的确从某些方面对案件作出了评价，但所作评价的特征和直接性的差别大到对陪审团裁决的真实预测，小到对某一主张或抗辩的可能弱点的隐晦暗示。"②尽管早期中立评估在实际操作中有多种形态，但大约 2/3 参加过该程序的当事人认为中立评估人的评价有帮助，参加该程序是有价值的，即使在最坏的情况下，也只是时间上的花费，相对于该程序带来的金钱上的节省，其本身的开销并不高。

4.2.2.5　小型审判

小型审判（Mini-trial）创立于 1977 年，并非严格意义上的审判，而是综合了谈判、中立评估、调解以及裁判等程序的混合型 ADR。小型审判设立之初是为了解决企业间涉及面广、交织了各种法律和事实问题的争端，后来被广泛应用于各种类型的纠纷。

由于该程序是一种灵活适应当事人要求的机制，所以实践中未形成单一的模式，

---

① BRAZIL W D. Special masters in complex cases: extending the judiciary or reshaping adjudication? [J]. University of Chicago law review,1986,53(2): 407 - 409.

② ROSENBERG J D, FOLBERY H J. Alternative dispute resolution: an empirical analysis[J]. Stanford law review,1994,46(6): 1495 - 1496.

总体来说,具有以下特点:第一,当事双方代表多为企业法人或有决定权的高级主管,程序由当事双方选任的中立顾问(Neutral Adviser)主持,中立顾问多为退休法官或资深律师,程序根据调解服务机构提供的规则或当事人自行设定的规则展开。第二,各方与参加正常审判类似,但参与人数较少,案件准备时间相对较短,六周至三个月不等,证据开示程度也较有限。第三,听审十分简化,一般不超过两天。程序开始时,首先由双方律师就最关键的问题进行简要辩论,继而由当事人进行和解谈判,自行寻找解纷途径。第四,中立顾问的作用是在谈判出现问题时,向当事人提供意见,通过分析双方在主张和证据上的优劣,来预测法院的判决,但其意见并无约束力。第五,整个程序保密,当事人一般要承担不对外界披露全部程序细节的义务。①

该程序最大的特点是,虽然名为审判,但当事人是绝对主角,双方律师和中立顾问的建议和主张需要通过当事人的决定来发挥作用。"当事人本人脱离自身立场,以第三者的角度进行质证和调查,审视双方的证据和主张,分析其力量对比,根据本行业的惯例和经验进行判断,最后做出和解的决定。"②并且该程序一般有期限规定,如果在规定期限内达成合意,则产生法律效力,如没能达成和解,则进入正常的诉讼程序。该程序在创立之初多为民间团体和政府机关所使用,其后一些法院也建立了法院附设的小型审判程序,由法院选任中立顾问,在当事人双方未能达成和解时,提出劝告意见,如双方无异议,则作为"默认判决",不接受劝告而进入正常诉讼程序的,如最终判决与劝告意见一致,该当事人将受到高额处罚。

4.2.2.6 调解—仲裁

调解—仲裁程序(Med-Arb)是调解和仲裁的混合体,争议当事人首先通过调解来解决纠纷,如果在特定时间内不能达成协议,调解失败,则进入仲裁程序,通过仲裁作出具有终局性的裁决。一般调解人即仲裁人,但也有法律规定二者不能为同一人的情况。调解—仲裁程序避免了调解失败而纠纷没能解决的情况,直接进入仲裁又

---

① LIEBERMAN J K, HENRY J F. Lessons from the alternative dispute resolution movement [J]. University of Chicago law review, 1986,53(2): 427 – 428.

② 范愉. 非诉讼程序(ADR)教程[M]. 2 版. 北京:中国人民大学出版社,2012:69.

省去了再次调查核实事实和双方陈述的环节，提高了纠纷解决的效率，是汲取调解和仲裁二者之长。

调解—仲裁程序将调解放在前面，其后紧跟着仲裁，实际上有以仲裁的威胁增强调解效果的考量。针对调解—仲裁程序，不同学者有不同的观点，富勒认为，"调解和仲裁的目的和道德具有本质上的不同——调解的道德是积极的和解，当事人放弃不太看重的东西以换回他们更加珍视的事物；而仲裁的道德则是按照合同中的协议作出裁决。调解和仲裁在程序性要素上也存在差异：调解力图确保协调双方立场以达成最能满足各方要求的解决方案，而仲裁则使每一方当事人都能提出有利于他或她的证据和主张"①。他认为两种程序中纠纷呈现出来的形态是不同的，即使相同，对纠纷的看法也存在非常大的差异，而一个调解员在同一个纠纷中转变为仲裁员的情况，将妨碍其以一种开放的心态来听取证据和辩论，并将削弱裁判的完整性，对仲裁结果造成影响，即使是非常优秀的调解员或仲裁员也无法克服这种角色混同的内部缺陷。

戈德堡认为，"调解人的基本职责是帮助当事人以双方都满意的方式处理申诉。为促成和解，调解人可以自由地利用所有与调解有关的惯用手段，包括与一方当事人私下会谈。如果和解无望，调解人将在集体谈判协议的基础上提交给当事人一份即时意见书（Immediate opinion），预测纠纷进入仲裁后将如何裁决。意见书既非终局也没有约束力，只具有建议性。意见书由调解人口头宣布，同时他还须说明形成该意见的理由。该即时意见书可作为进一步和解讨论，或者撤回或支持申诉的基础。如果申诉未能达成和解、未能得到支持或被撤回，当事人可以自由地进入仲裁。若真如此，调解人不能继续充当仲裁员。调解过程中无论当事人还是调解人说过什么、做过什么，都不能在仲裁中成为对对方不利的因素"②。

调解—仲裁程序由于其确保纠纷解决的设计而极富吸引力，同时能够为当事人

---

① 罗伯茨，彭文浩. 纠纷解决过程：ADR 与形成决定的主要形式[M]. 刘哲玮，李佳佳，于春露，译. 2 版. 北京：北京大学出版社，2011：391.

② GOLDBERG S B. Mediation of grievances under a collective bargaining contract：an alternative to arbitration[J]. Northwestern University law review，1982 - 1983，77(3)：281 - 284.

　　节省大量时间和金钱，但也面临由于之后存在仲裁的可能而削弱最初调解中当事人对调解员的信任，或者由于在之前的调解中获得了某些信息而削弱仲裁员的中立性，以及某些中立第三方没有进行完全的调解而过早进入仲裁阶段等问题。

　　面对程序中所暴露的问题，调解—仲裁做了大量的改良，从而出现了一些该程序的变形，例如建议性调解—仲裁机制（Advisory Med-Arb），调解员在调解后，需要提交一份裁决草案，当事人可以指出草案中存在的某些问题，并在最终的裁决作出之前提出证据和抗辩，如果双方最终接受仲裁裁决，裁决将产生约束力，如果双方都拒绝，则裁决仅具有建议性，如果一方同意而一方拒绝，案件进入另一个 ADR 程序，或诉讼后，如果得出了与此裁决相同的结果，则拒绝接受裁决一方将会受到类似于支付双方所有诉讼费用的惩罚。还有另外一些变形，例如调解—最终要约仲裁，调解前当事人要提交一份解决方案，而最后的仲裁结果依据任一方的解决方案做出。

4.2.2.7　和解会议

　　和解会议（Settlement conference）是在法官主持下推动当事人达成和解的程序。和解会议可以由法院专门设立的调解法官主持或由聘请的退休法官、律师主持，主审法官有时也亲自主持，一般在法官办公室举行。当事人在和解会议上就观点和信息进行非正式的交换，一般在和解会议之后还会进行一次正式的审前会议。

　　和解在法院里的历史，一定程度上能够体现出法官角色的转变。20 世纪 20 年代，和解（settlement）这个词还不存在于法院的文献中，与此类似的，只有解决（settled）、调节（adjustment）、让步（compromise）、调和（conciliation）等。到 20 世纪 70 年代，风向已经完全调转了，联邦法官们积极参与到和解活动中。对和解的认识受到接近正义运动等一系列事件的影响，一位联邦地区法官的评论非常具有代表性："和解创造的结果可能接近于我们能够取得的正义的理想状态。"①和解被认为是耗时更少成本更低，而且通过自由协商能够允许折中立场的存在，从而达到了司法裁判模式所不能达到的境界。同时和解也是司法系统在面对巨大的案件压力、司法资源

---

　　① GALANTER M. The emergence of the judge as a mediator in civil cases[J]. Judicature,1986, 69(5)：261 - 262.

短缺以及 ADR 程序发展的情况下做出的调整和选择。联邦司法系统积极推行和解，1983 年《联邦民事程序规则》规定对审前会议进行司法程序监督的第 16 条被修改了，修正案允许法官在审前会议中考虑和使用能够促成和解或者司法外程序的手段来解决纠纷。提出修正案的咨询委员会解释说，他们发现在审前会议中讨论和解在实践中已经很常见，他们认为，当事人对自愿性的和解会议的渴望应该得到尊重，并且任何阶段举行和解会议都将是合适的。

　　一位法官评论法官在和解会议中的角色说："我们是和解的催化剂。在那种场合下我们的角色不再是传统的法官，而成了调解人。"[①]法官改变了过去不干预的姿态，树立新的积极的诉讼进程管理者的形象，甚至可能通过调解性干预协助当事人达成和解。

4.2.2.8　其他形式

　　前面介绍的几种法院附设 ADR 类型是这一时期较为主要的试点项目，除此之外，还有一些类型也陆续发展起来。

　　中立专家（Neutral Experts）和事实调查（Fact-finding）是由当事人或法院选择一位相关领域专家作为中立第三方调查争议发生的事实原因并收集证据，从而作出无约束力的专家意见或作为中立证人作证的程序。该程序是调查性质的，通过向当事人或法院提供对事实的客观评价从而帮助当事人判明是非，及早对纠纷做出接近事实的判断，以达成和解。程序中提出的专家意见经过交叉质证有可能成为有效证据，对案件裁判产生影响。该程序早前在劳资纠纷中出现并推广，作为法院附设 ADR多用于知识产权纠纷。

　　租借法官（Rent a Judge）是经当事人双方同意，由法院在特定名单上指定收取报酬的中立者作为裁判，通过主持与正式审判相似的程序来解决纠纷。中立者通常是退休法官。在审理过程中，当事人有机会进行举证和辩论，由租借的法官做出包含事实判断和法律依据的判决。当事人若事先约定判决具有拘束力，则租借法官的判决

---

　　①　罗伯茨，彭文浩.纠纷解决过程：ADR 与形成决定的主要形式[M].刘哲玮，李佳佳，于春露，译.2 版.北京：北京大学出版社，2011:417.

具有终局性,有法律上的强制力,当事人不服时只能通过上诉推翻。租借法官程序在成立之初并没有对"法官"的身份作出规定,也没有设置任何标准和要求,并且租借法官由当事人挑选,在实践中程序逐渐得到改进。从理论上来看,租借法官程序具有调解和仲裁的快捷、便利和高效的优点,同时也能产生可执行并可上诉的法院判决,但是该程序也引发了人们对私人司法以及租借法官在实践中可能出现的问题的担忧。最大的问题就是租借法官的公共和私人角色无法调和。首先,租借法官程序被认为将过多的公共权力赋予了私人,其提供的是个别的、私人的正义。租借法官虽然扮演了公共角色,使用了公共权力,但不承担公共责任,而且由于没有完全的制度支持,故而其判决也缺乏分量和权威。其次,租借法官倾向于使用较为模糊的标准,实践创造出的规则处于冲突而狭隘的混乱状态,仅仅适用于该案的当事人,而与当事人之外的任何人几乎没有关系,即使其制定的规则能广泛地应用于整个社会,仍然不太可能代表公众的利益。由此,有学者提出应对适用于租借法官的案件类型做出限定:第一类是有关公共价值的纠纷不应由租借法官审理,包括涉及宪法和政府规章的纠纷,也包括涉及极大公共利益的问题,例如产品责任案件中的法律标准等;第二类是可能会对广大潜在当事人产生广泛而唯一影响的案件不适用租借法官程序,这些当事人虽然未卷入诉讼,但实际上会受到租借法官做出的判决的影响,例如大规模民事侵权案件。①

　　监察专员(Ombudsman,Ombuds)的概念最早在 19 世纪出现于位于斯堪的纳维亚半岛的瑞典,以纠正公共行政权的滥用为目的,意指倾听民众抱怨并做独立事实调查的公共官员,监察专员的工作一般是对滥用政府权力的行为提出的申诉进行裁决,与当事人进行广泛的协商,以提高政府的执政水平。在美国,监察专员制度与此截然不同,其雏形来自各种大型机构的管理方式。"自 20 世纪 60 年代后期开始,监察专员的概念最为频繁地出现在公共或私人机构管理中。在这些领域,监察专员被认为是公司结构里的中立者,处于普通的管理结构之外而直接向机构的主管作出汇报。

---

　　① KIM A S. Rent-a-judge and the cost of selling justice[J]. Duke law journal, 1994, 44(1): 166 - 167, 189 - 195, 199.

其工作是通过非正式的咨询、调解或者调查，以向管理层提出建议的方式帮助解决与工作有关的纠纷。"①美国劳资纠纷解决中较早出现了监察专员制度，该制度包括谈判、调解、事实认定等形式，是一种混合型 ADR，主要运用于大型企业和大学之中。监察专员制度出现后也受到了很多批评，最主要的批评集中于其制度化的方式，即监察专员程序被不同的机构使用后发生了各种变形。这些变形虽然具有很多该程序的典型特点，但同时失去了至少一个构成其基础的结构性特点，最重要的是在某些方面失去了独立性，如果一名监察专员需要服从行政长官的指挥，那其存在的基础和意义便都失去了。另外，监察专员制度在实践中权力往往受到限制，这也削弱了其功效。威甘德认为坚持典型的监察专员模式可以在一定程度上避免以上问题，"任何监察办公室的成败部分取决于它在多大程度上严格遵循了典型模式，各自有哪些不同的方式以及谁控制着监察人的位置"②。

4.2.2.9　对法院附设 ADR 的谱系分析

法院附设 ADR 多是从谈判、调解和仲裁三种基本 ADR 形式中衍生出来的混合机制，是对某种基本 ADR 形式的修改或几种 ADR 形式的综合与杂糅。由于其多样性和各自独具的效果，混合型 ADR 成为法院附设 ADR 发展中的先锋。这些新机制的涌现，多少可以被认为是经过法律规范和程序训练的法律界专家对 ADR 运动的认可和选择，而且一些混合型 ADR 实际上最初就是由 ADR 专家应当事人和律师之请而设计的。这些新机制一般都有官方的认可，因而得到大力的推广和应用，发展非常迅速。

虽然一些法院附设 ADR 使用的名称包含审判或陪审团等名词，例如小型审判、简易陪审团程序，但这些 ADR 程序与审判之间有着明显的不同。审判的目的是发现真相，维护权利和获得正义，以必须的程序、规则和证据作为实现目的的保障。但 ADR 程序的特点恰恰在于其程序上的非正式性和实体上的非法律化。程序上的非

---

① SINGER L R. Settling disputes: conflict resolution in business, families, and the legal system [M]. 2nd ed. Boulder: Westview Press, 1991: 102.

② WIEGAND S A. A just and lasting peace: supplanting mediation with the Ombuds model[J]. Ohio State journal on dispute resolution, 1996, 12(1): 100－102.

正式性是指使用 ADR 程序时无须恪守严格的法院诉讼程序。实体上的非法律化是指使用 ADR 程序时未必要遵循既定的实体法，在纠纷的解决基准上只要不违反法律的强制性规定即可，针对具体的法律规定有较大的灵活性和交易空间，并可以根据当事人和特定纠纷的实际需要，广泛依据各种社会规范来解决纠纷，包括习俗、公共道德和自治性规范等。是非对错、有罪无罪是 ADR 程序所关注的，但不是 ADR 程序关注的核心，ADR 关注的焦点是利益的协调。在 ADR 程序中，当事人的意思自治是基础，当事人能在平等的基础上就纠纷的解决达成一致即可。以证据开示程序为例，在诉讼中，证据开示是很重要的程序，对最终的审判结果有重大影响，故而具有极其严格的程序要求，而在 ADR 程序中，哪怕在是对程序最为重视的仲裁中，证据开示也是极为简化的。在 20 世纪 80 年代有关法院附设仲裁的规定里，几乎众口一词地提到证据的提供应尽量简化，从证人是否出庭到证据开示的类型，乃至当事人的陈述时间都做了非常大的简化。

　　ADR 和诉讼的区别之一是对人的作用的重视程度不同，诉讼的参与者主要包括法官、当事人和律师，ADR 对人的作用的重视主要针对纠纷当事人和中立第三方。在诉讼中，法官、当事人和律师占有重要地位，法官更是要对案件作出判断，但是实体法和诉讼法从规范和程序两方面约束着法官和当事人以及律师在诉讼中的行为。近代以来精心设计的包括公正性、中立性的一般规范和规定着具体程序、判断的各种规则所构成的有着复杂精致结构的规范体系和司法制度，为保证法官能够最大可能地作出正确判断以达到纠纷的妥善解决，而将其行为限制在较为狭窄的范畴内，法官颇似于"戴着镣铐跳舞"。同样的，当事人和律师也必须在严格的规范和程序内活动。在 ADR 中，制约当事人和利害关系人的行动并给予其一定方向性的种种规范，往往并不以明确的方式存在。另外，程序上的自由、简易与灵活，都使在 ADR 程序中的纠纷当事人和中立第三方具有比在诉讼中各方更大的活动空间，他们的行为对纠纷解决的影响也更为显著。

　　根据各种法院附设 ADR 的特点，以一定的区分标准可对其进行谱系分析，最典型的是以当事人对纠纷解决的控制强弱程度为标准。将 ADR 中的三种基本形式——谈判、调解和仲裁以及法庭审判作为参照系，可以清楚地找到法院附设 ADR

诸类型的坐标。当事人对纠纷解决的控制强弱可以具体细分为几方面，主要包括对纠纷解决过程的推动力和对纠纷解决结果的控制力两个方面。

英美法系中虽然法官在法庭中相对于大陆法系较为被动，但整个法庭审判过程是由法官掌握并推动的，法官对最后的审判结果具有完全的控制力，陪审团审判除外，但不管是法官审判还是陪审团审判，当事人一旦将案件交由法庭审判，则完全丧失对纠纷解决的控制，故而可以将法庭审判设定为谱系中的一端。

谈判（Negotiation）是双方或多方为寻求做某事或不做某事的合意所进行的一系列信息传递或交换过程，是一种旨在相互说服的交流或对话。① 谈判的核心是当事方对问题进行坦白的讨论并尝试找出双方都能接受的解决办法。谈判可以是简单的双边交往，也可以是多方当事人共同参与，当事人可能是个人，也可能是松散的群体或者共同体，由委托人及其附属支援群体组成，或是享有某种代理资格的支持者。谈判具有以下特点：首先，有关纠纷及纠纷解决的信息在当事人之间自由传递，通过传递对纠纷的理解，当事人选择和调整目标，谈判进程由当事人自由掌握。其次，纠纷解决的决策最终由当事人共同做出。由于谈判协商中双方当事人拥有完全的控制力，故而可以设定为相对于审判的另一端。

在当有交流的障碍或者其他潜在的阻碍使谈判无法发挥作用，当事人无法通过谈判来解决纠纷时，便需要有第三方介入帮助，对谈判进行疏导，谈判双方接受第三方的介入，并在其协助下进行更为有效的交流，这就是调解。调解是最常见也是最重要的一种 ADR 机制，在通过 ADR 解决的纠纷中，调解占有极高的比例。调解具有以下特征：第一，调解以当事人的自愿为前提。第二，中立第三方参与纠纷解决过程，帮助争议双方做出决定，专注于努力实现纠纷当事人的利益，但并不直接参与决定的做出，而是促进纠纷当事人之间更顺畅地沟通，帮助当事人提高解决问题的技巧。第三，调解达成的协议不具有国家强制性，但受到法律的保护。调解的当事人对纠纷结果具有控制力，纠纷解决过程中受到中立第三方的影响，中立第三方参与推动调解程序的进行，在某些时候甚至是对整个纠纷解决过程进行引导，故而当事人的过程推动

———————————

① 梅隆.诊所式法律教育[M].彭锡华,等译.北京:法律出版社,2001：114.

力较谈判弱。

如果介入纠纷的第三方被要求做出决定或者将决定权赋予一些强制机制，就是仲裁。仲裁多用于当事人无法协商或协商无果，不能调解或调解无法达成协议的情况。在仲裁中，当事人让渡决定结果的权利，仅仅保留挑选仲裁人、选择仲裁程序和实体规则的权利，由仲裁人对过程和结果进行控制。与调解相比，仲裁人不仅可以对纠纷做出决定，且决议具有终局性，有约束力，可以由法院强制执行。在仲裁中，当事人对纠纷解决过程的推动力和纠纷解决结果的控制力都较弱，仅强于法庭审判。

通过上面的分析，谱系之中已经有了四个固定的点，依照当事人对案件控制程度从强到弱，依次是谈判、调解、仲裁、法庭审判。

法院附设仲裁属于仲裁衍生的变形，包括强制性的法院附设仲裁，在该程序中，当事人的纠纷解决过程推动力非常微弱，与普通的仲裁程序类似。对纠纷结果的控制体现在，在仲裁员或仲裁小组作出裁决后的一定期限内，当事人有重启审判程序的机会，可以选择放弃仲裁裁决而将案件交予当事人完全丧失控制力的审判，否则裁决即为终局裁决。由此可见，法院附设仲裁的坐标应在仲裁与法庭审判之间。

法院附设调解属于调解衍生的类型，在该程序中，当事人及其律师可以就案件提出要求，纠纷解决过程的推动力较仲裁强。在调解员或者调解小组提出和解方案后，双方当事人可以提出异议，并由法院重启审判程序。由此可见，法院附设调解中当事人对案件的控制强弱程度应该介于调解和仲裁之间。

简易陪审团程序除了陪审团审判程序被简化之外，基本与正常审判无异，在案件进入简易陪审团之后当事人即丧失了对纠纷解决过程的控制，而陪审团最终做出的裁决不具有约束力，更大程度上是对陪审团对案件可能的真实反应的一种反映，能使当事人看到案件的实际走向，当事人可以就陪审团的裁决进行和解，和解不成则进入正式审判程序。简易陪审团往往是案件进入审判之前当事人的最后一次尝试。综合当事人对纠纷解决过程和纠纷解决结果的控制两方面，笔者认为其对案件的控制力介于法院附设仲裁和审判之间。

早期中立评估属于谈判协商的一种变形，但是又加入了类似于法官审判的中立人评估，当然中立人的评估只具有参考价值，目的是以中立评估人的专业性和公正性,使当事人对各自提出的请求作出判断,不具有约束力,最终由当事人自己决定是否和解或进入正式审判。与调解相比,当事人对纠纷解决过程的控制力较弱,而中立评估人作出评估之后如果当事人倾向于和解则一般中立评估人会继续参与调解或促进双方进一步协商,故其最终结果包括两种可能:其一是进入调解或协商,其二是进入正式审判。当事人对纠纷解决结果的控制力与调解和协商类似,故而笔者认为该程序的坐标应介于调解和仲裁之间。

小型审判属于由谈判协商发展而来的 ADR 形式,与早期中立评估有相似之处。该程序根据当事人选定的规则展开,中立顾问的作用是在双方谈判出现问题时,向双方当事人提供意见并预测法院可能的判决,意见并无约束力。虽然程序名称中有审判二字,但当事人在纠纷解决过程推动力和纠纷结果控制力上有绝对的权力。故其坐标介于谈判和调解之间。

调解—仲裁程序是调解和仲裁的混合体,但情况较为特殊,如果案件在调解阶段就达成和解,则当事人对案件的控制与调解类似,如果案件最终进入仲裁阶段,则当事人对案件的控制又与仲裁相同。根据案件在该程序中的走向,其坐标也相应发生改变。但鉴于调解—仲裁程序中,紧跟在调解后面的仲裁有增强调解效果的考量,笔者认为案件即使是在调解阶段达成和解,当事人对案件的控制也较纯粹的调解为弱。

和解会议由法官主持,类似于调解但情况又有所不同。总体来看,和解会议与调解最为相似,但由于“调解员”身份的特殊性,当事人对案件的实际控制与调解相比大概会更弱。故而其位置介于调解和仲裁之间。

租借法官程序与正式的审判相似,只是法官并非真正的法官。案件一旦进入租借法官程序,则对纠纷解决的推动将由法官来控制,至于纠纷解决结果,若当事人事先约定判决具有约束力,则租借法官的判决具有终局性,等同于法庭审判,若当事人未约定或约定不具有约束力,则租借法官的判决与仲裁裁决相类似,故而其位置介于仲裁和法庭判决之间。

对以上分析进行总结,几种 ADR 类型的排序大致为:谈判,小型审判,调解,和解会议,早期中立评估,法院附设调解,调解—仲裁,仲裁,调解—仲裁,法院附设仲裁,简易陪审团,租借法官,法庭审判。调解—仲裁出现两次是由于案件在该程序中结束时机不同,当事人对案件的控制强弱程度也有差别。此外需注意,针对处于两种基本 ADR 形式之间的 ADR 形式,其当事人对案件的控制强弱程度差别很小,在不同的案件中也可能有不同的表现,很难完全认定其就该在哪个位置,以上结果为根据当事人就纠纷解决过程的推动力和纠纷解决结果的控制力进行比较分析的大致排序。

对 ADR 形式进行谱系分析有助于认清各种形式之间的关系及其特点,便于当事人就自身的案件选择合适的 ADR 程序来更合理便捷地解决纠纷,也可以更清晰地看出这一时期法院附设 ADR 程序发展的整体图景和相互联系。

4.3　合作性问题解决理念下 ADR 实践的改革

在法律附设 ADR 试点项目如火如荼地进行,律师纷纷重塑服务的同时,合作性问题解决理念从企业界出发,对 ADR 实践产生了很大影响,在 ADR 的形式与从业者的工作方式中引起了变革。

4.3.1　劳资纠纷中以利益为基础的谈判与申诉调解的出现

由于调解与集体谈判密切相关,20 世纪 80 年代集体谈判的改变对劳资纠纷中 ADR 的主要推动者和应用者 FMCS 有着显著影响。劳资关系趋向于转入更长的劳资协议和更少的罢工,雇主的态度改变和工会的被动地位都减少了劳资关系对调解的需求。同时伴随着里根总统的保守主义改革,税收降低和国防开支增加的双重政策使 FMCS 的预算大规模缩减,FMCS 不得不减少工作人员,以固定调解员取代兼职调解员来节省资金并为固定员工提供工作。集体谈判的大量减少还使 FMCS 缩小了自身的机构,从前为在各个案件中工作的调解员提供援助,通过派遣国家代表或"伞兵"调解员,来为纠纷带来更多关注度和调解努力的调解服务办公室①,被缩小到包括 6 至 8 个调解员的规模。

FMCS 不复过去的风光,一些调解员对集体谈判的变化感到迷惑。对他们来说,

---

　　①　调解服务办公室:Office of Mediation Services。

认真依照《瓦格纳法案》的要求,以集体谈判为解决劳资纠纷的首选方法,作为劳资双方中间人的使命就是培养和保护劳资谈判制度。他们很少调解工资和福利削减这样的纠纷,也不确定该如何去做,因为这与调解和集体谈判的范式冲突。面对环境变化,一些调解员开始探索适应于劳资关系变化的 ADR 新形式,最终创造出包含合作性问题解决理念的基于利益的谈判和申诉调解。

4.3.1.1　基于利益的谈判

劳工部在 20 世纪 80 年代初创建了劳资关系与合作项目局①来应对新变化。由 FMCS 调解员约翰·斯坦普就任主管,在他的带领下,该机构用 5 年时间,通过一系列会谈、简报、会议、出版物、视频和培训资料来宣传用新理念替代传统劳资之间的敌对关系,经济环境已经发生了变化,而最好的应对方式就是合作性问题解决。1985 年该机构从侧重宣传转变为寻找应对之策,加入 FMCS 的效能培训委员会项目②,其目的是寻找推动劳资双方共同工作的方法。该机构还和 FMCS 共同成立了 PIC 项目③,这个项目用组织发展理论来帮助劳资双方共同确定彼此关系中存在的问题和他们共同渴望的理想关系,然后帮助其制订一个从当前状态转向期望状态的计划。该机构在多个行业中与劳资双方共同试验了 PIC 项目,包括卫生保健工作者、高科技制造业工作者、建筑工人、联邦雇员、铁路工人等。这些试验以劳资双方共同工作为目的,鼓励彼此之间更多的信任和尊重,并使双方相信他们可以作为一个团队达到确定的目标。

虽然有这些促进劳资双方合作的努力,但如不改变传统的谈判程序,劳资双方想保持合作关系也不切实际,因为当一个针锋相对的集体谈判开始并经过艰难的较量之后,期望恢复合作关系就非常困难。由此,劳资关系与合作项目局提出以合作性问题解决理念为导向的"基于利益的谈判"。

在传统的谈判中,双方从固定的主题开始,例如工资、福利和工作条件,提出具体

---

① 劳资关系与合作项目局:Bureau of Labor-Management Relations and Cooperative Programs。
② 效能培训委员会项目:Committee Effectiveness Training。
③ PIC 项目:Partners in Change。

意见后开始讨价还价，双方不断提出由各种数据支持的意见和反对意见，直至达成一项协议。协议很大程度上体现了当事各方的相对实力。基于利益的谈判将更深入劳资双方的关系，更加关注他们的共同利益，即提高生产力，在竞争中取得胜利。有了共同的目的，双方可以更自由地分享信息，建立信任，最终做到对某些问题的立场不再是"要么接受要么放弃"或"接受否则罢工"，而是选择对双方都有利的做法。

劳资关系与合作项目局制作了一个基于利益谈判的 P. A. S. T 模型和一个为期两天的培训项目。P. A. S. T 代表着原则（Principles）、假设（Assumptions）、步骤（Steps）和技术（Techniques）。原则和假设将传统谈判中的否定取代为以利益为基础的肯定，步骤和技术提供一个有序的基于共同利益来选择从而满足共同标准达成双赢的过程。整个过程通过头脑风暴和共同决策，保证任何阶段都在双方的共同利益上达成最好的选择。

P. A. S. T 模型在对悍马公司的试验中取得成功。在过去，悍马公司与其工会都是通过罢工来达成协议，在培训过程中，他们吃惊地发现之前的做法是不惜任何代价来赢，这样做出的解决方案对任何一方都不利，而哪怕只是一点点的合作，都可以共同制作一个更大的蛋糕，而不用再为一个小蛋糕争得你死我活。培训结束后他们尝试了一次基于利益的谈判，在谈判中他们对零部件分包问题争执不下，主持人坚持认为，如果他们继续讨论，肯定能在这个问题上找到至少一个共同利益。果然，他们在找到一个共同利益之后迅速发现了更多的共同利益，最终达成了一个协议。虽然这次谈判用掉了更多时间，但是工会没有罢工，并且双方都认为最后的协议是最好的解决办法。

FMCS 在劳资纠纷解决中推广 P. A. S. T 模型，并鼓励使用基于利益的谈判。基于利益的谈判包含着合作性问题解决的理念，即发现彼此共同的利益，提出对双方都有利的解决方案。合作性问题解决理念从劳资纠纷出发，借用了与其相适应的传统谈判和调解的感受性训练方法，作为新的纠纷解决方式成长起来，并被用于与公共政策相关的纠纷，即让所有利害关系人都参与协同解决争端。

4. 3. 1. 2　申诉调解

同时发展起来的还有申诉调解。申诉仲裁在二战中变成劳资协议中的一个标准条款,通过对协议进行解释来解决纠纷而不对工作造成干扰。逐步提高权力级别的纠纷双方,通过面对面的讨论,更能认识到纠纷的事实,从而寻求更好的解决办法,当双方的讨论未能解决申诉时,具有终局性的仲裁将最后解决纠纷。申诉仲裁最初获得支持是由于比法律程序速度更快、成本更低,并且没那么正式,然而申诉仲裁逐渐变成一个速度慢、成本高、更加正式的程序。1981 年,普通的申诉仲裁从开始到裁决发布要用 247 天,仲裁员平均收费 1 132.31 美元。① 由于申诉仲裁的昂贵和延迟,使用调解更迅速地达成协议的做法越来越多。调解提供双方对话的机会,有合作解决问题的空间,寻求更好的解决方法,这与传统的申诉仲裁相比更亲切也更有效率。传统的申诉仲裁包括有限的证据开示、问题表述、提出异议和交叉质证。

斯蒂芬·戈德堡,一个法学教授和仲裁员,20 世纪 70 年代晚期在煤炭工业中进行了一个申诉调解试验项目,证明该程序在降低成本、解决积案、提高效率方面非常成功,而且参与者的满意度也很高。戈德堡的研究表明,申诉仲裁花了太多的时间,而最后的仲裁往往是对一个很狭窄的问题做出回答,而不是找出潜在需要解决的问题。戈德堡通过研究和教育项目来推广申诉调解,并对结果进行研究。更重要的是,戈德堡制作了一个调解员名单,名单上的调解员都可以提供申诉调解服务。通常一个调解员一天可以处理两起申诉调解案件,大大降低了纠纷解决成本并提高了效率。戈德堡对申诉调解的研究,显示出改进争端解决系统与仅仅解决一个单独的问题所形成的对比。建立争端解决系统与寻找解决某类纠纷最有效的 ADR 程序相结合,这种新型的 ADR 实践被称为纠纷解决设计（DRD）②。20 世纪 80 年代 DRD 尚处于初级阶段,随着纠纷解决模型的不断出现和从业者经验的积累,在 20 世纪 90 年代 DRD 的表现将更加成熟。

FMCS 过去很少使用申诉调解,塔夫脱—哈特利法案规定此程序只能作为“最后手段和例外情况”来使用,最后手段意即可能发生罢工而且没有其他程序可以使用,例外情况是指超过 95％的劳资谈判协议规定申诉仲裁,FMCS 的调解只涉及很少的

---

① 　NOLAN D R, ABRAMS R I. American labor arbitration: the maturing years[J]. University of Florida law review, 1983, 35(4): 623 - 624.

② 　**纠纷解决设计**:Dispute Resolution Design,简称 DRD。

部分。这条限制条款的效力在集体谈判与调解不断下降的 20 世纪 80 年代渐渐减弱了，FMCS 开始更多地应用申诉调解。

4.3.2　合作性问题解决理念对其他纠纷领域的影响

4.3.2.1　行政 ADR

在合作性纠纷解决理念的影响下，行政 ADR 发展出监管谈判或协商制定规则（RegNeg）①的形式。

成文法律普遍缺乏应用和实施所必要的细节规定，一般由政府机构通过政府规章来填补。在过去，发出准备制定新政府规章的通知后，政府机构会收集书面意见并召开正式的听证会来了解公众态度。政府机构往往在听证和对各利益集团所提供的信息予以考虑之后，开始起草法规。为了使新规章更有利于自身利益，各利益集团通常会采取一些具有很强对抗性的行动。这种规则制定程序具有很强的对抗性，将使不同利益方处于相互冲突和对立的境况，影响会议和沟通的效果，甚至可能引发针对规则而提起的昂贵耗时的诉讼。对抗性的规则制定方式剥夺了利益相关方与公众面对面谈判和合作的机会，使其丧失了共享信息、专业知识和各种技术能力的可能性。

RegNeg 程序改进了这一问题。通过该程序能得到一个不太正式的合意，基于将受到规章影响的利益相关者的经验而得出创造性的解决方案。第一，调查确定所有将受到规章影响的利益群体、需要规章解决的问题，还有其他必需的信息。第二，成立协商委员会，刊登公告。根据法律规定和公共利益，确定成立协商委员会，并由行政机关刊登公告，说明法规所涉主体、范围、考虑的问题，还有将受明显影响的利益相关方列表和代表人列表，以及委员会的议程安排。根据公告，未纳入列表的利益相关方可以申请参加委员会。所有程序参与者，包括行政机关在内，地位平等。第三，利益群体代表将进入 RegNeg 程序参与规则的制定。由协商委员会对协商的规则、合意的定义做出规定，以推动规则制定顺利进行，避免出现僵局。委员会成员除了对所讨论问题提出意见和设计之外，也可对协商程序的基本规则提出要求，比如程序性

---

①　监管谈判或协商制定规则：Regulatory Negotiations，简称 RegNeg。

规则的制定,建立小组委员会进行讨论与设计等。最终的决定经由合意得出,行政机关的意见并无特殊优先性。第四,公示与监督。制定出的规则应在媒体上公布,接受公众的评论与建议。协商委员会根据建议对规则进行调整,直至规则最终形成。若无特殊规定,协商委员会在最终规则颁布后终止。经协商达成的规则具有和通过其他方式制定出的规则同样的审查标准,只要具备传统的起诉资格,任何当事人都可以要求对协商制定出的规则进行司法审查。

与对抗性的规则制定方式相比,RegNeg 程序可以提高规则的接受度,丰富规则的内容,减少抗拒执法或在法庭上挑战规则的事件,并且可以缩短规则制定所需时间。RegNeg 是将"潜在的利害对立也看做纠纷状态的一种,把利害关系的调整视为类似于纠纷的解决"①。

美国联邦航空管理局(FAA)在 1983 年首次使用 RegNeg 程序来制定新规章。FMCS 派出调解员来对程序进行引导。新规章是关于飞行员最大飞行小时的安全规则。安全规则在最初制定后的很长时间内一直没有修订,但飞行设备等已经发生了重大变化。针对该问题有过讨论甚至诉讼,但都没能解决。会议由 17 个小组参加,持续了一年。经过多次反复与试验,很多做法被否定了,一些新的做法又被创造出来。最后所有参与者都认识到如果不能共同制定一个新规则,那不可接受的规则就将被实施。在此基础上,调解员考虑了各方意见,最终起草了一个规章,并获得了大多数参与者的认可,由 FAA 在 1984 年春发布。

这是第一个成功的 RegNeg 案例,并成为 RegNeg 程序的模型,FMCS 调解员和环境规划局、交通运输部门、职业安全与健康管理局等联邦政府机构都开始使用 RegNeg 程序。② 后来,大多数联邦政府机构都采用该程序来制定规章,很多州也使用 RegNeg 程序或类似程序来处理各种各样的问题,包括交通规划、公用事业监管、自然资源管理等。基于多年的 RegNeg 实践,20 世纪 90 年代初在美国律师协会和其他组织的建议下,国会通过了协商立法法(NRA)。

---

① 棚濑孝雄. 纠纷的解决与审判制度[M]. 王亚新,译. 北京:中国政法大学出版社,1994:23.

② BARRETT J T, BARRETT J P. A history of alternative dispute resolution: the story of a political, cultural, and social movement[M]. San Francisco: Jossey-Bass, 2004: 226 - 227.

4.3.2.2　家事 ADR

家事纠纷是法律中最充满感情最难以解决的领域，尤其是离婚案件涉及财产分配、赡养费、子女抚养费、监护权等很多复杂问题。20 世纪 70、80 年代美国离婚案件剧增，法院的处理使很多人意识到，这些痛苦的问题在传统的对抗式诉讼中往往变得更糟。一些法院开始尝试用调解等 ADR 程序让家庭成员们通过彼此都满意的方式来解决纠纷。

家事调解员协会（AFM）①成立于 1982 年，是一个促进家事案件调解的非营利性组织。AFM 独立存在了 18 年，成员发展到几千人，其中私人从业者大概占总数的 60%。AFM 发展了 ADR 在家事纠纷领域的培训和道德标准，创建《调解季刊》②以凝聚专业精神。AFM 还与家庭协会和调解法庭合作设立该领域的实践标准，并举行年会加深成员之间的信息交流与沟通。20 世纪 90 年代晚期，AFM 与 SPIDR、CREnet 合并，成为新组织中规模最大的家庭部门。在离婚案件中，当事双方力量不平衡的现象很常见，这对调解员的职业道德和行为标准提出了很高要求，这些问题随着妇女独立运动引发了更多关注，成为 20 世纪 80 年代 ADR 实践改革中的一部分。

4.3.2.3　校园 ADR

20 世纪 80 年代，ADR 在实践中的一个新发展是校园 ADR 的产生。校园 ADR 既包括使用 ADR 来解决学校管理者与员工、教师之间的纠纷，也包括使用 ADR 解决学生和孩子中的纠纷。

美国仲裁协会曾经赞助过高等教育调解中心③的一个试验项目，该项目的目的是鼓励使用调解来解决学校管理者和工作人员以及教师之间的纠纷。20 世纪 80 年代初期，马萨诸塞大学、夏威夷大学和欧柏林大学的格林奈尔学院设立了早期的校园调解项目。大部分早期项目主要是解决教师和学校的行政纠纷，随着时间的推移，项目扩大到为学校里的每个人提供服务，许多学校增加了监察专员一职。20 世纪 80

---

① 　家事调解员协会：Academy of Family Mediators，简称 AFM，成立于 1982 年。

② 　调解季刊：The Mediation Quarterly。

③ 　高等教育调解中心：Center for Mediation in Higher Education。

年代中期,大学与学院监察专员协会(UCOA)①成立,以校园内的监察专员为主要组成人员。之后,有关校园 ADR 的著作不断增加。到 20 世纪 80 年代末,校园 ADR 已经发展到足以举行一场全国会议,第一届校园调解项目全国会议在 1990 年由雪城大学的校园调解中心举办。截至 1998 年,美国大学校园里有 165 个冲突解决点。

　　校园 ADR 还有另外的形式,1982 年旧金山社区委员会②开展了一个面向从幼儿园到中学的 ADR 项目,向孩子们提供使用和平方式解决纠纷的知识和训练。该项目让孩子们充当调解员,称为对等调解员,这些孩子接受有关调解技巧的培训,穿着特制的彩色 T 恤,使用简化了的调解程序轮流到操场上调解纠纷,老师对调解进行监督并适当干预。对等调解员也处理一些老师和同学们交予的冲突。对该项目的评估显示,学校里的冲突减少了。四所参与项目的学校校长都认可该项目对校园平静友好气氛的帮助。这些早期校园调解项目的成功,帮助了项目在很多州的推广。马萨诸塞大学成立国家调解教育协会(NAME)③,推动在教育机构中使用 ADR。在全国纠纷解决研究所(NIDR)④的帮助下,NAME 开展了一系列活动,后来接受加入 NIDR 的邀请,成为 NIDR 的一部分,并将名称改为冲突解决教育网⑤,致力于推广校园 ADR。

4.4　ADR 理论研究的反思与转变

　　庞德会议之后,ADR 的发展与变革对有关法院功能、法规范功能、社会中纠纷的意义等根本问题的制度论和价值论产生了影响。研究者和实践者冷静客观地分析了这些变化,并对 ADR 的发展进行反思,由此 20 世纪 80 年代也被称为 ADR 的"警戒期"。对 ADR 的理论研究与反思大概可分为三类:一类是 ADR 对国家权力和社会

---

①　大学与学院监察专员协会:University and College Ombuds Association,简称 UCOA。

②　社区委员会:Community Board。

③　国家调解教育协会:National Association for Mediation Education,简称 NAME。

④　全国纠纷解决研究所:National Institute of Dispute Resolution,简称 NIDR。

⑤　冲突解决教育网:Conflict Resolution Education Network。

关系的影响；一类是 ADR 与法院和司法制度功能论的关系；最后一类是 ADR 自身所存在的问题。

4.4.1　ADR 对国家权力和市民社会的影响

国家产生后，经过漫长的发展而形成了完整的正式性的权力机制，这些机制都在代表公权力的国家的掌控之中。国家和社会在程序和正当性上"公""私"界限分明。"法院就是这些公权力机制之一，而以政府介入为基础的纠纷解决形式被冠以'公力救济'的名称，其形式则是对权威第三方做出的裁判的执行。而在 20 世纪 70 年代晚期则出现了相反的情况，公和私之间泾渭分明的标准开始模糊。"①一些学者认为这是国家权力扩大的反映，法律荫影下的 ADR 将更多法律和国家控制力的阴影投射到以往这些力量不曾到达的区域。

理查德·亚伯(Richard Abel)认为这种权力的扩张是国家权力通过从公开压制到隐秘管理，从"命令"模式到"引诱"模式的转换来实现的，在纠纷解决领域的表现就是国家逐渐加强了对 ADR 的适用。亚伯的观点可以总结为三个方面：

第一，ADR 及其组织机构的扩张导致的是国家权力的膨胀而非收缩，在国家行为被削弱的表象下，其管制实质上加强了。例如国家设立的邻里司法中心②，表面上看起来是由社区自己解决纠纷，国家为其提供预算，并指派非官方机构进行管理，但实际上，国家通过社区调解机制暗地里进行了意识形态渗透，没有使用法院的强制程序，反而有更多的事实被暴露出来，社区调解对相关社会关系进行处置的权力依然来自国家的指派。

第二，在作为缓解诉讼压力的各种国家主导或者提供支持的 ADR 程序中，在协商一致的表象之下，以和解为目的的 ADR 机制简单地抚平、消弭甚至镇压了各种冲突，弱势当事人的地位不仅没有提高反而出现了恶化，他们所得的利益甚至低于在对抗式的司法程序所能获得的。

---

① 罗伯茨,彭文浩.纠纷解决过程：ADR 与形成决定的主要形式［M］.刘哲玮,李佳佳,于春露,译.2 版.北京：北京大学出版社,2011:66.

② 邻里司法中心：Neighborhood Justice Center。

第三,随着 ADR 运动的发展,法院等司法程序的保障功能逐渐被削弱,第三方对纠纷解决的介入,挤压了强制和操控的空间,程序保障的弱化明显对当事人中较为强势的一方有利,最终弱势的一方只能寻求更加无用的司法救济。

除了理查德·亚伯,博阿文图拉·德·索萨·桑托斯(Boaventura de Sousa Santos)也认为国家正在以市民社会的方式进行扩张,概括如下:

第一,他认为资产阶级社会建立在一对二元化的权力之上,它们是最基础的权力模式和权力形态,相互补充又互相区别,有时甚至互相排斥。他称其为有序权力(Cosmic Power)和无序权力(Chaosmic Power)。前者的特征是中央集权和等级有序,有机地存在于一系列的正式制度中,传统的司法权即属此类。后者则具有离心性、零散性、多元性、游离性和机动性,存在于社会关系和社会交往的不规则不平衡之处,例如家庭、学校、街道等。国家强调权力和暴力,市民社会则信奉自由和平等,两种权力模式虽然差异明显,但可以相互补充相互包容,甚至相互再生。

第二,ADR 运动和社区司法改革,可能彰显了国家权力(即有序权力)在本质属性以及与原本固生于市民社会中的无序权力之间关系上的某些转变。为了占有原本存在于社会关系中的处分权,国家将自己的有序权力和并不在其控制范围内的无序权力嫁接到了一起。如此一来,随着国家权力范围的扩展,过去不能被成文法直接规制的各种行为和社会关系也就被纳入了国家调控的范畴,全社会的纠纷解决也按照其意志来进行整合。而国家权力的这一扩张,是在一个表面看起来似乎是权力收缩的过程中完成的。原来或许有效的国家与市民社会二分法逐渐失去了理论价值,国家控制可能变成了社会参与,暴力强制可能变成了协商一致,阶级统治可能变成了社区活动。国家采用替代性措施对权力进行了重新构建,权力的载体从各种正式制度中转移到非正式的网络体系之中。[①]

贡特尔·图伊布纳(G. Teubner)运用新系统主义,从卢曼"功能分化的社会"假定出发,不再考虑政府权力的转变,而是提出"反射性法"(Reflexive Law)的概念。他

---

① SANTOS B D S. Law and community: the changing nature of state power in late capitalism [M]// ABEL R L. The politics of informal justice, volume 1: the American experience. New York: Academic Press, 1982: 261 – 263.

认为法律将变成一个行动调和的系统，与各种半自治的社会子系统共同发展，反射性法具有促进其他社会子系统进行反思的整合功能，并会尝试进行自我调整过程的控制，因而反射性法尽管现在只是复杂法律体系中的一分子，但会出现革命性的变化，成为后现代社会中法的统治形式。[①]

三位学者从不同角度论证通过 ADR 国家权力将侵蚀市民社会。

4.4.2　ADR 与法院和司法制度功能论

这一类反思在某些方面与上一类一脉相承，概言之，是认为法院采取促进 ADR 的政策，通过以诉讼上的和解为首的诸多手段来减少判决甚至审判的做法，会导致审判权利的空洞化。

其中费斯教授的观点较为典型，他认为法院解决纠纷职能的削弱，将威胁到法律和政治中关键性价值的安全。费斯指出，相较于解决纠纷，法院更重要的作用在于对重要公共价值的确立与更新。审判的真正中心是通过判决来宣扬和刷新社会规范中的核心价值。法官的职责不是实现当事人利益的最大化，也不是简单地保障和平，而是具体阐述宪法和法律等权威性文件中包含的各种价值，并用其改造现实。ADR 的推行夺去了相当一部分法院宣扬各种核心价值的机会，而随着这些核心价值淡出公共视野，国家政治的稳定性将受到巨大影响。费斯提出，反对和解并不是要强迫当事人诉讼，而是因为当事人的和解将使社会所能获得的利益小于看上去它所能得到的，并且社会将最终为此付出代价。当事人在和解时可能将正义置之不顾，尽管当事人可以在和解协议的框架下正常生活，尽管和平共存是正义的必要前提，同时也是国家所倡导的价值之一，但这并不是正义的全部内容，和解本身就意味着对理想的某种放弃。[②]

费斯的观点遭到了很多批评，一些学者提出了相反的意见，比如麦克西尼亚（McThenia）和谢弗（Shaffer）。他们认为费斯基本上将正义等同于法律，人们只能通

---

① 罗伯茨,彭文浩.纠纷解决过程:ADR 与形成决定的主要形式[M].刘哲玮,李佳佳,于春露,译.2 版.北京:北京大学出版社,2011:66.

② FISS O M. Against settlement[J]. Yale law journal, 1984, 93(6): 1085-1086.

过政府才能获得正义。当社会需要一个权威的法律解释时,正义就需要被更加适当地实现或推进,而这样的案件就不适合用和解来解决。但他们认为法律和正义并不是同义词,人们并不仅仅从政府那里获得正义,法院也不是分配正义唯一的或者最重要的场所。ADR 运动最有意义、最深刻的影响在于其建立在各种各样的价值之上,包括宗教的、社区的、职业的。在很多赞成 ADR 的文化传统下,和解并不是一种避让或暂时中止纠纷的机制,而是一个过程。在这个过程中,既有关系破裂的当事人通过对抗而非避让来获得最后的结果。和解并非缩小诉求的过程,而是对诉求的激发,并且召唤了社会的实体价值。对于纠纷解决来说,和解可能是开端也可能是结果,但并不是其本质。[①]

费斯教授了回应这些质疑,他指出他对 ADR 批判关注的重点在于法院和解,一般人是在无路可走的情况下才将纠纷诉诸法院,而此时法院的和解更类似于休战。因为希望修复当事人之间的关系而忽视和解的成本并排斥诉讼,这种做法并不恰当。穷尽一切纠纷解决的可能性最后再诉诸法院的做法,只是单纯地增加了正义的成本。他认为 20 世纪 80 年代的 ADR 运动是一场反常的运动,其主流观点的根本目的是对能动国家的又一波攻击,允许有强大经济实力的私主体不受社区规范约束来维护自己的利益和自由。而法官作为公共官员、社区的受信托人,被赋予权力去决定是非曲直,并且在需要的时候强迫当事人的行为符合社区的规则。考虑到遍及社会的不平等和分化问题,以及正义理想与现实之间的鸿沟,这必须由一项强大的权力来实现,审判制度可能是最佳的选择。

4.4.3　ADR 内在制度设计的优劣

第三类反思与前两类都有联系,是关于 ADR 自身内在的诸多问题,例如第三方的中立性、实体规范与实体内容乖离等问题。

费斯教授认为,由于当事人之间权力的不对等,ADR 程序将会存在倾向性。

---

① MCTHENIA A W, SHAFFER T L. For reconciliation[J]. Yale law journal, 1985, 94(7): 1662 - 1665.

ADR 程序通常被认为其得出的结果将会符合对诉讼结果的预期，是当事各方对结果有预期的简单协商的产物，然而事实上，与诉讼一样，ADR 程序也是当事各方能够有效利用的各种资源合力作用的结果，而这些资源分配往往并不平等。资源的不均等或者说权力的差别将在三个方面影响 ADR：首先，经济上处于弱势的当事人与其强势对手在信息获取和分析能力上有差距，弱势方可能无法获取对诉讼结果合理而精确的预期；其次，弱势方可能急于获得赔偿，而不得不参加 ADR 程序以及时得到款项；最后，弱势方可能由于无法负担诉讼费用被迫接受 ADR，而强势方可以针对对方在经济实力上的不足迫使其接受较低的赔偿额。

格里洛(Grillo)①、德尔加多(Delgado)②也提出了这方面的批判，在当事人之间存在社会性力量的差异时，由于 ADR 以当事人之间的谈判为基础，所以存在以"合意"之名，将谈判能力强的当事人的强制性要求合理化，将不公正的解决固定化，剥夺在诉讼场合纠正结果的机会的危险。是应该为了避免这种危险，或者当存在双方当事人都没有注意到的重要法律问题时，允许第三方做出结果上有利于一方当事人的劝告呢，还是说只要在形式上达成了合意，即使其内容与法律规范相背离，也应当被认为是有效的和解呢？此外，谋求和解谈判效率化的方向性，以及在法律问题被预见的场合中帮助谈判能力较弱的当事人没有顾忌地在谈判桌前进行实质性的对话时，第三方应如何保持中立性等，都是 ADR 程序中存在的问题。

4.5　本章小结

在"接近正义"运动的影响下，国家不断赋予社会主体各种新的实质性权利和司法保护请求权，社会主体的诉讼能力不断提高，随之而来的是诉讼数量剧增，诉讼昂贵、诉讼迟延、诉讼门槛过高等的抱怨不断，美国的司法审判制度受到了尖锐批评，民

---

① GRILLO T. The mediation alternative: process dangers for women[J]. Yale law journal, 1991, 100(6): 1545-1610.

② DELGADO R, DUNN C, BROWN P, et al. Fairness and formality: minimizing the risk of prejudice in alternative dispute resolution[J]. Wisconsin law review, 1985, 1985(6): 1359-1404.

事司法改革的呼声越来越高,而 ADR 制度的优越性正逐渐受到关注。1976 年庞德会议超越了过去有关司法审判改革与和解价值的争论,鼓励法院进行 ADR 试验,标志着美国新型 ADR 进入变革期。

这一时期 ADR 的变革可以归纳为以下几点:

第一,法律界改变过去对 ADR 的态度,大规模参与到 ADR 的实践中。过去 ADR 发展的主要领域是劳资纠纷、商业纠纷以及民权纠纷等,ADR 虽然在实践中长期运用,但未得到法律界的真正重视,甚至为法院所排斥。法院和律师对 ADR 态度的转变,尤其是法院附设 ADR 的大量出现,成为 ADR 发展道路上的重要变革。

第二,合作性问题解决和双赢的理念开始流行。这一理念的发展受到美国所处的国际国内环境的影响,经济上的困境和国外竞争的威胁,促使美国吸收国外的先进经验。合作解决问题,提出对双方都有利的解决方案实现双赢,这种思路借用了与其相适应的传统调解的感受性方法,从企业界出发,逐渐被应用到更广阔的领域。

第三,对 ADR 多角度的分析与反思。庞德会议后,ADR 在实践和理论上的发展,使其对法院功能、法规范功能、社会中纠纷的意义等根本性问题的制度论和价值论产生了影响。这些影响在 20 世纪 80 年代被研究者和实践者冷静客观地加以论述和分析,改变了过去仅仅对 ADR 优越性的关注而转向了批判。对 ADR 的批判主要可分为三类:一类是 ADR 对国家权力和社会关系的影响;第二类是 ADR 与法院和司法制度的功能的关系;第三类是 ADR 内在制度设计的优劣,例如中立第三方的中立性等问题。

第 5 章　美国新型 ADR 的完善与发展趋势
（20 世纪 90 年代至 21 世纪初）

随着 ADR 变革的深入,20 世纪 90 年代出现了 ADR 制度化和标准化的趋势,一系列有关 ADR 的联邦立法被制定出来。追求合意的 ADR 与传统的对抗性诉讼交叉与融合,进入完善发展的新阶段。

5.1　"新经济"时代与 ADR 运动的影响分析

5.1.1　"新经济"时代与科技发展

20 世纪 90 年代跨越了布什总统(1989—1992)和克林顿总统(1993—2000)执政期。"由于日益恶化的财政问题、日益增强的关于种族与性别问题的争论和里根经济繁荣的终结,布什年代是黯然失色的。"①由于美国经济在国际竞争中的落后,许多美国公司处境困难,为了增强竞争力而裁员增效,失业大军不断增长。经济危机的冲击和美国结构性经济问题的恶化,使社会矛盾加深,而布什政府并未能给出有效的解决办法,选民深感不满,由此共和党人 12 年的保守统治结束,民主党人克林顿被选票推上总统宝座。

克林顿总统是个继承"新政"重要传统而又吸收某些共和党主张的新民主党人、新自由主义者,他的国内政策被称为"中间道路"或"第三条道路"。他上台后将振兴经济作为首要任务,在其 1993 年任职后到 2000 年卸任期间,"美国经济长期快速稳

---

① 刘绪贻,杨生茂.美国通史:第 6 卷 战后美国史 1945—2000 [M].北京:人民出版社,2002:510.

定地增长,年增长率平均在 2%～3% 之间,消费物价指数控制在 3% 以内,失业率从 1992 年的 7.4% 降至 1998 年的 4.2%,呈现出'两低一高'(低通胀、低失业、高增长) 的良好发展态势。直到 20 世纪 90 年代末,美国经济基本健康,尚未出现衰退的征兆。20 世纪 80 年代以来,一直困扰美国经济的痼疾——联邦财政赤字大幅下降,并在 1997—1998 财政年度出现了 30 年来第一次财政盈余。美国产业结构进一步优化,企业的经营管理水平明显提高,国际竞争力显著增强,投资和股市高涨,扩大了美国和其他西方发达国家之间的经济差距。20 世纪 90 年代美国经济出现的一些新现象,使美国一些经济学家认为,美国已进入'新经济'时代。"[1]克林顿在其任期内提出建立"信息高速公路",在全国范围内大力扶持高新技术的研究与应用,提高对信息技术的投资,并对传统产业进行技术改造,主要是用电子技术改造传统产业落后的生产工艺,用电脑和网络进行设备和技术更新。美国高新技术的发展还促进了企业结构和经营管理方式的调整。"80 年代,特别是 90 年代以来,随着信息技术的发展和知识经济时代的日益临近,美国企业经营和管理的内涵也发生了迅速而根本的改变。工业时代基本的商业原理已不再起作用,一种全新的经营和管理战略与理念正在出现,以知识为基础组织生产和经营已成为新型企业的象征以及企业生存和发展的关键。"[2]

20 世纪 90 年代美国发生的变化深刻地影响了 ADR 的发展。高新技术的应用,不仅改造了传统工业,也在一定程度上改变了 ADR 的工作模式。企业新型的经营和管理方式,使合作性问题解决理念更加深入纠纷解决之中。

5.1.2　ADR 运动下的制度化要求与理念发展

20 世纪 90 年代克林顿政府领导下美国经济的重新起飞,一定程度上稳定了 20 世纪 60、70 年代民权运动和 80 年代经济衰退中美国人躁乱不堪的心态。在较为平和的社会环境中,美国 ADR 运动的深入发展对实践提出了新要求。

---

① 任东来,等.当代美国:一个超级大国的成长[M].贵阳:贵州人民出版社,2000:79.
② 任东来,等.当代美国:一个超级大国的成长[M].贵阳:贵州人民出版社,2000:88.

　　西蒙·罗伯茨和彭文浩两位教授将前一个阶段的 ADR 运动的特点概括为："首先是速度。当当事人进行协商谈判时，新专家群体可以不受法律界监督和控制。这些群体自身具有专业化特色，可以迅速地为当事人提供支持。其次是反光复运动①，在这一运动中，律师接受了 ADR，并利用它重塑了多个法律实务领域中的业务。再次是法院在一定程度接受了 ADR，（至少在英国）抱着极大的热情去促进和解。这些特点体现了 ADR 理念发展到了空前的程度，乍看上去已经成了一项由法律界和国家共同发动的革命性运动。所有这一切，尤其是政府为减少费用而接纳 ADR 运动，都将使 80 年代关于非正式化的争论内容发生革新。法院对和解的热情和政府对节省开支的热情结合在一起，将带来巨大的风险，可能导致强迫弱势一方当事人被迫接受妥协。它一方面取决于 ADR 运动的倡导者如何尽快调整制度框架和内容，一方面取决于律师和法官在多大程度上坚持自己传统角色的定位。"②

　　到 20 世纪 90 年代，无论法院内外，作为 ADR 的一般情况，设定以程序中立者为对象的行动规范和伦理规则引起社会的广泛关注。为了应对纠纷中法律之外的专门性需要，非法律职业者的专家会作为程序主宰者或中立者参加纠纷解决，或即使没有法律职业资格，如果满足一定的条件（比如接受过一定的培训）也可以参与 ADR 程序，认可这些情况的法律领域并不少。对于法律职业者，有相应的伦理规则和制裁制度，而对于专家或者无法律职业资格者，情况则不相同。ADR 在很多情况下并没有固定或者公开的过程，对程序里中立者的行为进行监督比在诉讼程序中要困难很多。因此，虽然与诉讼程序不同，但提前明确程序中立者的行为规范和评价规范非常必要。这也反映出给予 ADR 中立者与既存定位不同的新定位的思想。

　　ABA 和一些 ADR 从业者团体制定了中立者的行为规范及伦理规则。ADR 的职业化和职业道德的发展将改进相关的实践。从另一个角度考虑，ADR 在某种程度上算是一种商业活动，而作为商业活动必须向潜在的利用者展示其服务内容的高度

---

　　① Counter-movement of Recovery，光复运动是部分律师为夺回对纠纷解决的垄断地位而开展的行动。原文译者注。

　　② 罗伯茨，彭文浩.纠纷解决过程：ADR 与形成决定的主要形式[M].刘哲玮，李佳佳，于春露，译.2 版.北京：北京大学出版社，2011：103.

明确化，为此有学者提出要通过提高程序易懂性、客观化从业者水平、导入服务接受者投诉受理制度，来确立对于高品质服务的可信赖性，以实现 ADR 的品牌化战略。

　　这些都对 ADR 的制度化提出了要求。与此同时，很多人对美国法院大力推广 ADR，放弃原有模式感到不满，因此在某种程度上很容易认可批判法学重返传统司法审判程序。此外，有很多学者认为，ADR 程序规则无前提地接近诉讼程序，为谋求自我目的的复杂化，是有害的。抛开纠纷的个别性，ADR 程序在处理一般性案件时，过分接近司法程序所导致的复杂化，恰恰削弱了 ADR 在速度和效率方面的优越性。然而，重视纠纷解决结果的平等和效率性，将期待委任于程序中立者父权主义式的介入、说服和判断，而降低对程序和程序中立者的规制，则可能会舍弃当事人自身积极参与程序的努力，并且必然会伴随固有的纠纷解决需求、谈判和对话带来多样化的倾向。在这样的情况下，向保持审判制度的相反状态的 ADR 寻求审判和纠纷解决的机能，这种做法虽然值得商榷，但如果强调这一方向性，则 ADR 程序的规则化就应该得到重视。如果强调 ADR 的作用，那么规定程序中立者应当为当事人设定怎样的平台，为了促进当事人自主参加程序并在充分了解案情的情况下作出决定，就有必要认真考虑程序的规则化。从这种意义来说，ADR 的规则化非常必要。

　　在 ADR 规则化和制度化的过程中，涉及对程序中立者与当事人的关系定位和具体做法的不同追求，由此在 20 世纪 90 年代产生了"评价性"和"变质性"两种不同的理念。

　　评价性理念的产生，得益于 ADR 运动之后作为调解人或仲裁人活动的律师的激增。伴随着法院附设 ADR 的发展，纠纷中的法律问题需要具有丰富经验的中立第三方。律师不驯于传统 ADR 如调解中的非指导性，经常根据经验和专门的法律知识与当事人进行现实性讨论，并提出自己对于判决结果的预测。例如 JAMS，该组织是以退休法官为主的 ADR 从业者组织。对于案件进入法院后会如何解决如何裁判，很多当事人希望能从权威人士那里得到一定的意见。由此产生了相对于传统调解模式，与劳资纠纷中的强制调解更有共同点的在"评价性"(Evaluative)理念指导下的 ADR 模式。在评价性理念指导下，律师或退休法官等法律界 ADR 从业者对纠纷评价的程度，随着案件种类和当事人要求的不同而变化。

　　与评价性理念相对的是"变质性"（Transformational）理念。这一理念包含在传统 ADR 模式之中，又被重新审视并推广。变质性理念是通过把握让当事人转变的机会来应用调解等 ADR 程序。通过加强"自省"（即个人再度确认自己的价值及长处，恢复正视生活中诸问题的能力）与"理解"（即个人理解他人的立场和所提出的问题，从而唤起共同的感受）的方法，来把握"带来道德增进"的机会。变质性理念强烈反对当事人在中立者的指导下形成与利害关系、适当解决方案相关的意见这样形态的调解，而是强调调解中当事人的自主作用，认为应当避免调解人就利害关系、适当解决方案而介入当事人的想法。这一理念与传统的调解并不完全相同，认为传统调解解决问题的方法过于高压，剥夺了当事人面对面、自己解决纠纷的道德自治，从而也对传统调解进行批判。变质性理念特别适合家事纠纷以及当事人有继续性关系的纠纷。不同的理念虽然具有不同的思想特质，但可以与多种 ADR 形式相结合，进而得到更加充分和灵活的运用。

　　通过对 ADR 发展状况的分析，可以看出美国 ADR 已经进入制度化的成熟完善期。由于多样性的特质，对 ADR 的制度化进行以概论全的做法将非常危险，不仅会削弱 ADR 的优越性，还可能扼杀其创造性，所以只能针对不同 ADR 形式进行个别规范，或不做实质性规制，只在根本问题上进行抽象规定，即在宏观上设置元级化规则。美国联邦有关 ADR 的立法与实践将深刻地体现这一阶段 ADR 运动中的制度化要求与理念发展。

5.2　ADR 联邦立法与实践的制度化

　　在 ADR 获得美国联邦制度上的保障之前，除了某些具体领域有单行法规定外，ADR 的发展具有很大的自发性，而政府的态度和举措对其有着极大的影响。20 世纪 80 年代法院和律师对 ADR 参与的加深，以及法院附设 ADR 试点项目收获的实践经验，推动 20 世纪 90 年代联邦政府继续大力支持 ADR 的发展，对此最突出的表现是一系列联邦层面有关 ADR 立法的出现。联邦政府对 ADR 立法的推动，同时也是对 ADR 的价值认识不断深化的过程。

5.2.1　《司法改进与接近司法法》与《民事司法改革法》

1990 年美国国会通过了《民事司法改革法》，在此之前，1988 年《司法改进与接近司法法》获得通过，这两部法律主要囊括了民事司法改革中有关 ADR 的规定。

5.2.1.1　《司法改进与接近司法法》

《司法改进与接近司法法》（Judicial Improvements and Access to Justice Act）[①]在 1988 年 10 月 19 日由美国国会通过，并在一个月后由总统签署生效。该法由十个部分组成。第一章提出要建立联邦法院研究委员会[②]，其目的是调查当前联邦法院面对的问题和争议，为联邦司法制定长期发展计划，包括对 ADR 程序、联邦法院机构和机构管理程序、联邦法院纠纷解决类型的评估等。[③] 第一章还对该委员会的人员构成、机构权力、功能与职责、委员会成员报酬、委员会终结条件、财政拨款、生效时间等做了详细规定。第二章提到了联邦司法的多样性改革，将联邦地区法院管辖争议金额从最低 1 万美元提高到 5 万美元，[④]还有其他改革措施。第三章修正了原来关于联邦司法中心基金会[⑤]的条款，该基金会可以鼓励、创造、发展和实施继续教育或培训项目，对象是调解员和仲裁员等司法部门外的从业者。第四章修正了授权规则，第五章是关于联邦上诉法院的管辖权，第六章是对国家司法研究所法的修正，第七章是法庭口译修正法案，第八章是陪审团的选择和服务，第十章是其他规定。

第九章仲裁是该法中有关 ADR 最重要的部分，首先授权联邦地区法院使用仲裁，然后具体规定了仲裁的管辖权、仲裁员的权力和仲裁审理、仲裁裁决、重启审判程序、仲裁员的鉴定等内容。

第一，该法授权 20 个联邦地区法院启动仲裁试点项目，其中 10 个地区法院被授权可以将案件强制性地移送仲裁，10 个地区法院实行自愿仲裁。

---

① 　PL 100 - 702，1988 HR 4807，Judicial Improvements and Access to Justice Act.
② 　**联邦法院研究委员会**：Federal Courts Study Committee。
③ 　28 USC 331 note.
④ 　28 USC 1332 note.
⑤ 　**联邦司法中心基金会**：Federal Judicial Center Foundation。

　　第二，将可仲裁案件类型限定为损害赔偿额在 10 万美元以下的案件，地区法院可以制定自己的规则适当提高或降低这一标准，但最高不得超过 15 万美元。特定类型的案件不可送交仲裁，除非获得当事人同意，即违反宪法的案件以及规定的其他案件类型。各地区法院可以制定自己的免仲裁规则，例如案件涉及复杂的或新颖的法律观点、案件中法律问题多于事实问题，或者其他恰当的原因。地区法院需要建立相应的仲裁保障措施，以确保当事人同意仲裁是自由且知情的，拒绝仲裁也并非出于偏见。

　　第三，规定仲裁员有主持仲裁并做出裁决的权力，各地区法院可自行规定仲裁开始的时间，但必须在答辩书提交后的 180 天内。

　　第四，仲裁裁决的效力。仲裁听审结束后，仲裁员需立即做出裁决，并提交给地区法院的书记员，重审期过后，裁决的效力等同于法院做出的判决，需要遵守相关法律规定并具有同样的强制力和效果，但裁决不受其他任何法院通过上诉或别种方式的审查。地区法院需要制定规则保证仲裁裁决的内容不被分配审理该案的法官知悉。此外，仲裁费用应作为裁决内容的一部分被包括在内，由地区法院制定相应规则和具体规定。

　　第五，重启审判程序的要求。仲裁裁决作出后的 30 天内，任一当事方可以书面请求重启审判程序。重启的审判程序对证据开示等有新的限制，且仲裁员的报酬一般由申请重启的一方支付，除非该方当事人在重启审判程序后得到了优于仲裁裁决的审判结果或者法院认为重启审判是基于良好的理由。该法并未对申请重启审判程序的要求规定罚金，法官可以根据情况评估是否有处以罚金的需要。

　　第六，规定了仲裁员的认证标准和报酬。各地区法院需要制定仲裁员的认证标准，并保证仲裁员能在该标准下提供统一良好的服务，仲裁员作为独立的承揽人和特殊的政府雇员而行动。地区法院应该在美国司法会议规定的限额内支付仲裁员的报酬，仲裁员可以在每一起案件后收取报酬，此外地区法院还可以提供相应的交通津贴。

　　第七，美国司法会议会制定有关仲裁程序的模范规则。

　　第八，在法院附设仲裁项目运行 5 年后，由联邦司法中心和联邦法院行政办公室主管共同向国会提交一份报告，以汇报项目实施情况。报告包括对地区法院运行附设仲裁项目的详细情况，当事人、律师以及法院对仲裁结果的满意程度的抽样调查，对该程序功能的总结，对仲裁程序开销的满意程度的调查，以及最终向国会提出是否应全面推广法院附设仲裁的建议。

这部法律设置了联邦法院附设仲裁的基本框架，并规定每个地区法院可以制定地方规则并做出相应改变。该法的有效期为 5 年。

5. 2. 1. 2　《民事司法改革法》

在《司法改进与接近司法法》颁布之后，《民事司法改革法》（Civil Justice Reform Act，简称 CJRA）①由国会在 1990 年通过。该法启动了一个改革联邦法院系统的项目，CJRA 要求所有联邦地区法院制定实施 ADR 程序的计划，以降低民事诉讼开支和迟延。联邦地区法院被授权将案件交由调解、小型审判和简易陪审团程序来解决，法院也被鼓励发展中立评估项目。可以合理地推测，由于《司法改进与接近司法法》中的 ADR 试点项目效果良好，所以在这部更加深入推进民事司法改革的法律中，ADR 作为重要内容被大力推广。

从整体来看，CJRA 是有关联邦法院的一项"降低民事诉讼开支和迟延计划"②，具体是由六部分组成，分别是短标题、调查结果、对美国法典 28 编的修正、示范程序、试点项目、授权。

调查结果部分首先强调在民刑事案件向联邦地区法院提出了全方位新需求的背景下，存在于联邦地区法院中的诉讼开支和迟延问题必须得到解决。法院、当事人、当事人的律师以及国会和行政部门共同承担民事诉讼中开支过高和延迟的责任，同时也承受诉讼、判决、民事审判系统向受损害方提供适时司法救济的能力的影响。问题的解决需要各方的共同努力和贡献。在制定和实施解决民事诉讼开支和迟延问题的方案时，司法人员、当事人和律师必须保持有效的协商，迅速有效地互相交流和学习彼此具有的在诉讼管理和减少诉讼开支与迟延中的技巧。其次，该部分提出有效

---

① 　PL 101 - 650，1990 HR 5316，Civil Justice Reform Act.

② 　Civil Justice Expense and Delay Reduction Plan.

的案件管理与减少诉讼开支和迟延的项目需要明确几项相互联系的原则,包括:根据
案件情况给予不同处理方法,根据案件的需要、复杂性、持续时间和诉讼可能性,提
供个性化的具体管理;司法人员在早期阶段即参与制订案件进程计划,并控制开示
程序,制订听证、审判和其他程序的时间表;司法人员和律师在预审过程中定期沟
通;在合适的情况下,使用 ADR 程序。最后,提出建立一个有效的管理机制,使在
诉讼管理与减少诉讼开支和迟延的原则与技巧方面的协商与沟通能够持续有效地
进行。

　　对美国法典第 28 编的修正主要是对"降低民事诉讼开支和迟延计划"的补充和
更新。第一,规定每个联邦地区法院都要开展该项计划,具体实施可由地区法院自行
制订计划,也可模拟美国司法会议制定的模型。每一个具体计划的目的都是提高诉
讼管理,确保公正、快捷、低廉地解决民事纠纷。联邦地区法院可以选择合适的计划,
也可以在听取咨询小组的建议后再选择。计划的内容必须包括一定的原则和指导方
针,其中一条是:"授权在适当情况下,使用 ADR 程序,首先,被指定为在地区法院中
使用,其次,法院可以提供调解、小型审判和简易陪审团审判程序。"[1]每个联邦地区
法院与咨询小组协商后,其计划应包含一定的减少诉讼开支和迟延的技巧,包括:"一
个中立的评估程序,在诉讼早期,一个由法院挑选出来的中立代表在不具约束力的会
议上,就案件的法律和事实基础,向当事方演示可能出现的判决结果。并且由法院通
知,要求一个有权威的当事方代表出席和解会议,或者是通过电话参加。"[2]第二,美
国司法会议应定期向联邦地区法院发放减少诉讼开支和迟延手册,手册中应包含对
美国司法会议经慎重考虑后认为最有效的 ADR 程序的描述与分析,以及对其他减
少诉讼开支和迟延的原则和技术的研究。[3] 联邦司法中心和联邦法院行政办公室主
任将制订全面的教育和培训计划,以确保所有法官、裁判官、法院书记员、法庭代表及
其他法院工作人员熟悉和掌握该计划所需要的信息和技术。[4] 第三,为推动计划的

---

[1]　28 USCA § 473.
[2]　28 USCA § 473.
[3]　28 USCA § 479.
[4]　28 USCA § 480.

进行,设置实施计划时间表,最迟于 1991 年年底,每个美国联邦地区法院都要开展该
计划。

　　示范项目部分规定,在 1991 年 1 月 1 日,美国司法会议将开展一个为期四年的
示范项目。作为早期试点地区法院中的一部分,加利福尼亚州北部地区法院、西弗吉
尼亚州北部地区法院和密苏里州西部地区法院及其他美国司法会议指定的地区法
院,将作为示范项目,试验使用包括 ADR 在内的各种方法来降低诉讼开支和迟延。①
在 1995 年 12 月 31 日之前,美国司法会议将向联邦参议院司法委员会的代表提交示
范项目的考察结果报告。

　　在美国这样强调法治的国家,一项立法并不是一纸空文,法律颁布之后随之而来
的是相应机构、人员、经费等大量公共资源的投入。CJRA 要求在所有联邦地区法院
中推行 ADR 程序,是 ADR 得以实实在在运行并迅速扩张的极大助力。

5.2.2　《行政纠纷解决法》与《协商立法法》

　　1990 年,美国国会颁布了两项在联邦政府中推动 ADR 应用的法律,其中《行政
纠纷解决法》(Administrative Dispute Resolution Act,简称 ADRA)②进一步授权联邦
机构在大多数行政纠纷中使用 ADR,《协商立法法》(Negotiated Rulemaking Act,简
称 NRA)是对联邦政府运用 RegNeg 程序多年实践的总结,要求联邦机构制定行政
法规时使用协商谈判来促进共识的形成。

5.2.2.1　《行政纠纷解决法》

　　每年美国联邦政府都会被卷入数千件纠纷当中,可以说没有哪家美国公司在这
一点比得上美国联邦政府。纠纷解决需要大量资源,在美国司法部的率领下,数千名
律师全天候地工作以维护政府的利益。为此大伤脑筋的联邦政府站出来表示支持使
用 ADR 程序来解决这些问题,1990 年国会颁布了《行政纠纷解决法》,进一步授权联
邦政府在大多数行政纠纷中使用 ADR,并要求联邦机构在所有对商品和服务的标准

---

①　28 USCA § 471 NOTE.

②　PL 101 - 552 (HR 2497),Administrative Dispute Resolution Act.

合同中增加有关 ADR 的条款。与此同时，该法还扩大了 FMCS 的权限，要求其为联邦机构提供调解和培训服务。

1990 年国会通过 ADRA，目的是给联邦机构以额外的授权，在其发生行政纠纷时能够使用有关 ADR 的法令和规章。实际上，在该法案通过之前，许多联邦机构如美国陆军工程兵团等就已经在使用一些 ADR 程序了，主要是使用小型审判来解决纠纷。① ADRA 通过后，联邦机构被引导着有意识地运用 ADR 程序，并纷纷成立自己的 ADR 项目，一些机构任命高级官员担任"ADR 专家"，与其他机构在全国范围内合作实施该法案。美国行政会议（ACUS）②为 ADRA 的通过发挥了积极的推动和协调作用，在 20 世纪 90 年代前期，ACUS 继续为整个联邦政府的 ADR 机制提供支持，包括推动制定法律与创建并更新一个调解员和仲裁员名单。因为 ACUS 可以接受私人资助，所以大大增加了其推动联邦行政 ADR 的能力，然而遗憾的是，1996 年国会削减咨询委员会的预算迫使 ACUS 关闭了。

ADRA 在 1995 年就已到期，但国会在法案刚开始执行时就开始研究永久授权的可能性。法案的实际到期时间是 1995 年 10 月 1 日，但在 1996 年 10 月 19 号，克林顿总统签署法案将 ADRA 永久延期。虽然 1990 年通过的 ADRA 规定各联邦机构应将 ADR 纳入各自决策程序，但 1996 年的修正案还是远远超出了法案早期规定的覆盖范围，下面将着重对 1996 年修正案进行分析。

第一，ADRA 规定行政机构包括美国联邦政府各机关，不管是某机构内部机构还是某机构下辖机构，但不包括国会、法院、州政府和哥伦比亚区政府。③ 行政程序包括涉及保护公共利益和按照法律法规、裁决、许可或调查而授予个人的权利、特权

---

① FRYLING R G, HOFFMAN E J. A mini-history of federal ADR statutes, orders, regulations and directives[J]. Alternatives, 1997, 15(8): 114.

② 美国行政会议（Administrative Conference of the United States，简称 ACUS）于 1968 年由国会成立，其职责是研究行政机构的效率、公平和适当性，并提出改进建议。该机构在 20 世纪 80 年代积极号召在联邦政府内使用 ADR，截至 1990 年，该机构曾发布 17 项支持在行政机构中使用 ADR 的报告。1987 年，ACUS 主办了"改进纠纷解决：联邦政府的选择"讨论会，并发行了资料读物。该机构还曾起草有可能被采用的 ADR 法案。

③ 5 USCA § 551.

和义务的联邦职能。在此范围内的行政纠纷可以使用但不限于使用和解、谈判、调解、仲裁、小型审判、事实发现、监察专员等 ADR 程序或其任意组合形式。每个机构组织其员工参加包括谈判协商、调解、仲裁及相关技术的理论和实践培训。各机构应审查其标准协议合同及其他辅助性合同，决定是否修改并授权使用 ADR 来解决可能发生的纠纷。在 ADRA 颁布一年内，联邦采购条例应作相应修改。

第二，ADRA 强调要保护机密。条文中特别规定，适用 ADR 以解决纠纷的大多数政府文件可不受《信息自由法》①的限制，内容可免于披露。个体私人也有权维护其谈判协商的秘密性，事实上，《联邦证据法》第 408 条也规定有保护当事者机密的内容。那些与联邦政府共同使用 ADR 的当事方可以合法要求信息不予披露，因为其竞争对手可能会寻求其在 ADR 程序中产生的文件与信息，而不利于公平竞争。修改《信息自由法》以防止机密泄露，可以让公司等主体更乐意使用 ADR 来解决纠纷。

第三，ADRA 的 1996 年修正案第一次为所有的联邦机构提供"有效的"具有约束力的仲裁，消除了 1990 年法案的片面规定，即允许机构负责人（但不是私人诉讼当事人）选择"退出"对其不利的仲裁决定，虽然该机构仍必须为此支付仲裁费用。这个退出的选择意味着对机构不利的裁决将一文不值，毫无用处。由于这样的规定，过去公司等私人诉讼当事人并不热衷于使用仲裁。现在这种情况有所改变，ADRA 修正案要求联邦机构设定一个他们所能接受的仲裁员做出的裁决的上限。联邦机构也必须在和司法部讨论之后，发布如何正确使用仲裁的指南。

第四，根据该修正案，联邦机构可以在没有公开竞争的情况下获得中立者的服务。获得有能力的中立者和调解员的服务并支付报酬，一直以来都是联邦政府在程序上无法解决的难题。对于私营部门来讲，当事各方通常可以在一个中立第三方的帮助下达成非正式的协议，并且在绝大多数情况下平摊费用。但在联邦部门，有时候竞争将阻碍当事各方迅速地在中立者的选择上达成一致。传统上，联邦政府已经习惯使用各种合同申诉委员会的行政法官作为纠纷的中立方，政府通常乐意这种做法而且不必支付额外的费用。政府内也有一个叫作"中立者机构共享"的项目，其目的

---

① Freedom of Information Act.

是为机构和立约人提供未涉及该纠纷的其他机构的工作人员作为该领域的专家,担任中立者,以降低开支。可以理解的是,一个私人当事方有时候希望能寻找政府外的中立第三方。根据新的修正案,非竞争性合同可以交由私人中立第三方,并由当事方共担费用,如此则当事各方均可以选择私人的中立第三方。

第五,修正案要求总统寻找一个新的方式来为联邦政府提供协调、咨询等服务,这些功能原本由美国行政会议来实现,但该机构在 1996 年被国会取消了。

5.2.2.2 《协商立法法》

《协商立法法》(NRA)①为联邦机构协商制定规则的行为建立了一个框架。美国行政会议对《协商立法法》的制定和通过起到了非常重要的推动作用,这个法案很像 ACUS 就过去五年有关 RegNeg 的工作经验起草并提出的报告。NRA 指定 FMCS 作为联邦机构协商制定法规的潜在的主持人、召集人和调解者。NRA 和 ADRA 一样在颁布 5 年后到期,但也同样在 1996 年修正后永久延期。

第一,NRA 确定联邦机构的范围,包括美国联邦政府各机关,不管是在某机构内部机构还是由某机构下辖机构,但是不包括国会、法院、州政府和哥伦比亚区政府。联邦机构被授权可以根据《联邦咨询委员会法案》②建立协商制定规则委员会。规则制定需要委员会内部利益各方代表一般的而非一致的同意。FMCS 作为召集者和推动者,协助联邦机构决定是否需要建立协商制定规则委员会,并帮助该委员会进行讨论和协商。③

第二,NRA 建立了协商制定规则程序的框架,以鼓励该程序在各联邦机构中的使用,并提高实施行为的规范性。框架的建立并不是对协商制定规则程序试验和创新的限制,也不是对其他法律授权使用的与此不同的协商制定规则方式的否定。④根据该框架,由联邦机构负责人根据法律规定和公共利益决定是否需要成立协商制定规则委员会。如果根据召集人的报告和机构负责人的评估需要成立,则刊登公告,

---

① PL 101 - 648 (S 303)，Negotiated Rulemaking Act.
② Federal Advisory Committee Act.
③ 5 USCA § 582.
④ 5 USCA § 581.

说明要制定的规则的主体、范围、考虑的问题,将明显受影响的利益相关方列表和代表人列表,以及委员会的议程安排。根据公告,未纳入列表的利益相关方可以申请参加委员会,参加者和申请者都需要在 30 天内提交意见或申请。根据提交的意见和申请,该联邦机构可以做出继续设立委员会或者放弃设立委员会的决定。委员会成员一般限制在 25 人以内,除非机构负责人认为委员会功能的实现或者均衡需要更多的成员。该联邦机构应向委员会提供行政支持和技术援助,并派遣一定人员代表本机构参加委员会的讨论和谈判。委员会需要批准该机构提供的推动者或以协商一致的方式选择一个推动者,来推动谈判和讨论的进行,推动者需要公正地主持会议并协助谈判和讨论的进行。若无特殊规定,协商制定规则委员会应在最终规则颁布后终止。

　　第三,NRA 规定了协商制定规则委员会的资金来源以及召集人、主持人和推动者,还有委员会成员的开支。委员会成员应负责会议的开支,除非该会员确实没有足够的财政资源,或者委员会认为为了保证足够的代表性,该成员的参与是必要的。

　　第四,规定任何联邦机构涉及建立、协助或者接受一个协商制定规则委员会的行为,都不应受到司法审查(Judicial Review),除非法律另有规定,这给予了以此种方式制定的法律和其他法律一样的尊重。

5.2.3　《非诉讼纠纷解决法》

　　1998 年国会通过了《非诉讼纠纷解决法》(Alternative Dispute Resolution Act)①,这部法案直接以 ADR 命名,旨在修订对联邦地区法院使用非诉讼纠纷解决方式做出规定的美国法典第 28 编。ADR 法的通过体现了美国对使用 ADR 方式解决争议的认可和支持。正如法案第 2 条的规定,美国国会判定 ADR 具有很多优越之处,可以帮助改善纠纷解决,例如更大程度地满足当事人的要求、创新解决纠纷的方法、更有效地和解、解决纠纷等。在这部针对 ADR 的专门立法颁布后,ADR 在美国联邦法院系统的各个层面均得到了更为有力的实施。

　　《非诉讼纠纷解决法》一共有 12 条内容,分别对授权使用 ADR 解决纠纷、管辖、

---

　　①　PL 105‑315 (HR 3528),Alternative Dispute Resolution Act.

调解员和中立评估人、提交仲裁、仲裁员的权限和报酬、传票、仲裁裁决与判决等方面做了规定。其中第 4 条(d)部分、第 5 条、第 6 条(b)部分、第 10 条①,针对为了提高法院效率,究竟应当在何种程度下推进 ADR 程序的问题,限定并明确了各个地区法院的裁量权。法院通过案件管理程序将案件分为审判解决和 ADR 解决,就算是为法院与当事人的利益考虑,挑选适于案件的程序所依据的案件种类及诉讼金额等的基准也可能存在恣意性。在该法案中,通过对裁量权的规制来将其正当化,增加 ADR 运行的透明度,以增加预测的可能性。例如第 4 条(b)部分,规定豁免使用 ADR 的诉讼,在确定这些豁免时,每一地区法院应和当地律师协会的成员以及该地区的合众国司法官员协商。对案件的管理和分类是可能在时间和金钱成本等方面增加当事人风险性的措施,需要在事前明确其要件及内容,而非在个别案件中达成合意,对裁量权的规定将影响分类的适当性,因此非常重要。

通过对《非诉讼纠纷解决法》的研读可以发现,作为联邦层次的立法,其对象为联邦法院,但该法案并没有做与具体制度、程序相关的实质性规定,而是停留于设置抽象的规定,并且很多事项规定由各地区法院自行制定,这是所谓的元级别的规则化,体现出立法者开始认识到对于多样的 ADR 机制以概论之或规制的做法的危险性。立法者开始采取针对每个纠纷对象,每个程序中立者的资质,每个提供 ADR 服务的中立团体和组织,对 ADR 进行制度上和程序上个别性规范的路径。除了联邦层面的立法,在州层面也有很多立法例,都具有强烈的个别性规定的特点。

从最早在劳资纠纷领域铁路工业中有关 ADR 的 1888 年《仲裁法案》,到改进了的《艾德曼法案》《纽兰兹法案》,再到劳资纠纷领域外的 1925 年《联邦仲裁法》、1946 年《联邦行政程序法》、20 世纪 60 年代一系列的民权法案;再到 20 世纪 90 年代的《民事审判改革法》《行政纠纷解决法》《协商立法法》,最后到 1998 年的《非诉讼纠纷解决法》,美国联邦有关 ADR 的立法,体现了其对 ADR 价值认识的深化过程。"先是为解决具体领域纠纷而根据实践已有做法,尝试设立适宜的 ADR 方式和程序以及提供 ADR 的机构,再根据实践效果调整和巩固。这一阶段仅仅是对 ADR 的实用

---

① 28 USCA § 652(d),653,654(b),658.

主义考虑,或者说是肯定了 ADR 对于具体领域纠纷解决的价值,并未有意识地鼓励使用 ADR。从单行法设定 ADR 到 ADR 专门立法,是无意识到有意识的转变,这一转变使得 ADR 不再默默无闻于坊间,而是被视为对等于诉讼并作为一股替代诉讼的力量。"①

5.2.4　有关 ADR 的其他法律规定

除了以上五部立法,还有与 ADR 相关的行政命令、政策声明以及联邦采购条例等,在此将对其中有关 ADR 的法律规定进行分析。

5.2.4.1　行政命令

1991 年布什总统颁布第 12778 号行政命令,指出 ADR 有助于对支持和反对政府的要求予以快捷、公平和高效的解决。

在此之后,1993 年克林顿总统签署了第 12871 号行政命令。该法令是关于联邦政府中的劳资关系,改善了联邦机构和参与了工会的联邦员工之间的关系,推动了在联邦机构和工会之间使用基于利益的谈判。在克林顿政府时期,这些方法很盛行,不仅能有效解决纠纷,还在某些情况下扭转了双方持续多年的敌对关系。

1995 年克林顿总统发出了第 12979 号行政命令,该法令针对联邦机构采购中遇到的投诉,提出必须改进公平迅速地解决针对联邦采购合同提出的抗议的方法。联邦中的执行机构,例如联邦总审计署,被要求在其内部设置应对正常渠道外投诉的程序,向投诉提供低廉、非正式、简单而迅速的解决方案,包括在适当的时候使用 ADR 技术。这个行政命令推动了一系列联邦机构层面的应对投诉的规章产生,例如联邦总审计署招标投诉规则等。

1996 年克林顿总统发布了第 12988 号行政命令,该法令规定了解决民事诉讼的有效方案,在必要时可进行公平而快速的裁决。其中专门规定了诉讼的替代方法,提出只要可能,权利请求应尽量通过非正式的讨论、谈判与和解的方式来解决,而不是

---

①　项冶萍,罗长青,费文婷,等.美国 ADR 对完善我国非诉讼纠纷解决机制的借鉴意义[J].政府法制研究,2007(9):7.

正式的法院诉讼。为了能有效使用正式的和非正式的 ADR 程序，该法令还规定进行广泛的培训。这个行政命令最终推动了司法部 1996 年 7 月 15 日政策声明"非诉讼纠纷解决的使用政策和案件认定标准"的产生。

5.2.4.2　司法部政策声明

司法部在 1996 年 7 月 15 日发布了政策声明"非诉讼纠纷解决的使用政策和案件认定标准"①。这个 ADR 政策声明针对司法部承办的民事诉讼，具体内容包括适用 ADR 的案件认定标准。该声明面向所有在司法部内处理民事诉讼的律师职员，包括在华盛顿和美国律师办公室工作的律师。声明发表在联邦公报上，显示出该部门加强使用 ADR 的决心和承诺。

这个政策声明列举了可供采用的 ADR 技巧，包括对使用哪种 ADR 程序进行选择时应考虑的因素，支持与不支持使用 ADR 的情况，就某一特定案件选用何种 ADR 方式应考虑的问题，授权中立方采取的程序，等等，具体分析总结如下：

第一，司法部认识到调解、早期中立评估、中立专家事实发现、小型审判和仲裁是最常用的 ADR 程序，各自具有不同的特点。一些 ADR 程序涉及中立方的评估，例如早期中立评估和仲裁，而另一些方式，比如调解，允许调解员在不作出任何裁决的情况下推动当事双方的协商。

第二，当决定采用何种 ADR 方式时，需要考虑很多因素，其中包括当事双方的敌对程度，纠纷的技术性因素和复杂程度，以及纠纷是否包括了严格的法律或事实问题。

第三，支持和不支持使用 ADR 的情况。支持使用 ADR 的情况为人熟知，已经在无数的文章上讨论过。值得注意的是，出于某些利益考虑，司法部列举出了不支持使用 ADR 的情况，其中包括有必要进行公共制裁、当事双方权利和能力不均衡、需要司法判决、对第三方的中立裁决可能建立在不公正的基础上的担忧等。这也可以作为司法部倾向于诉讼的反映，司法部还设置了一个"成功的简易审判"（successful

---

① 61 F. R. 36895，Policy On the Use of Alternative Dispute Resolution，and Case Identification Criteria for Alternative Dispute Resolution.

summary judgment）列表，即如果司法部感觉能通过简易审判解决纠纷，则不支持使用 ADR。

第四，尝试分析某一特定的 ADR 程序是否适用于某一特定类型的案件。例如，如果当事双方的关系需要继续维持，则建议使用调解的方式。当出现多个被告或者当事一方需要对案件更为现实的观点而这只能由调解员提供时，建议使用调解。此外，该政策声明也对早期中立评估和仲裁的标准进行了讨论。还有小型审判程序的使用。当遇到非常复杂的问题，需要专家证词或律师可以精确地总结案件情况而无须冗长的交互询问时，小型审判程序是非常适合的 ADR 程序。

第五，讨论了 ADR 服务提供者的问题。司法部的律师被告知 ADR 服务的提供者必须公正、真诚、勤奋，不能拿当事人的钱满足一己之私利。ADR 服务提供者应受过良好的培训且经验丰富。如果 ADR 服务提供者是一名律师，司法部的律师将会针对其工作经历、经验、曾处理过的案件的复杂程度等问题进行询问。在一些需要专业技能的案件中，ADR 服务提供者需要具备相关的专业知识。

5.2.4.3　《联邦采购条例》

《联邦采购条例》（Federal Acquisition Regulation，简称 FAR）33.204，作为一项政府政策，规定在合同管理人员层面上应尽量通过协商来解决合同争议问题，联邦机构被鼓励在最大程度上使用 ADR 程序。FAR 33.204 还列举了某些不太适合使用 ADR 的情况，并援引 1990 年《行政纠纷解决法》作为例证，国会认定三种情况不适合使用 ADR：需要判例或一项政策作为诉讼结果时；需要创建公共档案或者法院对某事件拥有持续的司法审判权时；当事方无法受到 ADR 程序做出的决定的影响时。

FAR 33.214 特别规定了应考虑使用 ADR 程序的基本情况，包括：存在有争议的问题；当事双方自愿参与 ADR 程序；就使用 ADR 程序达成协议，条款规定可以代替正式诉讼；参与 ADR 程序的双方代表有权解决纠纷；依照 FAR 33.207，订约者应证明使用 ADR 程序解决申诉的全部或部分是在《行政纠纷解决法》的授权之下。另外，需要注意的是，《行政纠纷解决法》的修正案不再要求订约人证明其可以使用 ADR，除非其索赔额超过了合同纠纷法案所规定的司法管辖权的上限，即 10 万美元。以往的规定是不管金额是多少,订约人都必须证明其可以使用 ADR 来解决纠纷。FAR 33.214 还包含了一条对小企业非常重要的条款,即如果合同管理人员拒绝小企业使用 ADR 程序的请求,则合同管理人员必须提供给订约人书面解释,援引一条或者多条前面所提到的《行政纠纷解决法》明确规定不适用 ADR 的规定,或者在该情况下不适合使用 ADR 的其他规定。同样,如果订约人拒绝使用 ADR 程序来解决纠纷也必须书面说明拒绝的原因。

FAR 另外一条非常重要的规定是,ADR 程序可以在任何时间被用来解决争议中的任何问题,甚至是在合同管理人员发布其最终决定之前。如果最终决定已经发布,那么针对该决定提出上诉的时间限制或程序要求并不会因为 ADR 的使用而发生改变。换句话说,订约人必须明白如果他们在合同管理人员的最终决定之后同意使用 ADR,那么他们要么必须在适当的时间内在联邦索赔法院提出上诉或合同上诉委员会对该最终决定提出上诉,要么合同管理人员同意退出、暂停或者重新考虑其做出的最终决定。如果不这么做,在 ADR 没能成功解决纠纷的情况下,订约人可能会丧失其对合同管理人员的最终决定进行纠正的权利。

5.2.4.4　国防指令

1996 年 4 月 22 日,美国国防部签发了国防部指令 5145.5"非诉讼纠纷解决"。① 该指令规定每个部门必须创设 ADR 项目,并且必须履行《行政纠纷解决法》的规定,尽可能使用 ADR 程序来解决纠纷。该指令还规定要建立 ADR 协调委员会以使国防部所辖各部门能交换信息,成功实施 ADR 项目。国防部的指令还要求必须强制履行 12988 号行政命令。

在国防部签发该指令之前,国防部各机构和不少文职单位实际上已经建立了 ADR 项目。美国空军早在 1993 年 1 月 12 日就签发了自己的 ADR 备忘录。在备忘录中,空军部部长要求各部门接受 ADR 培训并制定履行 ADR 的计划,指定空军副总法律顾问作为争端解决专家并详细列举了其职责,指派一个助理秘书协助执行 ADR 程序,并要求提交年度 ADR 报告以汇报进展情况。在备忘录的指导下,美国空

---

① DOD Directive 5145.5, Alternative Dispute Resolution.

军制定了 ADR 项目实施计划,以确保其严格执行。

其他实施 ADR 项目的机构还包括总务管理局、退伍军人事务部和陆军工兵部队等。一个引人注目的例子是,1996 年 12 月 11 日,海军部部长约翰·道尔顿签发了一项内容广泛的海军 ADR 政策指令[①]。该指令规定,在不违背 FAR 的情况下,ADR 可用于解决争议中的全部或部分问题。海军曾经在 A－12 诉讼中失利,当时其试图终止与麦道公司和通用动力公司价值数十亿美元的合同,结果在花费了巨额诉讼费用和咨询费用之后,其要求被联邦索赔法院拒绝了,这使海军部相信,从长远来看诉讼可能是一种"双输"的选择。[②]

5.2.4.5　其他法律规定

除了以上法律规定,还有一些与 ADR 相关的法律法规。1997 年 6 月,残疾人教育法(Individuals with Disabilities Education Act of 1997,简称 IDEA)作出了一个新规定,要求各地学校董事会提供调解来和孩子的父母解决纠纷。在孩子父母的同意下,有关残疾儿童的鉴定、评估和教育安置,或者提供免费和适当的公共教育的纠纷,必须调解解决。特殊教育纠纷高昂的成本推动纽约州和其他州在 20 世纪 80 年代创建了调解程序,这些程序的成功鼓励了 IDEA 调解规定的出台。尽管调解程序对父母来说是自愿选择的,但调解协议将被记录下来并且对双方都有约束力。调解程序是残疾儿童的父母在通过一个正式的听证会来解决纠纷的正当程序权利之外的选择,随着对调解程序使用的增加,对听证会的选择减少了。

5.3　ADR 在法律系统外的融合与创新

ADR 在法律领域突飞猛进的同时,在法律系统外也蓬勃发展着。法律的改变有时候会激发法律系统外有关纠纷解决的努力,同时法律系统外 ADR 的融合与创新也会对法律实践、司法系统和纠纷解决模式产生影响。此时,劳资纠纷中的 ADR 进

---

① 　Sec. NAV Instruction 5800.
② 　Federal Contract Reports，Vol. 66，July 1996，p. 57.

一步完善,同时提供 ADR 服务的从业者组织也在整合并尝试进行 ADR 形式方面的创新。

5.3.1　ADR 在劳资纠纷中的完善

从最初到 20 世纪 90 年代漫长的发展过程中,劳资纠纷不断发生变化,从尖锐的劳资双方的对立、单纯的针对工资和工作条件等的罢工,到与一些民权问题相结合,例如就业、行业歧视等。或者该说,劳资纠纷中一直包含这些问题,只是纠纷更典型的表现是大规模的劳资双方的对立,而非个别情况下的单独案例,在民权运动之前,这些民权方面的问题也确实不是主导劳资纠纷的矛盾。随着现实环境的变化与 ADR 理念的转变,这些问题变得更加重要。

一些新机构被创建出来应对新的 ADR 模型。每个新机构的成员都包括劳方、资方和中立方的代表。这些新机构面对着很多难题,例如:合作是答案吗？ 法律应该被改变或者游戏规则应该被调整吗？ 非工会工人应如何应对改变？ 劳工法律可以更好地应用 ADR 吗？ 雇主为就业纠纷提供自己的程序的实践效果如何？

美国劳工部前部长、哈佛大学教师约翰·邓洛普是劳资关系前景委员会①的带头人。该委员会又称邓洛普委员会,工作覆盖了整个劳资关系和就业关系领域,包括对未来提出建议。在举行听证会并对相关问题研究了近一年之后,邓洛普委员会在 1995 年发表了一份全面的报告,其中有关 ADR 的最重要的内容包括建议劳动法律与政策的改革,增加 ADR 在就业纠纷解决中的使用,创建一个全国论坛就职场问题继续对话。

邓洛普委员会的建议之一是建立法定的解决就业纠纷的正当程序。这一建议作出是因为该委员会发现由雇主赞助建立的纠纷解决程序很难做到公正、简单和正当。为了解决这个问题, AAA、FMCS、SPIDR、ABA、ACLU, 还有 NAA,组成了一个 ADR 工作组。该工作组在 1994 年至 1995 年间存在了 9 个月,制定了"雇佣关系所

---

　　① 　劳资关系前景委员会:Commission on the Future of Worker-Management Relations,又称邓洛普委员会。

引起的法定纠纷调解和仲裁正当程序议定书"①。制作该议定书的 13 个代表都在就业纠纷解决方面富有经验。该议定书涵盖了很多内容，例如陈述的权利、获取信息的权利、调解员和仲裁员的资格和公正性、利益冲突、仲裁员的权力等等。由于参与制定该议定书的个人代表了其所在的组织，所以议定书的影响非常广泛，AAA 和 JAMS/Endispute 都把议定书的内容整合到了自身的规则之中。②

　　除了邓洛普委员会，还有公共就业特别小组③，劳工部部长罗伯特·莱克被任命为公共就业特别小组的主管。该小组通过举行专家和公众听证会并拜访劳资合作项目，来对劳动管理进行广泛的调查。经过 18 个月的研究，1996 年该小组发布了一份 186 页的报告，强调在劳资合作中提供更好更廉价的公共服务的伟大价值。报告列举了很多成功的合作项目，推荐在合作解决问题的理念指导下，更多地使用 ADR 来解决纠纷。

5.3.2　ADR 从业者组织的整合

　　20 世纪 90 年代，ADR 从业者组织继续增加，并实现了整合与完善。

　　社区调解中心的发展壮大，推动了全国社区调解协会（NAFCM）④的成立。社区调解中心发端于 20 世纪 70 年代，是法院对民权运动的回应，各个社区调解中心的建立有的是源于地方支持，有的来自大学或者教堂的努力，还有一些来自司法部门对试点司法中心的资助。到 20 世纪 90 年代，社区调解中心的数量已经足以建立相应的协会，NAFCM 由此应运而生。到 2000 年，NAFCM 已经形成了一个巨大的网络，遍布 7 个国家，在 47 个地方拥有 320 个社区调解项目。NAFCM 为各地方的调解中心提供了一个全国性的交流场所，通过组织全国性的会议来建立一个讨论重大问题和

　　①　"雇佣关系所引起的法定纠纷调解和仲裁正当程序议定书"，即 Due Process Protocol for Mediation and Arbitration of Statutory Disputes Arising Out of the Employment Relationship.

　　②　DUNLOP J T, ZACK A M. Mediation and arbitration of employment dispute[M]. San Francisco: Jossey-Bass, 1997: 125.

　　③　公共就业特别小组：Labor's Task Force on Excellence in State and Local Government Through Labor-Management Cooperation

　　④　全国社区调解协会：National Association for Community Mediation，简称 NAFCM。

共享各种信息的论坛,促进对培训机会、项目设想和资金来源的分享。

受害者犯罪者调解协会(VOMA)①,提倡转变传统的司法方式,使用 ADR 来解决受害者与犯罪者之间的问题。传统的刑事司法只限于解决非常狭窄的问题,例如法律是否被破坏、破坏者应该得到什么样的惩罚等,其重点在于惩罚而非修复。VOMA 提倡恢复式司法,认为犯罪行为本身是对受害人、社区、罪犯及其亲人的伤害,关注的问题是谁受到了伤害,他们有什么需要,哪些人有义务来修复等。VOMA 的从业者致力于解决这些问题,确认并治愈受害者身体、情感和精神上的伤害。他们的工作包括支持各团体之间、受害者和犯罪者之间的交流,使人们了解恢复性司法对司法系统的必要性以及如何推动恢复性司法。这个协会在 1990 年还只与 150 个地方组织相联系,到 20 世纪 90 年代末已经与美国的 780 个地点的恢复性司法计划或受害者-犯罪者组织联合。

2001 年,ADR 领域的三个主要的从业者组织——SPIDR、AFM、CREnet,在休利特基金会②的支持下合并为冲突解决协会(ACR)③。ACR 融合了以上三个组织的精华,迅速做出推动 ADR 发展的行动,建立了 16 个地区纠纷部门,同时创办了一个季刊④,并与出版商合作建立联合出版项目,努力扩大 ADR 的理论与社会影响力,并且增加公共宣传,扩大年度会议,更加积极地寻找资金支持。

5.3.3 ADR 的形式创新

20 世纪 90 年代,ADR 仍然展现出蓬勃的生命力,继续创造新的纠纷解决形式。这大概是 ADR 最宝贵的一点,不断改进不断创新不断衍生出新的东西。在合作性问题解决理念的基础上促进对话,寻找共同点的开创性研究等,推动着越来越多的参与者和形式创新出现在 ADR 领域。

----

① 受害者犯罪者调解协会:Victim Offender Mediation Association,简称 VOMA。
② 休利特基金会:Hewlett Foundation。
③ 冲突解决协会:Association of Conflict Resolution,简称 ACR。
④ 该季刊名称是 ACResolution。

5.3.3.1 公共对话项目

公共对话项目(PCP)①出现于 1989 年,源于一个头脑风暴小组的创造。该小组致力于探索家庭治疗专家能否将其专业知识应用于纠纷解决,从而改善与多样性有关的公共对话。这个项目最初设在剑桥家庭研究所,1996 年成立了一个非营利性组织来专门负责研究与推动。

PCP 与参与者合作,通过对话来讨论多样性的重要性、广泛存在的误解与成见,以及改善社会关系的方法。在每个对话之前,主持人与参加者见面并了解他们的希望与担忧,然后帮助参加者学习基本规则,让他们认识到解决问题的方式是对话而非争论。小组讨论由一系列问题组成,每个人都必须回答。每个对话的长度随着参加者情况的不同而变化,通常以参加者分享他们对这一过程的反思、寻找这一过程的意义和下一步可能采取的行动结束。参加者还需要填写评估表,以在某些情况下参与后续对话。PCP 会就对话的结果发布报告。

1997 年,PCP 由于在冲突解决领域的创新性贡献收到了来自 SPIDR 的玛丽·帕克·福莱特奖(Mary Parker Follett Award)。自成立以来,PCP 已经组织了超过 60 个对话小组,帮助了 200 多人。PCP 的新项目还包括将不同宗教团体聚集到一起来合作创造艺术品,表达每个宗教团体丰富的宗教信仰和文化传统。在波士顿地区,PCP 在穆斯林和非穆斯林之间搭建桥梁来促进不同宗教信仰间的交流,加深对多元主义的认识。PCP 还长期保持与反对堕胎者和支持堕胎者的对话,与英国国教团体的关于性别的对话,与基金会和非政府组织关心的人口、环境和妇女健康方面的对话等。②

5.3.3.2 共识委员会

共识委员会③的共识理念以丹麦技术委员会④为原型,丹麦技术委员会成立于

---

① 公共对话项目:Public Conversation Project,简称 PCP。

② BARRETT J T, BARRETT J P. A history of alternative dispute resolution: the story of a political, cultural, and social movement[M]. San Francisco: Jossey-Bass, 2004: 254.

③ 共识委员会:U. S. Consensus Council。

④ 丹麦技术委员会:Danish Board of Technology。

1986 年,由丹麦议会在 1995 年将其制度化。

在 20 世纪 80 年代后期,北达科他州州长乔治·西纳面临一个预算上的难题,即需要增税,然而该州选民使用州法规定的主动权拒绝了增税的立法。面对处于亏损状态如何筹措所需资金的难题,州长考虑通过一个建立共识的程序来帮助统一州政府与公民的意见。他起初准备在州政府内设置建立共识的程序,然而立法机关拒绝拨款。在西北地区基金会①的帮助下,1990 年独立于州政府的北达科他州共识委员会成立了,并顺利帮助州政府与公民达成了共识。在北达科他州获得成功后,该组织在 1998 年改名为共识会议公司(CCI)②,并将其工作范围扩大到其他州。CCI 的目的是创造公民和公共官员一起建立共识解决争端的环境,来对重要的公共问题和社区问题达成一致。

在休利特基金会提供的 775 000 美元为期两年的赞助下,CCI 推出了"政策共识倡议"(PCI)③。PCI 的工作是全国性的,对象是国家机关的纠纷解决,在美国其他州和加拿大各省推广 ADR 并提供建立共识的服务。CCI 的一些职员和主管也参加了PCI。2001 年,CCI 和寻找共同点组织(SCG)④合作,组织美国共识委员会来为国会和白宫的领导在国家公共政策方面的难题提供共识服务。2003 年,该机构针对一个法案举行了立法听证,建立了一个由 16 名成员组成的美国共识委员会,该委员会负责将不同的利益相关者聚集起来,就广泛的立法问题达成共识,并制定解决方案。在美国和平研究所⑤制作的模型中,该委员会被认为是一个独立的、非营利性的准政府实体。

5.3.3.3 召集人

ADR 形式和纠纷领域的多样化,推动专业人士努力通过合作来完成多样化的工作。克里斯托弗·霍尼曼,曾经做过调解员和仲裁员,在休利特基金会的资助下成立

---

① 西北地区基金会:Northwest Area Foundation。
② 共识会议公司:Consensus Council Inc.,简称 CCI。
③ "政策共识倡议":Policy Consensus Intiative,简称 PCI。
④ "寻找共同点":Search for Common Ground,简称 SCG。
⑤ 美国和平研究所:U.S. Institute of Peace。

了一个实体组织"召集人"（Convenor）。

该组织的目的是在 ADR 领域召集特别团队以更好地实现学术与实践的合作。"召集人"通过与三个美国法学院、三个欧洲大学所组成的团队合作，来整合 ADR 教学与培训的战略战术，并加深美国、欧洲律师和商业人士对 ADR 的理解。"召集人"还有自己的网站，提供相关论文和出版物，分享霍尼曼和其他人有关 ADR 的工作。

5.3.3.4　在线 ADR

随着计算机技术的发展，和商业、政府、民众一样，ADR 在 20 世纪 90 年代也越来越依靠电脑和网络，并从中受益。在线的 ADR 说明、信息共享、服务提供者名册，甚至在线的纠纷解决，都变得越来越流行。大部分的 ADR 组织都建立了自己的网站。整个 ADR 产生了与网络的各式各样的联系。

有一些较为典型的 ADR 与网络碰撞出火花的例子，比如联邦 ADR 网(FAN)①。FAN 为那些积极使用 ADR 的联邦机构提供在线信息，平均每月发送 25 封邮件提供信息，覆盖了 ADR 在联邦部门的发展、各种会议日程表、转载的文章和演讲，还有 ADR 在联邦机构之外的有用信息。在高峰期，FAN 要向 1 100 个邮件地址发送信息，其中包括 950 个联邦部门成员，代表了超过 130 个联邦机构。FAN 的工作为如何扩大 ADR 的业务和实践提供了实际的范例与市场反应。

在此之外，许多在线通信提供各种有关 ADR 的信息，包括 ADR 领域最新的期刊文章等，一些网站也提供包括 ADR 各方面的消息。未来，网络将带给 ADR 更多的变化、更大的机遇，届时 ADR 会有一个新的分支或称号——在线纠纷解决(ODR)②。

5.4　ADR 在 21 世纪初的发展

从 ADR 在北美的最初起源，到 20 世纪末的制度化，美国 ADR 已经走过了漫长

---

① 联邦 ADR 网：Federal ADR Network，简称 FAN。

② ODR：On-line Dispute Resolution.

的岁月。与过去的几个世纪相比,21 世纪前十年 ADR 的发展更迅疾、变化更剧烈,可谓是日新月异,在这种急剧变化的年代,毋庸置疑 ADR 将迎来极为丰富的机遇,同时也将遭遇前所未见的挑战。在此,不妨基于 ADR 在 21 世纪初的表现,分析 ADR 未来可能的发展。

5.4.1　ADR 在 21 世纪初的表现

有很多积极的标志能显示出 ADR 在 21 世纪的扩大发展,ADR 的使用非常广泛,从孩子的游乐场到商业世界,从电脑和网络纠纷解决到现实中为和平的正式努力,等等。从 ADR 在 21 世纪初的表现可以看出,ADR 的发展把握住了未来最关键的几个因素,比如计算机和网络、儿童和青少年,还有法律。

5.4.1.1　ADR 与法律

作为正式性司法系统补充的 ADR 日益被法院接受,也实实在在地被需要着。前任联邦最高法院首席大法官沃伦·伯格是 ADR 的支持者,他的继任威廉·伦奎斯特,也接过了 ADR 的旗帜,在 ABA 的会议以及许多其他的会议上表明 ADR 正在成为通用的和习惯的纠纷解决方式。

尽管民事和刑事案件的数量仍然在上升,但是受审案件的比例下降了。例如,在 1962 年,11.5％的联邦刑事案件受审,在 2002 年,这个数字跌至 1.8％,而联邦刑事审判也从 1962 年的 15％下降到 2002 的 5％。很难分析 ADR 到底在这种下降的诉讼比例中具体起了多大的作用,但得到普遍认可的是 ADR 的广泛应用确实减少了诉讼。一些人为"消失的审判"感到惋惜,例如乔治·华盛顿大学的法学教授保罗·巴特,认为审判数量的减少是真正的损失,"没有人将审判做得像美国人一样,我们将它做成了一种艺术形式。这几乎是我们文化基础的一部分,和爵士乐和摇滚乐一样"①。也有一些人认为这些"艺术形式"在时间和金钱上的花费过多,例如密歇根大学的法学教授塞缪尔·格罗斯认为,如果审判开始了,则通常意味着很多人的很多努

---

① BARRETT J T, BARRETT J P. A history of alternative dispute resolution: the story of a political, cultural, and social movement[M]. San Francisco: Jossey-Bass, 2004: 267.

力都失败了。

除了法律界对 ADR 的各种讨论和参与，新的相关法律也在出现。统一州法全国委员会修订了一部统一调解法（Uniform Mediation Act，简称 UMA），这部法律在 2002 年赢得了美国律师协会的认可。UMA 的目的是规范调解在 50 个州的实践方式，涉及保密问题、中立性、公平性、资格和培训等方面。有一些州的调解法律并没有建立在对调解程序有足够理解的基础上，还有一些州没有调解法规。有一部分州考虑在本州范围内接受 UMA，UMA 在被接纳的大多数州的实践效果是提高了用户的满意度并保证了调解的质量。

5.4.1.2　ADR 与计算机和网络

计算机和网络在 20 世纪末和 21 世纪初经历了惊人的发展，短短几十年从对大多数人来说完全陌生的物什成为现代人工作和生活中不可或缺的得力助手。如今，每一个行业和个人都越来越依赖电脑和网络，尤其是年轻人，说这两样东西融入了美国和其他一些国家年轻人的生命也并不过分，使用计算机来解决纠纷对他们和他们的下一代、下两代来说将会是非常自然的。

计算机和网络在纠纷解决中的作用大致可以分为两种，一种是扩大影响和传播知识，另一种是技术应用与辅助。首先，在扩大影响和传播知识方面较为典型的例子。冲突解决协会（ACR）①中的成员对在环境纠纷中使用 ADR 非常感兴趣，他们制作了一个网站，宣传相关的信息，并和成员们在网站上共享学习资源。ACR 还创办了一个季度杂志，其具有定期联机功能，经常在线更新。这种形式在 20 世纪 90 年代就出现了，属于较为传统的 ADR 与网络的连接。

其次，技术应用与辅助方面的作用。在 ACR 季度杂志的网站上，有针对增强 ACR 的新网站和论坛、电子通讯以及与部分网站沟通的报告，报告中提到，过去一个调解中心的案件的全部记录可能是在两张标准表格上潦草的手写记录，其内容可能仅仅是纠纷双方的名字、电话号码、日期与时间，然而今天的个案记录可能会使用专

---

① **冲突解决协会**：Association of Conflict Resolution，简称 ACR。

门的程序和语言,例如可扩展标记语言①,来在个人和办公室之间实现复杂记录的无缝传输。2000 年,FMCS 推出了 TAGS 系统②,一个帮助解决纠纷的移动电脑和定制软件网络。TAGS 可以帮助组织头脑风暴,收集和组织信息,把事情按优先级排列,评估和建立共识。它也可以连接位于不同地点的组织和个人,从而节省交通费用,并通过更快决策来减少会议时间。TAGS 还被用于佛罗里达州的一个大型工会选举。TAGS 系统投入使用后获得了非常积极的反响,FMCS 为 TAGS 增加了 7 个电子会议中心,分别位于纽瓦克、新泽西、华盛顿、亚特兰大、克利夫兰、明尼阿波利斯和奥克兰。此外,FMCS 还提供网络纠纷解决。

　　从以上两方面内容可以看出,ADR 实现了与计算机技术较为紧密的连接,以计算机和网络技术的创新为依托,改变了过去 ADR 的工作方式。由此也演化出了一种 ADR 新方式,即在线纠纷解决机制(Online Dispute Resolution,简称 ODR),主要是把 ADR 的方法和经验运用到全球电子商务环境中,以解决大量出现的在线纠纷的一种机制(也可用来解决离线纠纷)。③

　　ODR 最常用的方法包括在线交涉、在线调解、在线仲裁。在线交涉(Online Conciliation/ Negotiation)是纠纷双方通过提供在线交涉服务的网站,来互相传递信息并交换彼此的观点和请求。提供服务的网站起到一个虚拟沟通交流场所的作用,并且整个纠纷解决过程可以通过某种计算程序自动进行。典型例子包括某些购物网站上建立的机制,在纠纷发生后,消费者通过网络与商家交涉,或者向网站管理者投诉来请求调查与调解,还可以使用网络舆论和评价体系来帮助交涉。在线调解(Online Mediation)是当纠纷发生后,争议双方以在线的方式提交争议,然后由具有专业知识或技能的中立调解员,按照规定程序,以公平原则来调解,并最终达成解决方案。在线调解是 ODR 中使用最多也最为重要的方式。在线仲裁(Online Arbitration)主要处理通过交涉、调解不能解决的争议,是 ODR 中较为正式的纠纷解决方式,目前使用较少。在线仲裁根据争议双方同意将争议交予仲裁解决的协议而

---

① 可扩展标记语言:eXtensible Markup Language。
② TAGS 系统:Technology Assisted Group Solutions,简称 TAGS,一个团体解决技术援助系统。
③ 范愉.非诉讼程序(ADR)教程[M].2 版.北京:中国人民大学出版社,2012:226.

展开,仲裁员听取双方的陈述并审查相关的事实和证据之后做出裁决,裁决一般只对当事双方具有拘束力,而无强制执行力。ODR 的基本模式包括不公开报价和请求的处理模式(通过计算机程序自动化处理的模式)、在线 ADR 模式(将离线状态下的 ADR 服务通过营造虚拟场所而应用于网络环境中的模式)、计算机支持交涉模式(将当事各方的意见转化为可量化要素,通过专门的计算机程序,辅助当事各方达成最大满意度的综合解决方案的模式)等。①

ODR 从诞生之日起,就在克服时间和地理障碍方面显示了优越性,通过在纠纷中使用 ODR,可以让分散于世界各地的中立者和纠纷各方在他们最方便的时间参加纠纷解决,而同时可以忽略地理上的距离。此外,有大量数据的纠纷或者使用几种语言的纠纷也特别适合使用 ODR,计算机技术的发展使其对数据的处理能力和语言的同步翻译整合能力被应用于纠纷解决,发挥了非常积极的作用。

计算机和网络技术的发展及其对人类生活影响的加大,计算机和网络技术必然对 ADR 产生更为深刻的作用,这既是 ADR 面临的一个挑战,也是一个绝佳的机遇,毕竟创新本身就是 ADR 的拿手好戏。

5.4.1.3　ADR 和青少年

除了在线 ADR,21 世纪初 ADR 还有一个发展方向,就是在孩子中的推广与教育。有很多与青少年和孩子相关的 ADR 项目与工作围绕这一发展方向展开。

南方法律中心(SLC)②提出了一个充满活力和创造性的计划,即帮助孩子们学会宽容并避免霸凌,用和平的方式来解决冲突和看待差异。SLC 将特制的杂志免费发放到学校中,通过故事、漫画、视频、教学工具、报告等,来传播一系列的教学策略和思想,以推动在 ADR 方面的教育。SLC 推动的其中一个项目叫作“混合午餐日”③。在 2003 年,3 000 所学校让他们的学生和一些平时不会遇到的人坐在一起分享午餐,通过这种行动来弥合分歧、破除壁垒,这些壁垒包括年级、服装风格、种族、性别、国

---

① 徐继强. 在线纠纷解决机制(ODR)的兴起与我国的应对[J]. 甘肃政法学院学报,2001(4)：34 - 38.

② 南方法律中心：Southern Law Center,简称 SLC。

③ Mix it Up and Lunch Day.

籍、兴趣,等等。很多学生表示他们发现与共享午餐的人或团体有着很多共同点。

还有"酷小孩调解通讯"①,这是一份由澳大利亚珀斯的小学生制作的简报,也有在线版本。这份简报用在操场上使用调解解决纠纷的简单故事,来帮助读者理解调解程序是如何在学校展开的,简报还为改进调解的建议和提供有关调解的故事、诗歌和图片提供奖励。

2000 年,美国国会资助了一项 FMCS 的工作,即使用 TAGS 技术来帮助解决青少年暴力问题。这个项目包括允许青少年寻求帮助或者匿名来表达他们的担忧,从而消除类似由性别、阶级、教育程度和年龄造成的壁垒。该项目鼓励更多人参与进来,分享信息和经验并参与问题解决。FMCS 在六个多元化社区开展试点项目,使用 TAGS 技术和调解员的调解技巧来解决各种各样的问题。在取得了最初的成功之后,这个项目扩展到了其他社区。

在孩子和青少年中推广 ADR,可以将 ADR 作为一种平和的行为模式注入孩子们的习惯当中,帮助他们建立起用和平的手段合作解决问题的意识,而这种意识能够从根本上影响未来的纠纷解决,形成新的社会风气。从这个意义上来说,重视 ADR 和孩子们的联系,是把握到了 ADR 未来发展的一把钥匙。

5.4.2　对 ADR 在 21 世纪初发展的分析

透过 ADR 在美国历史重重迷雾中行走的漫长岁月,透过 ADR 在 21 世纪前十年继续令人激动的耀眼发展,在对 ADR 过去发展历程的总结与分析之后,对于在已经展开的这一个世纪中 ADR 所表现出来的特征与可能会有的发展和变化,笔者将从四个方面来分析。

5.4.2.1　ADR 形式和范围的科技化与全球化

以现代科技发展的速度,未来 ADR 所依托的科技与现在使用的这些将有着显著的不同。1998 年 CPR 的主席查尔斯 · 伦弗鲁在一次讲话中提道:"直到近几年,只有在复杂的案件中电脑才被用来帮助处理文件,案件审判和仲裁会议与律师们在

---

①　Cool Kids Mediation Newsletter.

18 世纪的实践几乎完全相同。我们可能已经脱去了假发和长袍,但是实际上几乎所有都和早期的从业者们没有什么区别。"①然而不过十多年的时间,计算机对 ADR 的影响已经远非查尔斯·伦弗鲁演讲时所能想象,电子商务中的在线交涉正在发展,在线调解和在线仲裁等 ODR 形式也发展起来。从计算机程序自动化处理不公开报价和请求的处理模式,到运用现代网络技术将线下状态的 ADR 服务模拟到网上,营造一个虚拟的 ADR 场所来解决争议的在线 ADR 模式,还有将纠纷各方的争议量化,通过专门的计算机程序帮助当事各方达成最满意的综合解决方案的计算机支持交涉模式。② 我们可以看出,ODR 在发展过程中没有一个固定的模式或范围,从最早的利用计算机和网络宣传 ADR,到解决电子商务的线上纠纷,再到解决线下纠纷的技术应用,ODR 随着社会和科技的发展,其内涵也在不断地创新。

很难预测下一步 ODR 会出现什么样的改变,但非常肯定的是 ODR 将在未来的 ADR 发展中扮演越来越重要的角色。首先,大量有关 ADR 的数据将通过新的方式保存,这些数据将帮助当事双方和中立方评估在纠纷解决中提出的要求,以预测案件的结果。其次,模拟演示将会越来越多。通过信息收集和统计学原理,把案例数据和中立方的 ADR 记录和经验数据等量化,演示中立方选择的 ADR 程序将可能得出的结果,从而对每个程序的成本效果进行比较研究。模拟演示可以对各种 ADR 程序进行评估和检测,还能够帮助当事方通过比对分析确定最好的表现方法。未来的ODR 将突破在信息传递、技术支持和纠纷解决中单一的作用,相互融合并创新出更多的模式。

在 ADR 形式不断创新的同时,ADR 的作用范围将会更加扩大也是不难想见的。不仅包括能够处理的纠纷类型的扩大,而且包括应用空间范围的扩大。从最初新型ADR 被用于劳资纠纷和商业纠纷,到后来扩大到民权纠纷、环境纠纷等领域,ADR被不断发现可以在更多领域发挥自身的优势。尤其是"多门法院"的设计,如果能够

---

① RENFREW C B. ADR in the 21st century: a forecast for delivery changes[J]. Alternative, 1999, 17(4): 1, 80 - 81.

② 徐继强. 在线纠纷解决机制(ODR)的兴起与我国的应对[J]. 甘肃政法学院学报,2001(4):34 - 38.

成为现实，案件进入法院后将会被转移到合适的纠纷解决程序，这将在一定程度上改变某种纠纷类型可以适用某种 ADR 的现有状态，减弱对纠纷类型的关注，更加重视纠纷个案所具有的特点。对纠纷类型界限的打破，将把更多的案件纳入 ADR 的作用范围中。过去基于诉讼的纠纷解决系统将向把诉讼视为最后的纠纷解决系统的范式转换。

在空间范围上，网络上的连接模糊了国界，国际商务的发展和全球性事件的爆发使国与国之间必须协调合作，在全球化浪潮中，没有任何国家能够独善其身。ADR 运动并非只在美国发生，在普通法系国家进行 ADR 运动的同时，大陆法系的国家也在进行着类似的进程，在发展中国家，ADR 也逐渐被整合进法律改革计划。有一个很有趣的现象，在美国等一些发达国家的法学界将批判和改革的重心放在诉讼爆炸所带来的一系列问题时，它们对一些国家所提供的法律援助的重点却是建设法院和编制法典等强化诉讼的项目。而这些旨在建立正式法律制度的计划自然不会提倡 ADR，或者该说这些援助项目恰恰是在破坏着受援助国传统社会中既有的诉讼之外的纠纷解决方法。依照目前美国的经验，是否在这些受援助国建立起正式的法律制度之后还要进行一次 ADR 运动呢？

毋庸置疑，由于美国全球性的巨大影响力，ADR 在美国之外的使用会增加，那些社会制度正在发展与完善的国家也确实应该注意到美国的这种螺旋式上升、否定之否定的经验，是否对本国的法律改革有着启发意义。最好的办法当然是真正理解并汲取先发展国家的经验和教训，将 ADR 整合到自己国家的法律改革中，重视自己的传统和现实需要，而非盲目地模仿某些经济发达的国家，重蹈它们的老路。毕竟美国的经验是在其本国的文化和社会影响下形成的，可能并不适于完全移植到具有不同法律制度和习俗的其他国家。就算可以全盘移植，也不一定非要从最开始做起，可以直接汲取其最新的发展成果。

一个国家要发展适于自己国家需要、解决自身问题的 ADR 需要一个非常复杂的过程，需要时间和资源，需要对传统和未来有清晰的认识，最成功的 ADR 程序都是针对具体的问题和需要而精心设计的，这对于整个社会而言都非常重要。这既是 ADR 在全球范围内发展的巨大机遇，同时也是非常严峻的挑战。

5. 4. 2. 2　ADR 从业者和教育的专业化

ADR 的从业者包括律师、新兴专家以及大量的志愿者。传统的律师提供咨询或者代理服务，随着 ADR 运动的发展，一些律师开始扮演专家的角色并使用 ADR 来解决纠纷。新兴专家则是利用其专业性提供某些纠纷解决技术，在纠纷解决中与律师存在间接的竞争。志愿者包括具有从业经验、纠纷解决知识，或仅仅是对 ADR 抱有兴趣的人，他们往往通过某个机构或活动非全职地无偿从事某些 ADR 工作。并非所有的律师和新兴专家都专职于 ADR，很多时候他们对 ADR 的参与类似于志愿者。志愿者与律师和新兴专家之间存在着重叠，与志愿者相对的是全职有偿地从事 ADR 工作的专职从业者。

或许将来有更多的律师由于认识到使用 ADR 程序解决客户问题所能带来的长远利益，或者由于个人职业规划和兴趣以及利益冲突等原因加入 ADR 专职从业者的行列，选择个人执业或是加入提供类似服务的组织，后者往往是更优的选择。实施 ADR 服务的成本和困难，以及现有的 ADR 专职从业者的工作处境都显示，不管他们是律师还是新兴专家，加入或建立某种组织集体工作更有利。与个人相比，从业者组织更容易获得资金支持和信任。新的从业者组织在将来可能会进一步增多，有些组织可能会以营利为目的，但绝大多数将是非营利性的服务提供者。因为这种服务主要是依靠从业者的个人工作，以营利为目的的组织在争夺最可用的人才时并不具有优势。从业者组织将逐渐包括各个领域有特殊专长的人，法律将成为专长中的一部分而非全部。

当纠纷解决与其他领域相互渗透，而非独立的领域时，专职从业者应该如何面对？拥有学术背景和特殊专长而没有各种跨学科和实践经验的人应如何工作？如何培养必须能够应对跨领域冲突的从业者？应该在何种程度上重视某一领域的专家，如果过于专注某一领域，是否就会失去跨专业互相学习的机会？这些都是 ADR 专业教育和培训所面临的问题。虽然不太可能产生 ADR 领域的国家或国际标准，但专业化的发展确实需要具有必要的背景、训练和技能的从业者，一个好的从业者还需要有优秀的问题解决能力、创新精神、实践智慧和良好的判断力。

优秀的律师将更能承担纠纷解决，但不是凭借其法律知识和语言技能，虽然这些也很重要。法学院传统的强调对抗性的律师训练,在培养学生进行调解和使用其他 ADR 程序方面将不再是最好的训练方式。法学院面临帮助学生发展更广泛的问题解决能力的挑战。法学院需要增加 ADR 的相关课程,同时对原有的课程设置做出调整,改变过去以教义分析为主的训练方法,更多地将其他技巧包括在内,包括咨询、策划、谈判、调解等。在 20 世纪 70 年代,福特基金会曾经通过其法律教育专业责任委员会赠与法律院校超过一千万美元的资金,支持一些法律院校将创建和整合 ADR 教育和培训的项目加入课程中。由此可见,一些机构和学校早已意识到教育方式需要转变,但将其视为自身使命的还不够多。随着 ADR 的发展,将来可能有更多的基金会或其他机构提供激励机制,鼓励法学院不仅将冲突解决技巧更多地纳入课程,并且实现培养和训练方式的转变。

ADR 教育在法学院之外还有非常重要的发展方向,就是针对孩子们的教育,就像"像律师一样思考"这样的技巧可以教给学龄儿童一样,纠纷解决技巧也同样可以教给孩子们,这是从根本上建立一个更加和平与和谐的社会的方法。已经有数以百计类似的项目活跃在美国各地,有一些取得了明显的效果,有一些则需要改进。通过建立一个资源中心来研究、评估和扩大这些项目,将加强这些活动的效果,使 ADR 教育更加专业化。

5.4.2.3　ADR 发展的制度化与市场化

由于 ADR 类型多样且各具特点,很难用统一的标准来评估 ADR 各类型及从业者的表现,解决结果自身将成为检验标准,评判某种类型以及从业者在市场中能否生存。从这一角度来说,ADR 作为一种商品提供令客户满意的服务,是 ADR 发展将会遇到的市场化规律。与此同时必须有制度化的制约,联邦和各州需要为 ADR 及其从业者制定规则并提出在职业道德伦理方面的要求。

调解在近些年来已经成为法院内外最受青睐的程序。而仲裁则随着许多大公司的诉讼律师的深入参与,对证据开示程序与听证会的使用越来越多,这使仲裁像诉讼一样越来越昂贵和费时。ADR 本身相较于诉讼最大的优势是可以便捷及时地解决纠纷,仲裁的这种变化使其在市场化规律起作用的纠纷解决服务中,使许多人失去了吸引力。保持与诉讼的区别,坚持 ADR 自身的特点是保证在未来市场化发展中能坚守阵地的必然要求,但这与 ADR 的制度化并不矛盾,制度化起码应该是一段时间内 ADR 追求的重点。面对仲裁发展所遇到的问题,合理的解决办法是对仲裁进行改进,开发仲裁的新版本,包括有限的证据开示、快速听证、迅速裁决等。新的仲裁程序需要制度化,并且只有在制度保护下,才能保障当事双方的利益,才有可能在纠纷解决服务中获得成功。

法院附设 ADR 作为 ADR 发展的重要部分,这一类型将由政府资助,当事人选择调解员或其他中立者,无须支付其报酬,而由政府支付。纠纷解决服务的市场化是指诸种 ADR 类型在纠纷解决中优胜劣汰,前提是必须保证使用者居于平等的地位,防止只有富人或者大公司才能使用某种 ADR 程序的情况发生,保障所有公众都可以同样地使用某种 ADR 程序。在 21 世纪,弗兰克·桑德教授设计的多门法院系统有着长远的发展道路,由案件的管理者把当事人的案件转移给合适的纠纷解决程序。在这之前需要建立规则模型,将中立者的选任和教育培训、保密性、系统设计和技术援助等问题,在模型里给予适当的位置与关注。

5.4.2.4　ADR 研究方法的跨学科化

尽管很长一段时间里,在美国纠纷解决被认为是法官和律师的事,但通过前面对美国传统 ADR 的研究可以看出,ADR 有一个跨学科的、国际性的起源,具有很多需要进一步了解与学习之处。这种现象也并非仅仅存在于美国,从中国、欧洲、南非、印度等很多国家和地区的纠纷解决传统中都能得出这一结论。

对 ADR 使用跨学科的研究方法是可取的,撇开实践中往往将纠纷解决归于律师和法官的看法,对纠纷解决的研究本身并不局限在某个专业,而是在社会学、人类学、心理学和法学等学科交叉的领域。社会学和人类学中有着大量对纠纷的研究,例如 20 世纪 60、70 年代,人类学家对纠纷的研究不仅涉及纠纷中一些对立的核心概念,如开战与言和、协商一致与指定结论、自我交涉与司法裁判,同时也深入参与纠纷解决的第三方主体的类型和解决模式这样的问题。如今有很多学者用跨学科的方法研究 ADR,比如道格拉斯·A. 范·艾普斯,在他有关调解和治疗的文章里强调,不管是调解还是治疗,其目的都是寻找达至健康结果的最佳过程,他还强调应当把纠纷看作需要被解决的问题,而非只是要快速处理掉的案件。类似的思想和研究方法也反映在其他学者的文章里,例如史蒂夫·托宾就律师作为积极支持者的理想和作为富有建设性的问题解决者的理想之间存在的张力所作的研究。

　　存在于 ADR 领域的不同纠纷解决理念将遭遇纠纷多样性和广泛性的挑战。必须更清晰明确地认识到不同的目标可能带来理念和方法上的差异,如果目标包括正义、和平、民主和包容,那么就需要向着这样的目的采用更合适的纠纷解决理念和 ADR 形式。不管使用什么样的方法,纠纷解决的努力必须考虑到每个冲突情境所特有的组织、文化和人际情况,有一些通用的原则和标准适用于广泛的纠纷解决,但是每个纠纷解决工作必须根据其所处的情境而有所变化。从业者们需要在工作中注意到这些差异性,在纠纷解决理念上更具包容性和创新性。

5.5　本章小结

　　ADR 在美国的发展历程,如同伯纳德·施瓦茨所说的美国法律史"是努力按照意识到的这个国家在各个发展时期的需要塑造法律制度和法学理论的历史"①。与此相似,ADR 也是缘起因于美国社会发展的需要,在各个历史阶段针对国家和社会的不同需要而变化,由于良好的纠纷解决效果而逐渐成为习惯性的做法,并随着法治社会的发展在一定程度上制度化和规则化。

　　随着 20 世纪 80 年代法院和律师对 ADR 参与的加深,以及法院附设 ADR 试点项目所取得的良好效果,到 20 世纪 90 年代,一系列联邦层面的 ADR 立法被制定出来,ADR 的制度化和标准化成为这一时期最显著的特点。

　　除了联邦立法,20 世纪 90 年代 ADR 在法律系统之外也实现了融合与创新,合作问题解决模式进一步发展,ADR 从业者组织不断整合,新的 ADR 形式如在线纠纷解决被创造出来,这些都显示美国 ADR 进入了成熟发展期。

　　在 21 世纪,毫无疑问 ADR 同时面临机遇与挑战,但 ADR 把握住了未来发展最关键的几个要素,包括法律、计算机和网络以及青少年。根据 ADR 在 21 世纪初所

---

　　① 施瓦茨.美国法律史[M].王军,洪德,杨静辉,译.2 版.北京:法律出版社,2011:1.

展现的特征判断,其在四个方面有着进一步发展的可能:第一,ADR 形式与范围上的全球化;第二,ADR 的从业者与教育的专业化;第三,ADR 发展的市场化和制度化;第四,研究方法和理念上的包容性和跨学科发展。

总结与思考

6.1 对美国联邦 ADR 的总结

ADR 运动中的泰斗桑德·弗兰克教授曾这样形容他对 ADR 在历史发展中的乐观以及担忧:"周一、周三和周五,我觉得我们取得了惊人的进步,在周二、周四和周六,ADR 看起来更像是对抗制沙滩上的一粒沙子。"[①]

6.1.1 发展成果

ADR 在过去几个世纪的发展积累了一些成果,这些成就为其在 21 世纪的继续前进打下了一个基础,总结起来有六个方面。

第一,在法院系统中。1998 年国会通过了 ADR 法,推动每个联邦地区法院制定当地的规则来建立 ADR 程序。此外,还有其他的联邦立法及数量众多的州立法,其中有一些批准了某种形式的 ADR,还有一些授权法官自由裁量对 ADR 的使用。ADR 已经成为联邦和各州法院积极鼓励使用的纠纷解决方式,并衍生出了多种多样的法院附设 ADR 类型。

第二,在公共部门。1996 年的《行政纠纷解决法》要求联邦机构考虑使用 ADR 并任命 ADR 专家,此外,还有一些总统发布的行政命令等其他法律规定鼓励联邦机构做出类似的行为。1996 年修订的《协商立法法》授权联邦使用协商立法的方式代替过去对抗意味强烈的立法方式。

第三,纠纷解决条款的应用。纠纷解决条款被越来越多地应用到各种类型的合

---

① SANDER F E A. The future of ADR[J]. Journal of dispute resolution,2000(1):3.

同中,有些条款被设计得非常精致和复杂。这说明在社会中,尤其是商业领域,对 ADR 作用的认识在加深,ADR 开始成为被普遍选择的常规的纠纷解决方式。

第四,各种机构及从业者。一些商业和法律机构有系统研究 ADR 的潜力,一些法律机构设置了 ADR 实践小组,将专门从事 ADR 工作的人聚集在一起。这些律师也帮助提高了 ADR 在他们同事之中的关注度。此外,还有大量的民间机构和 ADR 专业组织,例如 CPR,其组成人员涵盖了最重要的商业和法律机构的代表,承诺在向法院求助之前尽量使用 ADR,该机构还专注于寻找更好的纠纷解决方式。ADR 从业者的数量越来越多,包括大量的志愿者,在遍布全国的 ADR 机构中提供服务。

第五,ADR 教育。基本上每一个法律院校,甚至还有很多商业学院都在计划开设一门或者更多的 ADR 课程,除此之外,由各种机构提供的 ADR 从业者培训也非常普遍,为很多热衷于 ADR 事业的志愿者和其他专业人士提供了学习和沟通的场所。

第六,各州的情况。很多州要求律师在和他们的客户交流时,要讨论选择使用 ADR 的问题,或者在原告的起诉状中说明他们进行了这样的努力。有超过一半的州设有专门的纠纷解决州办公室,为促进公共纠纷的解决而提供技术援助或者推荐有能力的纠纷解决者。

以上六个方面的成就是美国 ADR 在漫长的发展中通过一点一滴的努力达到的,经过几十年甚至更长时间的铺垫之后,ADR 的制度化极大地推进了这一进程。ADR 的制度化增加了律师的责任,使他们必须将通知客户有关 ADR 的选择作为其专业咨询的一部分,也让法院增加了对某件案子使用 ADR 的可能性的考虑,在公共部门,ADR 也成为某些情况下的必选。这些制度化设计都有着重要的影响,增加了纠纷当事人使用 ADR 的潜在可能。在这种意义上来说,想要推广 ADR 的最好办法,就是要求一个律师向他的客户解释 ADR,或者授权法院要求律师使用其中的某些程序。这是 ADR 的制度化所带来的重要影响,除此之外,积极拓展 ADR 在新领域的发展,借助新技术创造新的 ADR 形式,以及在各级学校中进行更多的 ADR 教育和应用,向公民灌输关于纠纷解决不同途径的思想都是极为重要的推广 ADR 的方式,也是美国 ADR 积极实践的方向。

6.1.2　发展难题

　　桑德·弗兰克教授将"如何把 ADR 编织进纠纷解决组织，使对 ADR 的选择成为各种各样的纠纷解决方式中经过系统考虑的一种，而不是把负担加于想要使用 ADR 的当事人身上，因为这种选择经常被认为是示弱的表现"①，作为 ADR 发展所面临的难题。ADR 发展中存在很多障碍和困难，总结起来，主要有六个方面的内容。

　　第一，公众意识方面。纠纷当事人没有更好适合其案件解决的 ADR 形式，很多时候是由于他们不知道这些手段的存在。尽管 ADR 长久地存在于美国社会中，并且大量的人和机构为了 ADR 的推广做了极其多的努力，但是法院和律师在美国人心中作为理想的纠纷解决者的思维惯性，是难以轻易动摇的。美国人确实有好讼的心理。"一百多年以前，托克维尔曾对在美国大多数的社会问题终将转化为司法问题作出评价。许多纠纷当事人入禀法院是因为他们希望挑战其对手，而不是与之达成妥协。根据一项针对美国小城市中纠纷的调查研究显示，一旦当事人无法在亲友的协助下通过谈判解决人际问题，他们不是寻找'中立的'局外人来调解他们的案件，而是寻找一个第三方来对是非曲直作出权威性判断。在 20 世纪的美国，诉讼是一种为社会所接受的争斗。"②此外，媒体加强了如果有纠纷就应该去法院的意识，像是桑德·弗兰克教授所举的例子，"例如电视里一贯传达的信息，人民法院、朱迪法官、佩里·梅森，③或者如果我们有一个叫作佩里调解员的电视节目，将传递更多的关于调解能提供的东西的公共意识。我不知道你是否跟我有同样的经历，当人们从其他的国家来到这里，他们经常对我们去法院解决的问题的种类感到吃惊，类似的问题在他们的国家往往是通过谈判、行政处理或者仅仅是通过讨论谈话来解决。"④

　　第二，制度化的配套设施方面。即使纠纷当事人意识到了可以选择使用 ADR

---

① SANDER F E A. The future of ADR[J]. Journal of dispute resolution，2000(1)：5.
② 苏本，伍. 美国民事诉讼的真谛：从历史、文化、实务的视角[M]. 蔡彦敏，徐卉，译. 北京：法律出版社，2002：568-569.
③ People's Court，Judge Judy，Perry Mason，都是美国电视中宣传法律的节目。
④ SANDER F E A. The future of ADR[J]. Journal of dispute resolution，2000(1)：5.

来解决纠纷,而且他们所在的社区也可以提供这种选择,但是未必能找到合适的提供这种服务的机构。提供易得而有效的公共纠纷解决服务的机构并不是那么普遍,而且可以向人们提供调解、仲裁及其他 ADR 形式的类似于综合性司法中心的公共机构也很缺乏。桑德教授将这种机构定位为"一个门口写着'这是可以处理纠纷的地方,专家们将帮助你来选择最适合于你的案子的程序'的地方"。配套设施的缺乏,以及缺少对这种配套设施的法律保护,使得纠纷当事人不易对这些机构和程序产生信任,而缺乏保证配套机构的纠纷解决服务水准的机制,也确实可能成为影响纠纷解决质量的因素。

第三,从业者方面。ADR 从业者包括律师、退休法官等法律界人士,专门的 ADR 从业者,各个领域的专家以及数量庞大的志愿者。必须得承认,律师的态度对 ADR 的影响巨大,不仅因为美国本身即是一个好讼的国家,而律师掌握了大量的纠纷案源,也因为律师自身所具备的法律知识、程序经验等专业素养对 ADR 极为重要。然而,很多律师仍然很不熟悉 ADR,相关的研究表明对律师使用 ADR 影响最大的不是他们接受的教育或者其他什么因素,而是之前拥有的 ADR 经验,即使用过某种 ADR 机制。事实上,很多律师认为他们在 ADR 中将失去控制权,尤其是像调解这样灵活的程序。调解并不像诉讼,在诉讼中,律师们拥有完全的控制权,而客户仅仅是遵守,甚至有时候连这也不需要做。在调解中,律师们并不像在诉讼中那样是程序的主导者,而这种陌生的感觉常常让他们感到惊恐,所以有时候律师并不愿意涉入一个不熟悉而感到威胁的程序中。此外,经济上的因素也使律师更愿意坚守诉讼。律师事务所在过去建立起庞大的诉讼部门,如果允许通过调解或者迅速的仲裁来解决案件,很明显将给律师和律所带来经济上的影响。从长远来看,一些最富有经验的律师认识到以 ADR 的方式有效地解决客户的问题是一种福音;但从短期来看,律师们通常看得并不那么长远,而他们经常担心的问题是一个更有效的程序是否将意味着收费的减少。这些都使得律师们不太积极从事 ADR 工作,当然也有很多律师意识到原本为他们所独占的纠纷解决领域开始有外来专家涉入,而由此产生了危机感,并开始思考转变工作方式,但必须得承认在以律师为代表的法律界之中,还存在有很多消极的不利于 ADR 推进的因素。

　　在律师之外,还有很多长期从事 ADR 的专业人员,他们作为专门的 ADR 从业者而工作。有很多接受了 ADR 训练的人,却没有足够的工作提供给他们。在很多地方 ADR 的工作是由志愿者来做的,这当然可以扩大 ADR 的参与度,而志愿者也确实能够做出非常大的贡献。然而对于发展中的 ADR 职业道路来说,很多专业的或者从法学院中走出来的优秀的可以自称是 ADR 专业人员的人的情况就显得比较尴尬。很多人是真心希望能够将 ADR 作为终身为之奋斗的事业,然而相当长一段时间越来越多的人放弃了 ADR 的职业。因为他们完全可以在白天找一份薪水可观的工作,在晚上或者周末作为 ADR 志愿者来工作。做一些志愿者的工作,参加一些培训和专业组织的会议似乎就能够实现进入 ADR 领域的愿望了,而这并不需要太多硬性的要求,比如全职或者具有非常专业的知识等,这显然并不是发展新兴专业的好方式,但是想要改变这一情况就面临很多困难。基金会的参与和支持大概可以帮助有志于进入这一领域的初学者,为他们提供资金支持,并帮助他们与已经在 ADR 领域扎根的专业人员建立良好的关系。

　　第四,公共政策方面。要制定一项制度的公共政策,通常是这项制度能够为公共社会带来收益或者避免某种可能带来损失的事情发生。由于公共政策对社会的巨大影响力,秉承着对社会和公民负责的态度,在制定公共政策之前,一般都要对其进行成本效益的研究,这也是该项公共政策是否能够顺利颁布的支持性依据。ADR 如果想要获得公共政策的支持,也需要有这方面的研究,然而对 ADR 的成本效益研究存在很大的困难。一是,经常有由于增设 ADR 项目而增加的开销,因为不可能将由于增设 ADR 而减轻了工作负担甚至工作必要的法官解雇或者使其退休,在人员上看起来增加更多的 ADR 项目更像是一种只进不出的情况。而更意味深长的是,非常难以证明一个案子通过调解而非诉讼解决将特别节省开销。例如,一项有关调解的声明声称在当事人之间存在持续性关系的案件中,调解是更持久的解决方法,它能够阻止将来的纠纷,因为调解包含了对当事人潜在关系的关心并且教会了当事人如何依靠自己在将来更有效的解决纠纷。这就要求必须做一个时间跨度非常长的纵向的研究来对这一类的情况进行证明。二是如何统计由于对抗性诉讼的减少而带来的心态上的平和对社会的影响? 这些与成本效益相关的基本问题的研究很复杂并且难以解决,这对 ADR 获得公共资金和公共政策的支持带来了非常不利的影响。

第五,发展理念方面。一直以来,美国联邦 ADR 的发展受到了多种渊源的影响,其中不乏在目的或路径上对立的渊源,多种渊源给现代 ADR 运动带来了不同的思想特质,例如合作性问题解决理念、评价性理念、变质性理念等。不同理念之间存在着争论,例如评价性理念要求调解员在纠纷解决过程中的某些时刻要表达自己的观点,而变质性理念则强调调解中当事人的自主作用,避免调解人就利害关系与适当解决方案等问题过于介入当事人的想法。面对不同的理念之争,不同的从业者和研究者会有不同的倾向,认定某种理念是好的,某种是不好的,这一种是该为之奋斗的,而那一种则是该摒弃的。与此类似的还有律师和其他学科涉入纠纷解决领域的人之间的争斗。从某种意义上来说,这些争论代表了这个专业的发展,但这些争论也削弱了彼此的力量。ADR 最具特色与潜力的正是它本身的创新性和包容性,强调"你正在做的不是调解,而我在做的才是真正的调解"并不能给这个行业的发展带来太多的好处。针对不同纠纷案件的类型,也确实可能存在多种纠纷解决方法,同时也存在多种纠纷解决理念。从这个层面上来看,理解有很多不同的 ADR 类型适用于不同的案件类型,有不同的纠纷解决理念来促进并指导更多 ADR 类型的发展,更开放、更不拘一格地接纳不同的思想并保持创新性是更有利于 ADR 发展的做法。

第六,其他方面。除了公共意识、配套措施、从业者、成本效益、发展理念五个主要方面,还有很多其他具体的影响因素,这些因素可能并不像前五者那么系统化和整体化,但是也对 ADR 的制度化发展产生了很大的影响。例如,经济上的考虑,在一些公司,和解将被记入该部门的预算账目,而诉讼费用则不记入,所以这些公司更倾向于诉讼而非和解;律师也经常更重视诉讼成功后的报酬,而和解的报酬太少。在观念上,这些公司和律师也将在法院诉讼中的对抗视为正常的、为社会所接纳同时也符合自身期许的纠纷解决方法。还有,比如大的机构在遇到可能重复发生的纠纷时,往往希望通过一个有约束力的判例来为未来的纠纷解决提供指导,而这只有法院能够做到。政府等处于强势地位的机构也往往倾向于选择阻力和风险较小的办法来解决纠纷,例如把问题交给法院,而不是选择几乎无法避免遭遇批评的和解。此外,有时候为了解决某方面问题的实体性制定法也会产生令人意想不到的反 ADR 的效果。

例如，"1986 年的医疗保健质量促进法案①，该法案要求医疗渎职案件中所有的法院判决和当事人的自愿和解都要向某联邦登记处报告。医生及律师担心和解会被解释为对过失的承认，于是他们在有希望胜诉的案件中都拒绝和解"②。

6.2 对美国联邦 ADR 的思考

6.2.1 ADR 与诉讼的"趋异"与"趋同"

对 ADR 的深入研究，免不了以正式性司法作为主要的参照对象。ADR 与诉讼有着不同的价值追求，通过对美国联邦 ADR 的历史研究，可将 ADR 的目的归纳为两点：第一，迅速有效而节约地处理纠纷；第二，比诉讼更符合实际地解决纠纷。

乔治华盛顿大学的保罗·巴乔（Paul Butler）教授认为："没有人将审判做得像美国人一样，我们将它做成了一种艺术形式。这几乎是我们文化基础的一部分，和爵士乐和摇滚乐一样。"虽然美国社会非常推崇诉讼，也确实将诉讼设计为一种复杂精致的维护社会公正与秩序的制度。然而，"无论什么样的纠纷解决制度，在现实中其解决纠纷的形态和功能总是为社会的各种条件所规定的"③。经常有纠纷解决制度在实践中不能充分发挥其预定功能的情况，有时候是由于程序的规定本身不完全或不够妥当，但绝大多数情况下其根本原因在于社会的各种条件与制度功能之间存在着不协调或矛盾。在这种情况下，如果存在的社会条件不存在或不充分，某种纠纷解决制度就无法实现其预定目的，而渐渐变得有名无实，或在实际中转向更适合既存社会条件的方向。

以 ADR 在美国劳资纠纷领域中的产生与发展为例，ADR 在劳资纠纷中的使用，具有很强的国家引导性与权宜性，其目的简单来讲是平息工人罢工，解决劳资纠纷所

---

① The Health Care Quality Improvement Act of 1986.

② 苏本，伍.美国民事诉讼的真谛：从历史、文化、实务的视角[M].蔡彦敏，徐卉，译.北京：法律出版社，2002：569.

③ 棚濑孝雄.纠纷的解决与审判制度[M].王亚新，译.北京：中国政法大学出版社，1994：21.

引发的社会问题。在罗斯福新政之前,在铁路工业之外,美国基本上没有规定包括劳资关系、劳工基本权利的成文法。工会自身的存在、工会追求的目标及其所用手段是否"合理""合法",都由法院决定。法院将工会提出的减少工时、提高工资等一系列要求,视作对订立合同自由与私人财产权的侵害,而工会用于达到这些目标的手段如罢工等更是受到法院的压制。法官们利用反垄断法并采用发布禁令的方式对罢工进行压制。在这样的情况下,劳工不可能在法院中得到有利于他们的判决。由于资本主义世界中阶级矛盾始终存在,在矛盾较为缓和、劳工运动影响不大的时候,法院的压制能收到较好的效果,当矛盾激化、劳工运动激烈进行的时候,这种压制达不到良好的效果,实际存在的罢工等社会问题无法通过法院来解决。由政府出面推动的谈判、调解以及仲裁等 ADR 方式,便成为解决劳资纠纷这一问题的重要手段。

棚濑孝雄将对纠纷解决过程的评价标准分为四种,包括纠纷终结、当事者满意度、社会效果、效益成本。这四个标准分别从不同的侧重点出发,"在一个基准看来非常有效的解决过程,在另一个基准看来则可能完全没有效果。这种情况正是纠纷解决过程的常态"[①]。

以社会效果为基准,社会效果包括社会关系的修复和社会规范的确认。ADR 以当事人之间的合意作为纠纷解决的前提,与对抗性的诉讼相比,在对社会关系的修复上有着天然的优势。社会规范的确认一直被认为是诉讼的重要职能,同时也是诉讼的价值所在。"依据法律规范来裁定具体的个别纠纷,从而维护作为权利义务体系的法秩序,正是以依法审判为根本原则的近代司法制度的一个本质属性。"[②]必须承认,由于规范性的重要程度在 ADR 过程中与在诉讼中存在差异,所以 ADR 在对社会规范的确认上的作用并不明显。然而需要明确的是,诉讼对社会规范的确认效果是以无论任何人在任何时候都能够利用诉讼制度为前提的。如果现实中利用诉讼非常困难,那法的权利就只是一句空话,诉讼也很发挥维护法秩序的功能。当诉讼成本高昂、诉讼时间漫长、诉讼门槛过高时,诉讼对社会规范的确认功能就无法很好地实现。

---

① 棚濑孝雄. 纠纷的解决与审判制度[M]. 王亚新,译. 北京:中国政法大学出版社,1994:34.
② 棚濑孝雄. 纠纷的解决与审判制度[M]. 王亚新,译. 北京:中国政法大学出版社,1994:30.

并且 ADR 可能在与诉讼不同的意义上发挥着对规范性的确认作用。

　　与诉讼相比，ADR 更加注重当事人之间的合意，但并不能完全排除规范的影响。在现实的合意过程中，总存在规范性的契机。在社会的初始阶段，即使是没有第三者直接介入的自力救济，其方法、程序上也经常存在着一般承认的、确立了的规则，会受到规范性的影响。在交涉中，当事人总是援引一般的规范来说明自己主张的正当性，并力图以此说服对方，因为在自己的利益与自己认为是正当的价值、规则相抵触的情况下继续追求自身利益，可能会或多或少地引起内疚，而且主张缺乏正当性的当事人在现实中往往容易处于不利的地位。这一点可以说是得到大众认可的经验性事实。而在有中立第三方介入的情况下，中立第三方对当事人的主张做出判断需要依靠某种社会规范，当事人为了获得中立第三方的赞同和支持，也需要把规范性导入纠纷解决过程，就自己主张的正当性对中立第三方进行说服。

　　传统 ADR 所依靠的规范是传统社会中的内在秩序，这种秩序通常以乡规民约、习惯和公共道德的形式出现，对当事人和纠纷解决，多为潜移默化式的影响。而随着传统社会向现代社会转变，传统社会结构的内在秩序渐渐失去力量，其社会规范功能减弱，正式性法律逐渐成熟与完善，现代法律体系建立起来，法律成为社会的主要调整方式。在这种转变背景之下，从前内在秩序对纠纷解决潜移默化式的影响变为法律规则更明显和有力的影响。尤其是随着现代审判制度的建立，在过去任何人都有请求法院解决纠纷的机会变为有了更为全面和完善的制度上的保障，审判制度的实效性不断被强调与完善。对于当事人来说，审判制度可选择的现实性增强，使通过审判的纠纷解决与诉讼外的纠纷解决之间在内容和结果上的差别进一步减小。ADR 整个发展演变过程是规范的影响从隐性化向显性化发展的过程，而 ADR 自身的应用，也在某种程度上对社会规范起到了确认作用。

　　ADR 对纠纷的解决，追求的是当事人在利益基础上讨价还价达成合意。纠纷解决过程中的所有参加者都有自己的利害，为了最大限度地实现自己的利益而动用一切可能动用的手段，并通过自由的讨价还价来达成合意，即在利益均衡基础上妥协解决。利益均衡就是当事人和利害相关人从各自所拥有的手段出发确认某个妥协点是能够得到的最佳结果。纠纷中所涉及的利益对于当事人来说一般包括利己利益与共同利益,而纠纷解决的结果需要在兼顾效率与公平的同时,达到利己利益与共同利益的平衡。在追求利益均衡的过程中,ADR 必须受到规范的影响,否则 ADR 就可能被资本和权力控制,成为强势群体剥夺弱势群体权益的屠宰场。

ADR 与诉讼在价值追求与目标上有着明显的区别,这是在 ADR 与诉讼在各自的发展过程中一直强调的,即 ADR 与诉讼的"趋异"。由于理念、追求与发展路径差别颇大,诉讼和 ADR 一直处于一种较为微妙的关系中。顶着"替代性"的帽子,ADR 在相当长时间内和法院存在着某种程度的竞争。然而需要明确的是,ADR 的出现与发展,并非为了取代传统的诉讼与审判模式,而是现实地增加了纠纷解决的途径。在 ADR 的发展过程中,存在着追求合意的 ADR 与传统的对抗式诉讼的交叉与融合,即 ADR 与诉讼的"趋同",主要体现在 ADR 的制度化倾向与国家主导的法院改革等方面。通过美国法院与 ADR 长期以来的"竞争"与"合作"关系的演变,可以明显看到这一趋势。

6.2.2 ADR 与法院的"竞争"与"合作"

美国法学家弗莱彻曾说:"替代性纠纷解决办法在每一种文化中都有其历史渊源,但美国联邦法院系统接受替代性纠纷解决办法还是在 1925 年通过《联邦仲裁法案》之后。1925 年以前,美国法院一直对替代性纠纷解决办法持排斥态度,要么拒绝执行其决定,要么把合同中的仲裁条款看成是可任意取消的……现在美国联邦法院正积极地使用替代性纠纷解决办法,通过尽早解决争端来改善法院的诉讼程序。"[①]概括起来,美国联邦法院与 ADR 的关系可以分为三个阶段。

概括起来,美国联邦法院与 ADR 的关系可以分为三个阶段。首先是建国初期的"竞争"阶段,其次是 20 世纪初到 20 世纪 70 年代中期的"矛盾"阶段,最后是 20 世纪中期以来的"合作"阶段。

首先,是建国初期的"竞争"。建国之初,抱着对拥有完全属于自己国家的法律系

---

① 弗莱彻. 公平与效率[M]//宋冰. 程序、正义与现代化:外国法学家在华演讲录. 北京:中国政法大学出版社,1998:420-421.

统的追求，美国从联邦到各州、从法院到律师都专注于法律本身和正式性司法的建立。正像杰西·鲁特在其 1789 年的鲁特报告中提到的，他的理想是建立"蜜蜂的共和国"，它的成员"以其生命抵制任何外来的影响"，它的蜜"虽然采自无数的花朵"，却绝对是自己的香味。① 由此，原本活跃在殖民地时期的传统 ADR 成了这场伟大而深刻的革命前进路上的阻碍，而被尽可能地减少使用。此时的 ADR 虽然遭到法院的排斥，但仍然存在于民间和商业中，这种状况一直持续到 20 世纪初。

　　之后，法院对 ADR 的态度转变经历了一个颇为复杂的过程。1925 年《联邦仲裁法》的通过确实是态度转变的反映，但更多的是显示了法院对美国商业中使用 ADR 解决纠纷这一习惯的认可，劳资纠纷领域中法院的态度变化则更具启发意义。将美国 ADR 早期的两条发展路径进行比较，就会发现两者之间的区别。当两个存在纠纷的商业体决定纠纷的解决方式时，双方作为平等的完全权利主体拥有选择的自由并且通常不存在干扰和异议。因此，解决商业纠纷的 ADR 在商业领域是自由发展的态势，唯一法院介入的时机是一方或双方选择法院的时候。ADR 迅速、有效、节约的处理纠纷的理念非常符合商业的价值追求，且以合意为纠纷解决的基础，有利于商业关系的维持。

　　而劳资纠纷更像是一个零和游戏，雇主很容易认为任何工会的收益都是雇主的损失和花费，并且工人的诸多利益并不受法律保护。作为普通法国家，联邦法院虽然有能力改变这种状态，但基于自身的立场，联邦法院坚定地认为工会的举动是对订立合同自由与私人财产权的侵害。故而雇主只要求助于法院，就能获得完全的利益。但是，很显然法院偏向性明显的判决并不能解决劳资纠纷。为了使纠纷能够更符合实际地得到解决劳资双方的谈判与国家出面推动的调解仲裁相继出现，这将对劳资纠纷的解决引向了与法院审判不同的方向。美国联邦政府的进步主义改革对经济生活控制力的增强，与这一时期政府对劳资纠纷解决的介入交织在一起，成为保守的联邦法院强烈反对的对象。有趣的是，两次世界大战接踵而至，中间还有一场史无前例

---

　　① 弗里德曼. 美国法律史［M］. 苏彦新，王娟，杨松才，等译. 北京：中国社会科学出版社，2007：105 - 106.

的"大萧条",这些都需要一个强有力的国家政权采取具有凝聚力的政策,也同样需要稳定的经济与尽量平和的社会环境。法院的保守使其对解决劳资纠纷束手无策,ADR作为一种有效的解决方法,逐渐为劳资双方普遍接受,并为社会所认可。战争与其他国际事务由外交谈判解决,民事诉讼由法院解决,劳资纠纷由调解员与仲裁员解决,成为当时社会中的普遍认识。《塔夫脱—哈特利法》的颁布认可了ADR在劳资纠纷解决中的作用。此时,联邦法院除了认可ADR别无选择,不过联邦最高法院还可以通过判例影响ADR在劳资纠纷中的具体应用。"钢铁工人三部曲"及后三部曲,联邦最高法院通过一系列判例,对ADR在劳资纠纷中的应用进行规制,并对其发展的方向进行引导。

20世纪60、70年代的美国的权利爆炸直接源于民权运动。起初,民权运动的主要斗争场所在法院,然而法院斗争的局限性,使广大黑人逐渐将斗争的重点从法院转移到非暴力的直接行动上。民权运动在美国社会掀起的波动和骚乱以及由此引发的纠纷,是传统的法院所无法解决的社会难题,需要ADR参与解决。而民权运动所推动的美国一系列民权法案的制定及之后美国反歧视法律体系的构建,使得涌入法院的纠纷数量大量增加,纠纷覆盖的范围和种类也非昔日可比,这是对法院能力的巨大挑战。一些专门机构被联邦政府建立起来,使用ADR程序解决类似就业歧视、性别歧视一类的案件。而像环境纠纷这样涉及面广、专业程度深、解决耗时长的纠纷类型,法院就是真正有心无力了,使用ADR来解决是必须为之的选择。

长期以来,法院与诉讼一直是美国解决公共纠纷的主要机制。尽管律师与法官也并不排斥使用和解等纠纷解决形式,但都是在诉讼框架内运用。以法院系统为主对纠纷解决的垄断,带动了整个法律界对纠纷解决的控制,圈内人和圈外人的差别很明显。ADR的发展使一批调解员、仲裁员等新兴的专家群体介入纠纷解决中,对法官与律师在纠纷解决中的垄断地位构成极大挑战。尽管曾经排斥对ADR的使用,但面对新兴专家的侵入与对诉讼爆炸的无力,法院开始真正改变对ADR的态度,开始促进与支持ADR在纠纷解决中的应用。由此,法院与ADR的关系进入"合作"阶段。

1976年,来自美国各地的法律界代表参加了名为"公众对司法不满之原因"的国家会议,该会议的另一个名称更为知名——庞德会议。会议由当时的联邦最高法院首席大法官沃伦·伯格主持,沃伦·伯格在会议上呼吁法律界积极检查与讨论司法系统低效的原因,并发言表示支持在司法系统中使用更多的 ADR。最终庞德会议达成了两点共识:一是加强法院管理,扩充法官权限,倡导法官对案件的管理义务;二是鼓励法院进行 ADR 试验。正是这次会议开启了联邦法院附设 ADR 的试点项目,推动 ADR 运动在美国全面展开,法律界一改往昔的做法,成为运动的主要推动者。

以法院为代表的法律界对 ADR 态度的转变,使其在这场纠纷解决文化的转变中由被动变为主动,这是其对逐渐受到冲击的纠纷解决垄断地位的挽回,也是美国法院对自身性质与功能及工作方式的重新审视,纠纷解决开始成为法院的首要目标。弗兰克·桑德教授将理想的法院图景描述为“以纠纷解决为目标,弹性而多元”,并提出了多门法院系统(Multi-door courthouse)的构想,即建立纠纷解决中心,根据当事人的需求提供各种各样的解决程序。

ADR 的蓬勃发展甚至使得有人预测在纠纷解决中诉讼本身将成为 ADR 的替代方式。[①] 需要明确的是,ADR 运动的目的并非是要反对或者替代法院,尤其法律界还是 ADR 运动的推动者之一。法院附设 ADR 的发展和多门法院系统的设想,是从基于法院的纠纷解决系统向将法院视为最后的纠纷解决系统的范式转换。这种范式转换使用 ADR 来分担纠纷解决的功能,同时增加司法和法律对 ADR 的制约。[②] 在这一过程中,ADR 与诉讼交叉与融合,互相学习与吸收。法院的性质定位及工作方式向纠纷解决的目标转变,ADR 向公共制度化的方向转变。

就 ADR 的转变来说,当代法律对社会的深入渗透,使得现代新型 ADR 不可能像传统 ADR 那样脱离法治轨道而独立运行,一部分 ADR 形式已经被纳入现代民事司法体系中,而其他的也在不同程度上受到法律的制约。虽然 ADR 与诉讼有着“趋异”的价值追求,然而在现实发展中,ADR 的制度化使其与诉讼越来越“趋同”。在这样的情况下,ADR 的功能和价值的提高恰恰是对司法或法律利用的扩大,法院对

---

① RENFREW C B. ADR in the 21st century: a forecast for delivery changes[J]. Alternative, 1999, 17(4): 1,80-81.

② 范愉. 浅谈当代“非诉讼纠纷解决”的发展及其趋势[J]. 比较法研究,2003(4): 35.

ADR 的怀疑和否定的弱化是必然的。问题是,放任 ADR 的制度化使其与诉讼无限接近,ADR 将丧失自身存在的价值。社会中已经存在一套诉讼机制,不需要另一套。ADR 与诉讼不同的价值追求是 ADR 存在的基础,而随着 ADR 的发展与完善,ADR 的制度化给 ADR 的未来带来了一种前所未有的隐患。

6.2.3　ADR 对规则的"逃离"与"回归"

ADR 一定程度上意味着对既存的审判规范的逃离,但随着美国对 ADR 认识的深入和 ADR 实践的进一步发展,出现了形成固有规范的倾向,所谓的向规则回归的过程,即 ADR 的制度化。从上文可以明显看到这一特点。在 ADR 的制度化过程中存在着国家和民众对 ADR 产生接近审判的效果的期待,与 ADR 本身非法律化、非程序性以及追求合意的性质之间的矛盾。[①] 此外,ADR 程序规则无限制地接近诉讼程序,为谋求自我目的的复杂化,与 ADR 在速度及效率方面的优越性之间也存在着矛盾。[②] 这两种矛盾都是 ADR 制度化过程中的内在构造性矛盾,然而 ADR 制度化本身具有一定的必然性。要真正认识 ADR 的制度化,需要从其背景和影响等方面入手。

首先,美国新型 ADR 中的法院附设 ADR,在实际运行中将案件分为交由审判解决和 ADR 解决等不同路径,为了提高法院效率,同时也为了保障当事人获得"适于案件的程序"的利益,需要确定应当在何种程度下推进法院附设 ADR,包括案件种类及诉讼金额的划分基准等。毕竟对 ADR 的自动分类至少伴随着增加当事人在时间成本、金钱成本等方面的危险性,应在事前明确其要件及内容。

其次,作为 ADR 的一般情况,需要设定以程序中立者为对象的行为规范和伦理规则。ADR 从业者中除了律师、退休法官等法律职业者外,存在着大量的应对法律以外的专门需要的专家,还有其他可以实施 ADR 的非法律职业者。法律职业者有既定的伦理规则和制裁制度,而那些专家和其他非法律职业者的情况则不同。ADR 在很多情况下没有固定的类型且过程非公开,这比诉讼更难以监督程序中立者的行

---

① 棚濑孝雄. 纠纷的解决与审判制度[M]. 王亚新,译. 北京:中国政法大学出版社,1994:50.
② 山田文. ADRのルール化の意義と変容——アメリカの消費者紛争 ADRを例として[M]//早川吉尚,山田文,濱野亮,等. ADRの基本的視座. 东京:不磨書房,2004:29.

为,因此,提前明确程序中立者的行为规范和伦理规则非常必要。

最后,根据对 ADR 发展方向的不同期望,有向 ADR 寻求审判替代功能的倾向,同时也存在希望 ADR 保持协商对话的独有个性的倾向。如果强调 ADR 的审判替代功能的发展方向,那么要程序的制度化和标准化就应该得到重视。如果强调 ADR 保持协商对话、追求合意性的发展方向,那么要指出程序中立者应该为当事人设定怎样的平台,以及为了促进当事人自主参加程序并在充分了解与知晓的情况下作出决定,也同样有必要考虑程序的制度化。

通过前面的分析可以看出,虽然在制度化过程中存在复杂的构造性矛盾,但美国新型 ADR 的制度化有其必然性,同时从美国新型 ADR 制度化之后蓬勃发展的情况来看,在一定程度上美国 ADR 的制度化显示了解决矛盾的方向,对于其他国家有一定启示。解决这一矛盾的关键,即美国联邦 ADR 历史发展图景中所展示的,建立以利益均衡为核心,迅捷而符合实际的解决纠纷的多元化机制。

第一,从美国现代有关 ADR 制度化的过程可以看出,美国联邦立法已经认识到对具有多样性特点的 ADR 加以规制的危险性,开始采取针对每个纠纷对象、每个程序中立者、每个 ADR 团体和组织,进行制度上和程序上的个别性规范的路径。最为典型的是 1998 年美国联邦《非诉讼纠纷解决法》,该法的对象限为联邦法院,对联邦法院的 ADR 设置并没有作与具体制度、程序相关的实质性规定,而是停留于设置抽象的规定,很多规则明令应由各地方法院自行制定。除了美国联邦立法,在州层面的立法上也有很多具有很强特性的例子。这种做法在制度化的同时保持了 ADR 的活力和创造性,从而保证了 ADR 的多样性发展,防止其与诉讼无限趋同并僵化。

第二,美国新型 ADR 制度化过程中个人主义与个人意识发挥了重要作用。在美国 ADR 发展过程中出现了很多不同的理念,其中变质性理念为美国所大力推崇。变质性理念强调当事人在调解等 ADR 活动中的自主作用,认为应当避免调解人就利害关系、适当的解决方案等强行介入当事人的想法,反对在调解人的指导下形成"恰当的"当事人意见。[①] 从变质性理念可以看出,个人主义与个人意识在美国 ADR

---

① 大村雅彦. ADRと民事訴訟[M]. 东京:中央大学出版部,1997:7.

制度化过程中所发挥的作用。在 ADR 不断制度化从而面临与诉讼程序无限趋同的
危险时,这种提倡当事人自己解决问题的努力,正是美国 ADR 避免制度化所带来的
矛盾与危险的方法之一。

第三,美国现代 ADR 制度化经历了一个长期的发展过程,其间经历了从具体纠
纷领域立法向全部纠纷解决领域立法扩张的阶段。在这一过程中,美国反复进行了
大量实验,建立了很多试点项目和纠纷解决模型,最终制定出专门立法,在全国范围
内推广 ADR。这一过程体现了美国现代 ADR 制度化的审慎性,先是在具体领域里
出现了有效的纠纷解决方法,然后根据实践建立相宜的 ADR 程序和机构,继而再根
据实践效果不断对制度进行调整。ADR 本身具有非常强的实践性,需要大量的实验
和试点项目以及不断的反思与调整,才能结合本国的法律制度与习俗建立合理的
ADR 制度。由此可见,最成功的 ADR 程序是针对具体的问题和需要而精心设计的,
发展适应于一个国家本土的 ADR 是非常复杂的过程,需要大量的时间和资源。

6.2.4　选择与超越：中国多元纠纷解决机制的建构

我国历史上很早就发展出了各种 ADR 形式,古代律令中有不少规定婚姻继承、
田土买卖等民事纠纷要由城乡的闾老、里正先调解解决的条文,由此调解还被誉为
"东方经验"。改革开放以来,我国在一个时期内积极建设法治社会,着力于培养全体
公民的法律意识,将诉讼作为解决纠纷的基本渠道。如今,我国处于社会转型期,诉
讼案件数量大量增加,申诉缠访现象频频出现,诉讼的局限性逐渐显露,建设非诉讼
纠纷解决机制迫在眉睫。

我国十八届三中全会提出要"完善人民调解、行政调解、司法调解联动工作体系,
建立调处化解矛盾纠纷综合机制"[①]。党的《中共中央关于全面推进依法治国若干重
大问题的决定》提出要"健全社会矛盾纠纷预防化解机制,完善调解、仲裁、行政裁决、
行政复议、诉讼等有机衔接、相互协调的多元化纠纷解决机制"。2023 年我国中央政

---

① 《中共中央关于全面深化改革若干重大问题的决定》已于 2013 年 11 月 12 日中国共产党第十
八届中央委员会第三次全体会议通过。

法会议进一步要求构建调解、信访、仲裁、行政裁决、行政复议、诉讼等多种方式有机衔接的工作体系，及时把矛盾纠纷化解在基层、化解在萌芽状态。建立健全诉讼与非诉讼相衔接的矛盾纠纷综合机制是我国司法改革的重要一环。各地法院及各级相关机构和组织有关 ADR 的实践正在轰轰烈烈地进行，构建多元纠纷解决机制、创造和谐社会已经成为社会共识。进一步推动多元纠纷解决机制的建立，必须立足国情，借鉴其他国家的先进经验，汲取人类文明的共同成果，同时警惕其他国家发展所暴露出的问题。

要讨论我国多元纠纷解决机制的建构，以及美国的经验与教训对我国的影响，那将是另一个宏大的研究领域，鉴于篇幅本书不再展开，仅就 ADR 的制度化谈一点看法。随着我国构建多元纠纷解决机制的深入，制度化的过程不可避免，美国 ADR 制度化的情况对中国同样适用：一方面，需要构建最低限度的制度化程序机制，避免 ADR 的弊端；另一方面，适当的制度化能够增强 ADR 的正当性和可选择性，增加社会对 ADR 的使用。我国 ADR 制度化的进程尚有较大的发展空间，一是相关的立法较少且覆盖面狭窄，国内有关立法主要集中于《民事诉讼法》《人民调解法》，《人民调解法》在人民调解组织及其活动的规范之外，对大量其他形式的民间调解、行政调解及其他非诉讼机制的规范尚不完善；而诉讼法不可能对所有非诉讼机制都加以明确细致的规定，也不能胜任大量特殊、新型纠纷解决的需要[①]；二是目前我国已经取得的 ADR 制度化成果中，还存在一些问题，例如 ADR 定位不清、诉讼与 ADR 衔接不畅等。解决以上问题需要对我国构建多元纠纷解决机制有一个整体的认识，并注意美国 ADR 制度化过程中所遭遇的矛盾与难题，不同的解决方案会将中国的多元纠纷解决机制引向不同的发展方向。

首先，我国在构建多元纠纷解决机制的过程中需要平衡诉讼与 ADR 的关系。虽然顶着"替代性"的帽子，但 ADR 并无意取代诉讼，ADR 和诉讼是具有不同特点适宜不同案件类型的纠纷解决方式。如果迎合"纠纷不能都由诉讼处理却又期待着诉

①　范愉.诉讼与非诉讼程序衔接的若干问题：以《民事诉讼法》的修改为切入点[J].法律适用，2011(9)：34.

讼式处理"的社会心理,过度追求社会性解纷机制的司法化,则有可能将ADR变为高度类似于诉讼的下位体系;如果把这种心理视为与ADR的性质及优越性完全不相容,而寻求ADR与诉讼不同的自身固有的处理,则可能将ADR变为边际性的、无关紧要的纠纷处理方式。我国要构建多元纠纷解决机制,在发展ADR时要找到诉讼下位体系和边际化独立体系之间的平衡点。

其次,明确诉讼与ADR的功能,完善二者之间的衔接机制。诉讼和ADR有不同的功能与定位,诉讼除了纠纷解决还有表达公共价值的指引功能,ADR则是为了更有效率、更符合实际地解决纠纷。如果将两种制度不加区分地混在一起,在诉讼中过分强调纠纷解决的效率,追求调解率与息事宁人,并不利于维护司法权威和司法公正,而一味追求ADR与审判式纠纷解决的无限接近,又会抹杀ADR的优越之处与存在价值。要在明确诉讼与ADR功能的基础上,建立科学的衔接机制。我国不少法院在这方面进行了有益的探索,例如上海市一中院发布的研究报告称,"应在民事诉讼法的调解原则下,实行调审分离,将调解从审判程序中分离出来,调解在诉讼程序中应有其独立的地位,在强化审前会议基础上,设立庭前调解制度,重组法院调解组织机构,并辅之以诉讼上和解制度"①。

最后,针对现实需要,更加审慎与灵活地制定单行法或试验性立法。从美国ADR制度化的过程可以看出制度化并非一朝一夕之功,其间要经历反复的实践与试错。可针对现实中的多发事件,建立专门的ADR模型,并根据其运行情况及时调整和总结,进一步制定相应的单行法。由于现今社会变化较快,新的需要层出不穷,对制度的理性设计和立法更新很难跟上社会发展的节奏,可尝试设定法律的试行时间,在法律实施后密切跟踪并定期评估,以在试行期结束后就是否继续或适当改革,做出更合理的选择。此外,在立法过程中,应充分吸收美国ADR的立法经验,更加审慎和灵活地立法。在对原则和总体制度做出规定的同时,更加重视地方差异与调动地方积极性,由各个地方根据本地的经济文化水平和纠纷解决实际需求以及法院的运行情况等,就制度的细节进行设计。

---

① 乔宪志.试论法院调解制度改革[M].上海:上海市法官协会,2000:43-44.

参考文献

中文专著：

[1] 林榕年,叶秋华. 外国法制史[M]. 3 版. 北京:中国人民大学出版社,2007.

[2] 林榕年. 外国法律制度史[M]. 北京:中国人民公安大学出版社,1992.

[3] 叶秋华. 外国法制史论[M]. 北京:中国法制出版社,2000.

[4] 叶秋华. 西方经济法律制度[M]. 北京:中国人民大学出版社,2004.

[5] 叶秋华,王云霞,夏新华. 借鉴与移植:外国法律文化对中国的影响[M]. 北京:中国人民大学出版社,2012.

[6] 吕世伦. 法理的积淀与变迁[M]. 北京:法律出版社,2001.

[7] 吕世伦. 西方法律思想史论[M]. 北京:商务印书馆,2006.

[8] 孙国华,朱景文. 法理学[M]. 北京:中国人民大学出版社,1999.

[9] 沈宗灵. 比较法研究[M]. 北京:北京大学出版社,1998.

[10] 朱景文. 比较法总论[M]. 2 版. 北京:中国人民大学出版社,2008.

[11] 朱景文. 现代西方法社会学[M]. 北京:法律出版社,1994.

[12] 范愉. 非诉讼程序(ADR)教程[M]. 2 版. 北京:中国人民大学出版社,2012.

[13] 范愉. ADR 原理与实务[M]. 厦门:厦门大学出版社,2002.

[14] 范愉. 多元化纠纷解决机制与和谐社会的构建[M]. 北京:经济科学出版社,2011.

[15] 范愉. 纠纷解决的理论与实践[M]. 北京:清华大学出版社,2007.

[16] 范愉,李浩. 纠纷解决:理论、制度与技能[M]. 北京:清华大学出版社,2010.

[17] 范愉,史长青,邱星美. 调解制度与调解人行为规范:比较与借鉴[M]. 北京:清

华大学出版社,2010.

[18] 汤维建. 美国民事司法制度与民事诉讼程序[M]. 北京:中国法制出版社,2001.

[19] 齐树洁. 美国司法制度[M]. 厦门:厦门大学出版社,2006.

[20] 齐树洁. 纠纷解决与和谐社会[M]. 厦门:厦门大学出版社,2010.

[21] 江伟. 仲裁法[M]. 2版. 北京:中国人民大学出版社,2012.

[22] 沈恒斌. 多元化纠纷解决机制原理与实务[M]. 厦门:厦门大学出版社,2005.

[23] 蒋惠岭. 域外 ADR:制度·规则·技能[M]. 北京:中国法制出版社,2012.

[24] 贺海仁. 无讼的世界:和解理性与新熟人社会[M]. 北京:北京大学出版社,
2009.

[25] 赵旭东. 如何打破僵局?:替代性纠纷解决方式(ADR)的研习与实践[M]. 西安:
陕西人民出版社,2010.

[26] 李莉. ADR 视角下民间经济纠纷的解决[M]. 北京:人民法院出版社,2009.

[27] 洪冬英. 当代中国调解制度变迁研究[M]. 上海:上海人民出版社,2011.

[28] 王生长. 仲裁与调解相结合的理论与实务[M]. 北京:法律出版社,2001.

[29] 中国国际贸易促进委员会,中国国际商会调解中心. 中国商事调解理论与实务
[M]. 北京:中国民主法制出版社,2002.

[30] 刘绪贻,杨生茂. 美国通史[M]. 北京:人民出版社,2002.

[31] 何家弘. 当代美国法律[M]. 北京:社会科学文献出版社,2001.

[32] 林立. 波斯纳与法律经济分析[M]. 上海:上海三联书店,2005.

[33] 刘敏,陈爱武. 现代仲裁制度[M]. 北京:中国人民公安大学出版社,2002.

[34] 左卫民,等. 变革时代的纠纷解决:法学与社会学的初步考察[M]. 北京:北京大
学出版社,2007.

[35] 徐昕. 迈向社会和谐的纠纷解决[M]. 北京:中国检察出版社,2008.

[36] 陈瑞华. 论法学研究方法:法学研究的第三条道路[M]. 北京:北京大学出版社,
2009.

[37] 任东来,等. 当代美国:一个超级大国的成长[M]. 贵阳:贵州人民出版社,2000.

中文译著:

[1] 苏本,伍.美国民事诉讼的真谛:从历史、文化、实务的视角[M].蔡彦敏,徐卉, 译.北京:法律出版社,2002.

[2] 麦圭尔,陈子豪,吴瑞卿.和为贵:美国调解与替代诉讼纠纷解决方案[M].北京: 法律出版社,2011.

[3] 戈尔德堡,桑德,罗杰斯,等.纠纷解决:谈判、调解和其他机制[M].蔡彦敏,曾 宇,刘晶晶,译.北京:中国政法大学出版社,2004.

[4] 苏本,米卢,布诺丁,等.民事诉讼法:原理、实务与运作环境[M].傅郁林,等译. 北京:中国政法大学出版社,2004.

[5] 麦克洛斯基.美国最高法院[M].任东来,孙雯,胡晓进,译.北京:中国政法大学 出版社,2005.

[6] 弗里德曼.美国法律史[M].苏彦新,王娟,杨松才,等译.北京:中国社会科学出 版社,2007.

[7] 施瓦茨.美国法律史[M].王军,洪德,杨静辉,译.2版.北京:法律出版社,2011.

[8] 庞德.通过法律的社会控制:法律的任务[M].沈宗灵,董世忠,译.北京:商务印 书馆,1984.

[9] 布莱克.法律的运作行为[M].唐越,苏力,译.北京:中国政法大学出版社,1994.

[10] 埃里克森.无需法律的秩序:邻人如何解决纠纷[M].苏力,译.北京:中国政法 大学出版社,2003.

[11] 梅丽.诉讼的话语:生活在美国社会底层人的法律意识[M].郭星华,王晓蓓,王 平,译.北京:北京大学出版社,2007.

[12] 宋冰.程序、正义与现代化:外国法学家在华演讲录[M].北京:中国政法大学出 版社,1998.

[13] 波斯纳.联邦法院:挑战与改革[M].邓海平,译.北京:中国政法大学出版社, 2002.

[14] 波斯纳.法律的经济分析[M].蒋兆康,译.7版.北京:法律出版社,2012.

[15] 罗伯茨,彭文浩. 纠纷解决过程:ADR 与形成决定的主要形式[M]. 刘哲玮,李佳佳,于春露,译. 2 版. 北京:北京大学出版社,2011.

[16] 丹宁. 法律的正当程序[M]. 李克强,杨百揆,刘庸安,译. 北京:法律出版社,2011.

[17] 丹宁. 法律的界碑[M]. 刘庸安,张弘,译. 北京:法律出版社,2011.

[18] 努尼. 法律调解之道[M]. 杨利华,于丽英,译. 北京:法律出版社,2006.

[19] 梅因. 古代法[M]. 沈景一,译. 北京:商务印书馆,2011.

[20] 小岛武司. 诉讼制度改革的法理与实证[M]. 陈刚,郭美松,林剑峰,等译. 北京:法律出版社,2001.

[21] 小岛武司,伊藤真. 诉讼外纠纷解决法[M]. 丁婕,译. 北京:中国政法大学出版社,2005.

[22] 棚濑孝雄. 纠纷的解决与审判制度[M]. 王亚新,译. 北京:中国政法大学出版社,1994.

[23] 大木雅夫. 比较法[M]. 范愉,译. 北京:法律出版社,2006.

[24] 梅隆. 诊所式法律教育[M]. 彭锡华,等译. 北京:法律出版社,2001.

[25] 托克维尔. 论美国的民主:上卷[M]. 董果良,译. 北京:商务印书馆,1988.

中文论文:

[1] 杨亚非. 法治·法律·道德:超越儒法之争的思考[J]. 当代法学,1998(6):16 - 18.

[2] 吴静,刁志萍. 儒法之争的本质及其现实启示[J]. 北京航空航天大学学报(社会科学版),2004,17(1):11 - 15.

[3] 徐静村,刘荣军. 纠纷解决与法[J]. 现代法学,1999,20(3):3 - 8.

[4] 郭玉军,甘勇. 美国选择性争议解决方式(ADR)介评[J]. 中国法学,2000(5):127 - 135.

[5] 蔡从燕. 美国民事司法改革架构中的 ADR[J]. 福建政法管理干部学院学报,2003(3):8 - 11.

[6] 杨严炎.美国的司法 ADR[J].政治与法律,2002(6)：104-106.

[7] 杜闻.论 ADR 对重塑我国非诉讼纠纷解决体系的意义[J].政法论坛(中国政法大学学报),2003,21(3)：151-156.

[8] 范愉.浅谈当代"非诉讼纠纷解决"的发展及其趋势[J].比较法研究,2003(4)：29-43.

[9] 袁泉,郭玉军.ADR:西方盛行的解决民商事争议的热门制度[J].法学评论,1999(1)：89-94.

[10] 贾连杰,陈攀.从美国的 ADR 看我国诉讼调解的困境与出路[J].河南省政法管理干部学院学报,2000(1)：88-91.

[11] 章武生.司法 ADR 之研究[J].法学评论,2003(2)：137-146.

[12] 刘诚.论 ADR 在中国乡土社会的功能与制度设想:非诉讼纠纷解决机制的法社会学和法理学分析[J].福建政法管理干部学院学报,2003(1)：54-59.

[13] 刘敏.论程序基本权保障与 ADR 的鼓励:英国民事司法改革的启示[J].政治与法律,2004(3)：127-132.

[14] 饶传平.论科技纠纷的 ADR 解决[J].科技与法律,2005(1)：24-28.

[15] 汪祖兴.与 ADR 相关的保密制度探讨[J].现代法学,2005(3)：56-61.

[16] 徐卫.行政性 ADR 论纲[J].西南政法大学学报,2005(4)：58-63.

[17] 邵军.从 ADR 反思我国的民事调解现状[J].华东政法学院学报,2005(3)：76-80.

[18] 宁杰.ADR 热的冷思考[J].法律适用,2005(2)：21-23.

[19] 刘晓红.构建中国本土化 ADR 制度的思考[J].河北法学,2007(2)：36-40.

[20] 骆永兴.美国 ADR 的发展与影响[J].湖北社会科学,2013(2)：154-158.

[21] 骆永兴.德国 ADR 的发展及其与英美的比较[J].中南大学学报(社会科学版),2013,19(3)：81-85.

[22] 李少波.消失中的审判:当代美国民事诉讼的最突出现象及其启示[J].政法论丛,2015(5)：113-118.

[23] 徐国栋,阿尔多·贝特鲁奇,纪蔚民.《十二表法》新译本[J].河北法学,2005,23

(11)：2 - 5.

[24] 张立平. 林登·约翰逊与民权法案[J]. 美国研究,1996(2)：110 - 132.

[25] 吴俊,杨瑶瑶. 美国 EEOC 的争端处理:以调解为中心[J]. 海峡法学,2012,14
     (1)：106 - 114.

[26] 崔华平. 美国环境公益诉讼制度研究[J]. 环境保护,2008(24)：88 - 91.

[27] 陈岳琴. Storm King:美国环境公益诉讼的经典案例[J]. 世界环境,2006(6)：
     34 - 35.

[28] 熊浩. 知识社会学视野下美国 ADR 运动:基于制度史与思想史的双重视角[J].
     环球法律评论,2016(1)：24 - 43.

[29] 张奂奂,吴会会,张增田. 从对抗走向对话:美国高校替代性纠纷解决机制研究
     [J]. 复旦教育论坛,2021,19(2)：34 - 41.

[30] 何文燕,赵明. 美国 ADR 对中国仲裁资源利用的启示[J]. 法律适用,2000(12)：
     28 - 30.

[31] 沈梦姣. ADR 制度之美国发展简史[J]. 科海故事博览,2011(3).

[32] 项冶萍,罗长青,费文婷,等. 美国 ADR 对完善我国非诉讼纠纷解决机制的借鉴
     意义[J]. 政府法制研究,2007(9)：387,389 - 427.

[33] 徐继强. 在线纠纷解决机制(ODR)的兴起与我国的应对[J]. 甘肃政法学院学
     报,2001(4)：34 - 38.

[34] 范愉. 诉讼与非诉讼程序衔接的若干问题:以《民事诉讼法》的修改为切入点
     [J]. 法律适用,2011(9)：30 - 34.

[35] 吴宗宪. 论美国犯人的法律权利[J]. 中国刑事法杂志,2007(6)：112 - 124.

外文专著：

[1] BARRETT J T, BARRETT J P. A history of alternative dispute resolution：the
    story of a political, cultural, and social movement[M]. San Francisco：Jossey-
    Bass, 2004.

[2] KANOWITZ L. Alternative dispute resolution cases and materials[M]. St.

Paul：West Publishing Co，1985.

［3］FRIEDMAN L M. A history of American law［M］. 4th ed. New York：Oxford University Press，2019.

［4］LANGBEIN J H，LERNER R L，SMITH B P. History of the common law［M］. Los Angeles：Aspen Publishers，2009.

［5］MORRIS R B. Encyclopedia of American history［M］. New York：Harper & Row Publishers，1987.

［6］ROBERTS S，PALMER M. Dispute processes：ADR and the primary forms of decision-making［M］. Cambridge：Cambridge University Press，2005.

［7］KHEEL T W. The key to conflict resolution：proven methods for resolving disputes voluntarily［M］. New York：Four Walls Eight Windows，2001.

［8］NELSON W E. Dispute and conflict resolution in Plymouth county, Massachusetts，1725 - 1825［M］. Chapel Hill：University of North Carolina Press，1981.

［9］FRANKLIN B. The autobiography of Benjamin Franklin［M］. New York：Dover Publications，1996.

［10］MACNEIL I R. American arbitration law：reformation，nationalization, internationalization［M］. New York：Oxford University Press，1992.

［11］DUNLOP J T，ZACK A M. Mediation and arbitration of employment dispute ［M］. San Francisco：Jossey-Bass，1997.

［12］BROWN H J，MARRIOTT A L. ADR：principles and practice［M］. London：Sweet & Maxwell，1993.

［13］MACKIE K J，MILES D，MARSH W. Commercial dispute resolution：an ADR practice guide［M］. 2nd ed. London：Butterworths，2000.

［14］WEBER M. Economy and society［M］. ROTH G，WITTICH C ed. Berkley：University of California Press，1978.

［15］SCAFURO A C. The forensic stage：settling disputes in Graeco-Roman new comedy[M]. Cambridge: Cambridge University Press, 1997.

[16] STEFFEK F, UNBERATH H, GENN H, et al. Regulating dispute resolution: ADR and access to justice at the crossroads[M]. Oxford: Hart Publishing, 2014.

[17] FREY M A. Alternative methods of dispute resolution[M]. New York: Thomson Delmar Learning, 2002.

[18] PAULSSON J. The idea of arbitration[M]. New York: Oxford University Press, 2013.

[19] SINGER L R. Settling disputes: conflict resolution in business, families, and the legal system[M]. 2nd ed. Boulder: Westview Press, 1991.

[20] JEAN-CLAUDE G, POINTON G H, INGEN-HOUSZ A. ADR in business: practies and issues across countries and cultures[M]. Amsterdam: Kluwer Law International, 2006.

[21] 大村雅彦,ADRと民事訴訟[M]. 東京:中央大学出版部,1997.

[22] 和田仁孝.民事紛爭處理論[M]. 東京:信山社,1994.

[23] 早川吉尚,山田文,濱野亮. ADR の基本的視座[M]. 东京:不磨書房,2004.

外文论文：

[1] MANN B H. The formalization of informal law: arbitration before the American Revolution[J]. New York University law review, 1984, 59(3): 443-481.

[2] NOLAN D R, ABRAMS R I. American labor arbitration: the early years[J]. University of Florida law review, 1983, 35(3): 373-421.

[3] NOLAN D R, ABRAMS R I. American labor arbitration: the maturing years [J]. University of Florida law review, 1983, 35(4): 557-632.

[4] SABATINO J M. ADR as "litigation lite": procedural and evidentiary norms embedded within alternative dispute resolution[J]. Emory law journal, 1998, 47 (4): 1289-1350.

[5] SANDER F E A, GOLDBERG S B. Fitting the forum to the fuss: a user-friendly guide to selecting an ADR procedure[J]. Negotiation journal, 1994, 10 (1): 49 - 68.

[6] RENFREW C B. ADR in the 21st century: a forecast for delivery changes[J]. Alternative, 1999, 17(4): 1, 80 - 81.

[7] Kim D, The myth of alternative dispute resolution in the Federal Courts[J]. Iowa law review, 1991, 76(5): 889 - 958.

[8] O'LEARY R, HUSAR M. What environmental and natural resource attorneys really think about ADR: a national survey [J]. Natural resources & environment, 2002, 16(4): 262 - 264.

[9] MCADOO B, HINSHAW A. The challenge of institutionalizing alternative dispute resolution: attorney perspectives on the effect of rule 17 on civil litigation in Missouri[J]. Missouri law review, 2002, 67(3): 473 - 594.

[10] RESNIK J. Many doors? closing doors? alternative dispute resolution and adjudication[J]. The Ohio State journal on dispute resolution, 1995, 10(2): 211 - 266.

[11] BOYARIN Y. Court-connected ADR—a time of crisis, a time of change[J]. Marquette law review, 2012, 95(3): 993 - 1042.

[12] PONTE L M. Reassessing the Australian adversarial system: an overview of issues in court reform and federal ADR practice in the land down under[J]. Syracuse journal of international law and commerce, 2000, 27(2): 335 - 362.

[13] BRAZIL W D. Continuing the conversation about the current status and the future of ADR: a view from the courts[J]. Journal of dispute resolution[J]. 2000, 2000(1): 11 - 40.

[14] SWANSON E J. Alternative dispute resolution and environmental conflict: the case for law reform[J]. Alberta law review, 1995, 34(1): 267 - 278.

[15] MOBERLY R B, KILPATRICK J. Introduction: the Arkansas law review

symposium on alternative dispute resolution[J]. Arkansas law review, 2001, 54 (2): 161 - 170.

[16] EVANS R J. The Administrative Dispute Resolution Act of 1996: improving federal agency use of alternative dispute resolution processes[J]. Administrative law review, 1998, 50(1): 217 - 234.

[17] NELSON D W. ADR in the federal courts—one judge's perspective: issues and challenges facing judges, lawyers, court administrators, and the public[J]. Ohio State journal on dispute resolution, 2001, 17(1): 1 - 18.

[18] FOLBERG J, ROSENBERG J, BARRETT R. Use of ADR in California courts: findings and proposals[J]. University of San Francisco law review, 1992, 26(3): 343 - 444.

[19] BRAZIL W D. Court ADR 25 years after Pound: have we found a better way [J]. Ohio State journal on dispute resolution, 2002, 18(1): 93 - 150.

[20] CROWNE C H. The Alternative Dispute Resolution Act of 1998: implementing a new paradigm of justice[J]. New York University law review, 2001, 76(6): 1768 - 1811.

[21] BRODERICK R J. Court-annexed compulsory arbitration: it works [J]. Judicature, 1989, 72(4): 217 - 225.

[22] SHAVELL S. Alternative dispute resolution: an economic analysis[J]. Journal of legal studies, 1995, 24(1): 1 - 28.

[23] POSNER R A. The summary jury trial and other methods of alternative dispute resolution: some cautionary observations[J]. University of Chicago law review, 1986, 53(2): 366 - 393.

[24] NOLAN-HALEY J M. Court mediation and the search for justice through law [J]. Washington University law quarterly, 1996, 74(1): 47 - 102.

[25] LAMBROS T D. The summary jury trial: an effective aid to settlement[J]. Judicature, 1993, 77(1): 6 - 8.

[26] BRAZIL W D. Special masters in complex cases: extending the judiciary or reshaping adjudication? [J]. University of Chicago law review, 1986, 53(2): 394 - 423.

[27] ROSENBERG J D, FOLBERG H J. Alternative dispute resolution: an empirical analysis[J]. Stanford law review, 1994, 46(6): 1487 - 1552.

[28] LIEBERMAN J K, HENRY J F. Lessons from the alternative dispute resolution movement[J]. University of Chicago law review, 1986, 53(2): 424 - 439.

[29] GOLDBERG S B. Mediation of grievances under a collective bargaining contract: an alternative to arbitration[J]. Northwestern University law review, 1982 - 1983, 77(3): 270 - 315.

[30] GALANTER M. The emergence of the judge as a mediator in civil cases[J]. Judicature, 1986, 69(5): 257 - 262.

[31] REYNOLDS JW. Games, dystopia, and ADR[J]. Ohio State journal on dispute resolution, 2012, 27(3): 477 - 538.

[32] WIEGAND S A. A just and lasting peace: supplanting mediation with the ombuds model[J]. Ohio State journal on dispute resolution, 1996, 12(1): 95 - 146.

[33] WALL J A JR, STARK J B, STANDIFER R L. Mediation: a current review and theory development[J]. Journal of conflict resolution, 2001, 45(3): 370 - 391.

[34] MCTHENIA A W, SHAFFER T L. For reconciliation[J]. Yale law journal, 1985, 94(7): 1660 - 1668.

[35] FISS O M. Against settlement[J]. Yale law journal, 1984, 93(6): 1073 - 1092.

[36] KAMATALI J M. Transplanting an ADR-centric model of dispute resolution from the Anglo-American Legal System to the Civil Law System: challenges,

limitations, and proposals[J]. Ohio State journal on dispute resolution, 2022,
37(3): 293 - 344.

[37] MENKEL-MEADOW C. For and against settlement: uses and abuses of the
mandatory settlement conference[J]. UCLA law review, 1985, 33(2): 485 -
516.

[38] DAYTON K. The myth of alternative dispute resolution in the federal courts
[J]. Iowa law review, 1991, 76(5): 889 - 958.

[39] GRILLO T. The mediation alternative: process dangers for women[J]. Yale
law journal, 1991, 100(6): 1545 - 1610.

[40] DELGADO R, DUNN C, BROWN P, et al. Fairness and formality:
minimizing the risk of prejudice in alternative dispute resolution[J]. Wisconsin
law review, 1985, 1985(6): 1359 - 1404.

[41] DUCKER W M. Dispute resolution in prisons: an overview and assessment[J].
Rutgers law review, 1983, 36(1 - 2): 145 - 178.

[42] COLE G F, SILBERT J E. Alternative dispute-resolution mechanisms for
prisoner grievances[J]. Justice system journal, 1984, 9(3): 306 - 324.

后 记

　　"美国联邦非诉讼纠纷解决机制(ADR)"是我在中国人民大学法学院读博时的研究选题,经过博士三年的写作,还有工作九年的积累,终于将这一成果付梓印刷。不敢说已经完成了这一研究任务,但终究是告一段落了。感谢叶秋华教授与王云霞教授两位恩师的指导和教诲;感谢人大法学院法律史教研室赵晓耕、姜栋、高仰光等老师,以及马小红、丁相顺老师在我学习与成长过程中给予的关心和帮助;感谢江南大学法学院的领导与同事们的支持;感谢南京大学出版社对本书出版给予的专业指导和悉心编辑! 最后要感谢家人对我的理解、鼓励与支持! 岁月如歌,学术与人生的征途,正在脚下。

任卓冉

2023 年 3 月于无锡